대한민국 국가전략

대한민국 국가전략

대한민국 세계전략, 선진화혁명,
그리고 공동체자유주의

대한민국 **국가전략**

박세일 지음
한반도선진화재단 이사장
서울대 국제대학원 교수

21세기북스
www.book21.com

개인에게도 인생의 목표와 꿈이 있다. 그리고 그를 이루어낼 일생의 계획이 있다. 기업도 마찬가지다. 기업도 장단기 사업계획이 있고 그를 성공시킬 전략을 가지고 있다. 꿈과 목표가 없는 인생, 목표와 계획이 없는 기업은 생각할 수 없다. 실패한 인생, 실패한 기업이 될 것이다. 마찬가지로 국가목표와 국가전략을 가지지 않은 국가는 생각할 수 없다.

그러면 우리 대한민국은 과연 어떠한 목표와 꿈, 그리고 이를 이루어낼 어떠한 계획과 전략을 가지고 있는가? 이 문제는 대단히 중요하다. 왜냐하면 대한민국이라는 국가공동체가 올바른 국가목표와 국가전략을 세워 이를 효과적으로 실천해야 국가의 발전과 국민의 행복이 보장될 수 있기 때문이다.

그런데 건국 60년을 돌이켜보면 지난날에는 나름의 국가목표와 국가전략을 가지고 국가발전과 국민행복을 추구해왔다. 그래서 해방 후의 건국과 1960년 이후의 산업화, 그리고 1980년 이후의 민주화에 우리는 성공할 수 있었다. 덕분에 우리나라는 산업화와 민주화라는 근대화혁명에 성공한 중진국의 선두주자가 되어 21세기를 맞이하게 되었다. 자랑스러운 대한민국을 건설한 우리는 이제 새로운 국가목표를 설정하고 새로운 국가전략을 세워야 하는 역사적 전환점에 도달해 있다.

그러면 21세기 대한민국의 새로운 국가목표, 그리고 새로운 국가전략을 세우기 위해 우리가 고려해야 할 사항들은 무엇인가?

첫째, 우선 시급한 것은 뚜렷한 세계전략을 가져야 한다는 것이다. 그동안 우리는 독자적 세계전략 없이 살아왔다. 아니 독자적 세계전략이 필요하지 않았다고도 할 수 있다. 즉 냉전구조 하에서 미국의 세계전략에 편승해 지내면서 독자적 세계전략이 없어도 별 문제가 되지 않았다. 오히려 세계전략은 미국에게 맡기고 우리는 모든 역량을 국내개혁, 즉 산업화와 민주화에 치중할 수 있었던 이점도 있었다.

그러나 그런 시대는 이제 끝났다. 냉전이 끝난 후 일시적으로 미국 중심의 단극화單極化uni-polar 시대를 경험했으나, 지금 세계는 빠른 속도로 다극화多極化multi-polar 시대로 접어들고 있다. 따라서 이제 우리는 나름의 세계전략을 갖지 않으면 안 되게 되었다. 중장기적으로 이 다극화의 세계구조 속에서 한반도의 자존과 독립과 번영을 어떻게 지켜나갈 것인가? 그리고 심화되고 확산되는 세계화의 물결 속에서 우리는 이 지구촌에 어떠한 공헌을 하고 어떠한 의미와 가치를 갖는 나라로 발전해나갈 것인가 등등을 깊이 생각해야 하는 시기가 되었다. 한마디로 이제는 독자적이고 자기주도적인 대한민국의 세계전략이 필요한 시기가 되었다. 21세기 우리가 추구해야 할, 우리가 반드시 지켜야 할 국가이익이 무엇이고, 이를 세계 속에서 실천하기 위해 우리는 어떠한 능력, 수단, 자원을 가지고 있는지 철저히 점검해야 할 때이다. 그러한 의미에서 대한민국의 국가전략을 논하는 이 책에서 1부를 대한민국의 세계전략으로 정하였다.

둘째, 이제 새로운 국가목표를 찾아야 한다. 지난 20세기 건국 후 근대화혁명에 성공한 대한민국이 앞으로 21세기에 나갈 새로운 국가목표를 찾아야 한다. 우리는 그것을 대한민국의 선진화혁명이라고 생각한다. 근대화혁명을 통해 우리는 아시아 최빈국의 하나에서 이제 중진국의 선두주자로 우뚝섰다. 앞으로 우리는 명실공히 세계 일류국가의 하나인 선진국이 되는 것을 목표로 해야 한다. 그리고 대한민국이 선진국이 되려면 국가운영시스템 전반의 철저한 제도개혁과 더불어 공직자와 국민 모두의 의식개혁이 필요하다. 환언하면 혁명 수준의 대대적 국가대개조國家大改造가 필요하다. 그래서 우리는 선진화혁명이 필요하다고 생각한다.

이 선진화혁명이 목표로 하는 선진국은 대한민국식 선진국大韓民國式 先進國이다. 동양과 한국의 역사·문화 의식에 걸맞는 선진국이다. 물론 서구의 선진국, 소위 서구적 글로벌 스탠다드global standard에서 우리는 많은 것을 배워야 한다. 그러나 우리는 결국 우리의 역사·문화·풍토·감성·의식·전통에 맞는 선진국을 만들어나가야 할 것이다. 그런데 우리에게 맞는 선진국이란, 사실은 우리에게 맞는 이상국가理想國家를 의미한다. 그러한 의미에서 우리에게 맞는 대한민국의 국가이상, 대한민국의 꿈을 찾아가는 노력이 바로 선진화다. 따라서 선진화는 불가피하게 '창조적 선진화'가 되어야 한다. 과거의 근대화가 불가피하게 '모방적 근대화'였다면 앞으로의 선진화는 반드시 창조적 선진화가 되어야 한다. 그래서 이 책의 2부는 대한민국의 선진화혁명에 대한 논의로 정하였다. 그리고 3부에서는 대한민국의 선진화혁명을 구체화할 10대 국내개혁과제를 다루기로 하였다.

셋째, 독자적·자주적 세계전략을 세우고 선진화혁명을 위한 효과적인 국내개혁전략을 세울 때 반드시 필요한 것이 올바른 사상과 철학과 이념의 정립이다. 자주적 세계전략도 선진화혁명도 반드시 올바른 사상과 철학, 그리고 이념에 의하여 뒷받침되어야 한다. 올바른 사상과 철학, 그리고 이념이 없으면 올바른 국가목표도 올바른 세계전략도 나올 수 없다. 그리고 그 사상과 철학과 이념은 반드시 국가발전을 가능하게 하는 사상이고 이념이어야 하며, 동시에 국민을 통합시키는 사상이고 철학이어야 한다. 21세기 세계전략과 선진화혁명을 올바로 세우기 위해서는 반드시 올바른 '국가발전사상'과 '국민통합철학'이 있어야 한다는 것이다.

생각건대, 지난 60년간 우리는 서구적 사상과 제도를 일방적으로 수입해왔다. 민주주의도 서구적 민주주의를 모델로 하였고, 시장경제도 서구적 시장경제를 모델로 하였다. 그래서 산업화와 민주화에 성공했고, 성장국가를 만드는 데도 성공하였다. 그러나 앞으로 성장의 단계를 넘어 성숙의 단계로, 환언하면 중진국의 단계를 넘어 명실공히 선진국의 단계로 들어가려면 지금까지의 일방적 서구 모방 단계를 뛰어넘어야 한다. 사실 그동안 근대화혁명에 성공하기 위해 우리는 열심히 서구의 사상과 제도를 배우고 모방해왔다. 그런데 그 과정에서 우리는 우리 속에 있는 장점을 발굴하고 유지하는 데 인색하였다. 우리의 것을 모두 전근대적인 것으로 스스로 폄하하고 외면한 면이 적지 않았다.

이제는 더 이상 이래서는 안 된다. 이제부터는 자신의 역사, 자신의 문화와 전통 속에 있는 훌륭한 사상과 제도와 문화를 다시 찾아내 이것을 살려서 서구의 제도와 사상의 장점과 결합하여야 한다. 우리 것과 서구의 것을 통합하고 융합해 '내 것'으로 만들어야 한다. 그래야 진정으로 성숙한 선진국이 될 수 있다. 그래야 성숙한 한국적 선진국의 모습도 나오고, 동시에 그것을 이루어낼 국민적 열정과 역사적 동력이 나온다고 생각한다.

우리는 앞으로 대한민국의 선진화를 위한 철학으로서, 환언하면 21세기 국가발전의 사상으로서, 21세기 국민통합의 철학으로서, 그리고 한국의 역사와 사상과 문화에 뿌리를 둔 이념으로서 공동체자유주의共同體自由主義를 주장한다. 공동체자유주의란 무엇인가? 공동체자유주의란 국민 개개인의 존엄과 가치, 그리고 자유와 창의를 국가발전과 국민행복의 기본으로 보는 사상이다. 따라서 모든 국가의 제도와 정책은 국민 개개인의 자유와 창의를 극대화하는 방향으로 개혁하고 운영해나가야 한다는 주장이다. 그러나 극대화된 자유와 창의를 향유하는 개개인은 스스로 공동체에 대한 배려, 존중, 연대, 책임, 공헌의 수준을 자발적으로 적극 높여나가야 한다는 주장이다. 그래야 개인과 공동체가 함께 발전하는 국가이상을, 즉 국가발전과 국민행복을 동시에 이루어나가는 선진화를 이룰 수 있다고 본다.

그래서 우리는 이 책의 4부에서 공동체자유주의에 대한 논의를 싣고 있다. 대한민국의 세계전략을 세울 때의 기본철학으로, 그리고 대한민국의 선진화혁명을 위한 기본사상으로 우리는 공동체자유주의를 주장하고 그 내용을 4부에서 밝히려 한다.

한 나라의 국가전략을 어찌 일개 백면서생白面書生이 논할 수 있겠는가? 그러나 우리 사회가 근대화에 성공한 후 다음으로 나아가기 위해 반드시 논의되어야 할 새로운 국가목표, 새로운 국가전략에 대한 토론이 우리 사회에서 별로 보이지 않고 있다. 참 안타까운 일이다. 그래서 저자의 학문과 수양이 크게 부족함을 알지만, 감히 저자의 생각의 일단을 정리하여 이를 밝히기로 하였다. 역사라는 것은 본래 생각이 만드는 것이다. 그런데 우리가 과거의 논의에 너무 많이 빠져서 미래를 구상하고 대비하는 데 소홀히 한다면 우리와 우리 자손들을 위해 바람직한 미래를 만들 수 없다. 특히 21세기 초 우리는 세계화의 격랑을 맞고 있고, 동시에 동북아 국제질서의 대대적 개편의 시대를 맞고 있다. 이때 우리가 어떠한 생각으로 어떠한 결단을 하는가가 앞으로 우리 국가와 후손의 명운을 결정할 것이다. 비록 학문과 덕이 부족하여도 모두가 나름의 지혜智慧를 내고 나름의 단심丹心을 내어 이 나라의 나아갈 길을 함께 밝혀나가야 할 것이다. 이 작은 책이 하나의 계기가 되어 우리 사회에서 국가의 미래에 대한 담론, 국가목표와 국가전략에 대한 토론이 크게 활성화되어 국민의 생각과 열정을 하나로 모아갈 수 있기를 간절히 기원한다.

이 글은 이미 1년 전부터 구상하였으나, 지금 서문을 쓰는 이 시점에 우리나라는 미국발 금융위기로 인하여 경제적으로 대단히 어려운 시기로 들어가고 있다. 그러나 우리는 어떠한 어려움을 맞더라도 위기감이나 절망감에 사로잡혀 자포자기自暴自棄해서는 안 된다. 어려울수록 현실을 좀 더 긴 역사적 안목에서 보도록 노력해야 한다. 사실 지난 200년의 자본주의 역사, 시장경제 역사를 보면 정도의 차이는 있으나 현재와 유사한 금융위기, 경제침체가 수차에 있었다. 심지어는 세계공황도 있었다. 현재 우리가 겪고 있는 고통은 한마디로 세상의 변화, 즉 시장변화의 속도에 우리의 의식과 제도가 뒤따라가지 못해 발생한 문제이다.

그러나 이 고통을 겪고 나아가면서 재발을 막기 위한 제도적·정책적·의식적 대응을 철저히 한다면 우리 지구촌은 또 상당한 기간 번영과 도약의 역사를 만들 수 있을 것이다. 결국 우리의 의지와 노력에 의해 우리의 미래가 결정될 것이다. 지금 전 세계가 나서서 현재의 금융위기 경제침체를 해결하기 위하여 최선을 다하고 있다. 우리나라도 국민이 하나가 되어 최선을 다하며 노력해나간다면 이 난국을 극복할 수 있을 것이고, 반드시 대한민국의 선진화를 위해 크게 도약할 수 있는 시기를 맞이할 것이다.

모두가 함께 노력하면 짧게는 1년, 길게는 2년 안에 우리는 이 난국을 헤치고 다시 성장 기조를 회복할 수 있다고 본다. 그때가 되었을 때 우리는 과연 무엇을 가지고 선진화를 위한 제2도약을 계획할 수 있을까? 이를 준비하는 것이 지금 이 어려움 속에서 우리가 해야 할 일의 하나이다. 이 사회의 지도자가 앞장서고 국민이 하나가 되어 이 난국을 헤쳐나가기 위하여 최선을 다하면서, 이렇게 어려울수록 제2도약을 위한 우리의 준비를 가다듬을 때라고 생각한다. 사실 역사를 돌이켜보면 우리는 엄청난 국난國難을 여러 번 만났으나 훌륭히 극복하고 오늘의 대한민국을 이루어온 자랑스러운 민족이다. 이 민족의 지혜와 저력이 다시 한 번 불붙는다면 우리는 지금의 어려움도 능히 넘고 결국은 세계를 향한 큰 도약을 반드시 이루어낼 것이다.

한 가지 명심할 것은 우리가 잘하는 것은 우리만을 위한 것이 아니라는 사실이다. 우리가 이 세계적 어려움을 극복하고 올바른 세계전략과 올바른 국가전략을 세워 대한민국의 선진화혁명에 성공하는 것이 바로 지구촌의 발전과 인류의 평화에 큰 기여가 된다는 사실을 잊어서는 안 된다. 이제 우리가 사는 세계는 우리나라의 발전이 다른 나라의 발전으로 연결되고 우리나라의 잘못이 이웃나라의 고통으로 연결되는 세계이다. 따라서 우리는 더욱더 분발하여야 한다.

전 세계와 우리 민족이 모두 하나가 되어 인류의 미래를 위하여 함께 기도하고 함께 기원하는 마음으로 이 서문을 쓴다.

2008년 12월 5일
박세일

3부 선진화를 위한 10대 국가과제

1부
대한민국의 세계전략

1장

세계전략이란 무엇인가?

국가전략과 세계전략

세계전략이란 한 나라가 세계의 변화를 분석, 관찰하면서 자신의 국가이익을 지키고 신장시키기 위하여 구상하고 선택하는 대외전략을 의미한다. 국가전략을 대내對內전략과 대외對外전략으로 나눈다면 세계전략은 대외전략에 속한다고 볼 수 있다. 물론 대내전략과 대외전략이 서로 중첩되는 부분도 많고, 사실은 서로 깊이 연관되어 있는 부분도 많다. 더 나아가 세계화가 진행되면서 대외와 대내의 경계가 사실 모호해지고 있다. 그러나 전략의 방향이 기본적으로 국내정책에 중점을 둔 것인가, 세계를 향한 것인가는 분명 다를 수 있다고 본다. 세계전략은 원칙적으로 후자를 의미한다.

그런데 중요한 것은 대내전략과 세계전략 사이에는 하나의 질적 차이가 있다는 사실이다. 대내전략은 잘못되면 이를 견제해줄

세력이 국내에 존재한다. 예를 들면 야당의 견제, 언론의 비판, 그리고 그 정책에 영향을 받는 이해당사자들의 불만이 있을 수 있다. 그러나 세계전략은 잘못될 때, 즉 세계전략이 자국의 국가이익을 제대로 지키지 못할 때 이를 비판하고 정정해줄 어느 세력도 어느 국가도 이 세계에는 존재하지 않는다.

우리의 세계전략이 잘못되면, 다른 나라들은 그것을 주어진 조건으로 활용하여 자국의 이익을 극대화하려 들 뿐이다. 따라서 세계전략을 구상할 때는 보다 깊이 계산하고 멀리 생각하는 심계원려深計遠慮를 해야 한다. 또한 대단히 신중하게 접근하여야 한다. 세계전략을 주관적으로, 혹은 이념적으로 접근해서는 국가이익을 해치는 큰 잘못을 저지를 수 있다. 그리고 잘못되었을 때 그 비용과 손실이 너무 크고 오래 갈 수 있다. 또한 치유 불가능한 경우가 많다.

세계전략의 구성

세계전략은 크게 봐서 네 가지 부문으로 구성된다. 첫째는 세계를 어떻게 보아야 하는가, 세계의 변화를 어떻게 이해할 것인가에 대한 문제이다. 둘째는 과연 무엇을 우리가 추구해야 할 국가이익으로 볼 것인가에 관한 문제이다. 다시 말해 국가이익을 어떻게 정의할 것인가라는 문제이다. 셋째, 국가이익의 극대화를 위하여 어떠한 세계전략을 가져야 하는가, 즉 세계전략의 내용을 확정하는 문제이다. 넷째, 그 세계전략을 누가 어떻게 추진할 것인가, 세계전략의 추진주체와 절차에 대한 문제이다. 이상의 네 가지 문제에 대한 답을 종합해보면 그것이 바로 우리의 세계전략이 된다.

올바른 세계전략을 위한 조건

따라서 올바른 세계전략을 위해서는 우선 세계의 변화나 상황을 올바르고 정확하게 판단해야 한다. 잘못된 세계판단 내지 세계관은 잘못된 세계전략을 결과할 수 있다. 또한 자국의 국가이익을 바르고 정확하게 정의해야 한다. 이를 위해 국가이익을 종합적이고 과학적으로 파악하여야 한다. 국가이익을 잘못 정의하면 큰 손실을 가져올 수 있다. 다음으로 국익의 신장을 위한 올바른 세계전략 구상과 선택이 있어야 한다. 상황판단(세계관)과 목표설정(국가이익)을 바르게 해도, 전략선택(세계전략의 내용)을 잘못해 시대의 흐름에 맞지 않거나 자기능력에 맞지 않으면 그 세계전략은 실패하게 된다. 끝으로 중요한 것은, 그 전략을 누가 어떠한 절차와 과정을 통하여 실천할 것인가이다. 세계전략의 추진주체와 추진절차, 그리고 추진능력의 문제이다. 올바른 추진주체와 절차를 설정해야 함과 동시에 추진능력을 점검하고 그 능력을 높이는 대책을 함께 구상하고 실천하여야 한다.

2장
대한민국은 왜
세계전략을 가져야 하는가?

　건국 60년을 돌이켜보면 그 동안 대한민국의 세계전략은 대단히 취약했었다. 국가발전을 위한 자기 나름의 국내전략(산업화, 그리고 민주화 등)은 있었으나 세계를 향한 세계전략은 별로 뚜렷하지 못했다. 거의 없었다고 해도 과언이 아니다. 왜냐하면 그 동안, 특히 냉전기간 중 우리는 미국의 세계전략 속에 편승해 미국과의 긴밀한 동맹관계를 중심으로 세계에 대처하여 왔기 때문이다. 그 대신 산업화, 민주화 등의 국내전략에 치중할 수 있었다. 물론 국내전략과 직접 관련되는 부분만큼의 세계전략은 있었다.

　그 동안 수출주도의 대외對外지향적 산업화를 추진하여 왔기 때문에 국제경제 및 통상 분야에서는 나름의 대외정책이 없었던 것은 아니다. 그러나 크게 보아 미국의 세계구상을 떠난 독자의 세계구상 내지 세계전략은 없었다고 보는 것이 옳다. 하지만 이제는 더 이상 그러할 수 없다. 왜 그러한가? 우리가 앞으로 독자의 세계전략, 즉 자주적이고 창조적인 세계전략을 가져야 하는 세 가지 이유를 생각해볼 수 있다.

1. 냉전의 종식

우리가 세계전략을 가져야 하는 첫 번째 이유는 이제 대미對美 의존만으로 국가이익을 지키고 신장시킬 수 없는 시대로 들어가기 때문이다. 독자의 자기구상과 전략이 요구되는 시대이기 때문이다.

21세기적 다극체제의 도래

냉전이 끝난 지금 세계는 20세기적 양극兩極체제bi-polar에서 21세기적 다극多極체제multi-polar로 들어가고 있다. 물론 정확히 이야기하면 '일극一極 초강대국+소수少數 강대국 중심 체제'uni-polar cum mini-multilateralism라고 정의할 수도 있다. 미국이라는 초강대국super power과 영국, 독일, 프랑스, 중국, 일본, 러시아 등의 소수의 강대국major power들이 함께 존재하는 것이 현실이다. 그러나 분명한 것은 일극이나 양극체제로의 움직임은 당분간 불가능하다고 봐야 한다는 것이다. 그런 의미에서 일단 다극체제로 보아야 할 것이다.

시대변화에 따른 새로운 한미관계의 비전

이러한 변화를 배경으로 앞으로의 한미韓美관계는 지난 60년과는 다른 내용의 한미관계로 발전할 수밖에 없다. 변화의 필요성은 한미 양국에서 온다. 미국도 냉전 이후, 그리고 9 · 11사태 이후 세계안보전략을 근본적으로 재구상하고 실천하는 단계로 들어갔다. 소위 군사전환military transformation이 그것이다. 냉전시대와 같은 일방적인 대對 한국지원은 어려울 것이다. 한국의 경우도 마찬가지이다. 지난 60년간 세계에서의 한국의 정치적 · 경제적 위상과 능력이 크게 달라졌다. 따라서 거기에 걸맞은 내용의 새로운 한미관계의 비전이 요구되고 있다.

포괄적 안보의 시대

나아가 이제 안보도 21세기 세계화시대에는 전통적 안보에서 포괄적 안보comprehensive security의 시대로 들어간다. 더 나아가 인간안보human security의 시대라고도 표현한다. 포괄적 안보란, 전통적 안보인 군사 중심의 안보만으로는 국민의 생명과 재산은 물론이고 국가자체의 안전보장도 지킬 수 없게 됨을 의미한다.

몇 가지 예를 들어보자. 핵문제에도 국가만이 핵을 소유하고 사용할 수 있는 20세기에는 전통적 핵 상호억지이론(상호자살이 되므로 핵 사용 불능)이 작동하여 사실상 국가 간 핵사용이 불가능했다. 그러나 이제는 이러한 전통적 핵 억지이론이 성립하기 어렵게 되었다. 핵을 소수의 테러 집단이 사용할 가능성이 커지기 때문이다. 파괴력에서 핵에 못지않은 생화학무기와 같은 대량살상무기의 경우도 그 제조가 용이하고 국제적 확산을 막기 어렵다. SARS(중증 급성 호흡기 증후군)나 조류독감 등 새로운 세계적 전염병이 국경을 쉽게 넘나드는 상황이다. 지구온난화나 산성비 등의 환경문제가 새로운 안보위협이 될 수 있다. 마약과 같은 국제조직범죄도 국가 간 이동과 확산이 더 쉬워진다. 또한 한 나라의 극단적 빈부격차가 국내갈등을 결과하고, 나아가 국가 간 분쟁으로 발전하기도 한다. 한마디로 국경을 넘나드는 다양한 형태의 새로운 안보위협이 등장하고 있다. 이러한 포괄적 안보의 시대에는 한 나라가 다른 나라를 도와줄 수 있는 데는 큰 한계가 생긴다. 미국이 우리의 전통적 안보를 지켜주는 데는 아직도 크게 유효하나 우리의 포괄적 안보까지, 더 나아가 우리의 인간안보 문제까지 지켜줄 수는 없는 시대가 되고 있다. 결국 이제는 각국이 자기의 국가이익을 지켜야 한다.

2. 세계화의 시대

우리가 세계전략을 가져야 하는 두 번째 이유는, 21세기는 곧 세계화시대이기 때문이다. 따라서 올바른 세계화 전략世界化 戰略 national strategy for globalization 없이는 자국의 국가이익을 지키고 신장시킬 수 없다. 올바른 세계화전략은 국가성공의 필수 요소이고, 이러한 세계화전략은 한 나라의 세계전략의 핵심부분이다.

세계화시대의 변화가 종전의 산업화시대와는 질적으로 다른 국가발전의 환경과 여건을 가져오고 있다. 1986년 우루과이라운드의 시작과 1989년 11월 베를린 장벽이 무너지면서 시작된 세계화시대가 본격적으로 진행되고 있다. 여기에 인터넷 등 정보통신혁명이 부가되면서 세계가 빠르게 '하나의 세계'로, 나아가 '작아지는 세계'로 변화하고 있다.

이러한 세계화시대를 맞아 국가이익을 지키고 신장시키기 위해선 보다 포괄적이고 복합적이며 체계적인 정책대응이 필요하다. 특히 해외부문(외교, 통상, 교육, 문화 등)에 대하여 보다 체계적 대응 내지 전략이 필요하게 된다. 한마디로 국가발전과 국가이익의 신장을 위한 '세계화전략'이 필요하다는 이야기이다. 세계화시대 올바른 세계화전략이 없으면 성공국가를 만들 수 없다. 그런데 한 나라의 세계화전략은 다른 나라가 대신하여 만들어줄 수 없다. 자국의 문화와 전통, 장점과 비교우위 등을 감안하여 스스로 창조적으로 만들어야 한다.

도약과 발전의 극대화, 위기와 위험의 최소화

21세기 세계화시대는 분명 무한한 도약과 발전의 기회이면서도 동시에 위험과 위기의 요소가 대단히 많은 시대이다. 어떻게 하면 도약과 발전의 기회를 극대화할 것인가? 그러면서도 위기와 위험을 최소화할 것인가? 이것이 세계화전략의 핵심적 정책과제가 된다. 몇 가지 예를 들어보자. 대한민국을 세계적 경제활동이 가장 활발하게 일어나는 고성장지역으로 만들기 위하여 어

떻게 대내외 개방을 추진하고 국내산업의 원활한 구조조정을 촉
진하며 동시에 어떻게 대외 통상외교, 투자외교, 자원외교를 강
화하여 나갈 것인가? 또한 대한민국의 과학기술과 교육경쟁력을
선진국 수준으로 끌어올리는 진정한 세계화를 위해 어떠한 대내
외 교육 및 유학정책, 대내외 이민정책, 외국인정책, 과학기술정
책, 지적소유권정책, 학술 및 문화 교류정책 등을 추진할 것인가
등등이 중요한 정책과제가 될 것이다.

뿐만 아니라 세계화의 위험과 위기를 최소화하기 위한 세계화
전략도 필요하다. 주기적으로 등장이 예상되는 세계 금융위기의
문제, 그리고 점증되고 있는 지구온난화 등의 환경문제, 중국·
인도 등 신흥 산업화국가의 등장과 더불어 일어나는 에너지 등
자원부족의 문제들은 이제 더 이상 일국주의一國主義로 풀 수 없는
난제들이다. 다른 나라와의 국제적 협력과 공조 없이는 효과적
대응이 안 되는 문제들이다. 따라서 지구적 과제를 풀기 위한 다
른 나라들과의 협력과 공조능력을 높이는 문제가 또한 중요한 세
계화전략이 된다.

이러한 대한민국의 세계화전략은 다른 나라가 도와줄 수 있는
문제가 아니다. 우리 스스로 세계의 변화를 보고 분석하고 판단
하고 대처하여 나갈 문제이다. 최선을 다하여 올바로 대처해야
우리는 대한민국을 21세기 성공국가成功國家로 만들 수 있다. 따라
서 세계화전략은 21세기 국가이익을 지키고 신장시켜 나가기 위
한 우리의 세계전략의 핵심부분이 되지 않을 수 없다.

3. 선진화 목표

우리가 세계전략을 가져야 하는 세 번째 이유는 이제 대한민국은 중진국을 지나 선진국으로 들어가야 하기 때문이다.

선진국으로 진입하려면 질적質的 도약을 하여야 한다. 세상을 보는 눈도, 대응의 자세도, 전략도 크게 달라져야 한다. 그렇지 못하면 선진국 진입은 안 된다.

선진국이 된다는 것은 경제적으로 적어도 일인당 국민소득이 3만 불 수준(2005년 기준)을 넘어서는 것을 의미하고, 정치적으로는 포퓰리즘populism의 유혹을 넘어서 법과 원칙을 세우고 명실공히 자유민주주의liberal democracy가 정착됨을 의미한다. 그리고 사회적으로는 사익私益와 공익公益이 잘 조화되고 공동체적 연대감이 살아 숨쉬는 따뜻한 신뢰사회가 됨을 의미한다. 그러나 선진화가 되기 위해 중요한 것은 위와 같은 노력과 더불어 국제적으로도 반드시 선진국이 되어야 한다는 것이다.

국제적 선진국은 세계발전에 공헌하는 국가

국제적으로 선진국이 되려면 세계발전에 공헌하는 국가가 되어야 한다. 우선 두 가지를 생각해볼 수 있다. 하나는 세계적 문제, 지구촌의 각종 난제(핵 인권 빈곤 환경 등)를 해결하는 데 적극 앞장서고 크게 기여하여야 한다. 기여의 의지와 능력과 전략이 있어야 한다. 다음은 인류의 보편적 발전(예컨대 인간성의 발전),

특히 사상과 도덕과 문화의 발전에 기여할 수 있어야 한다. 이를 위해서는 우리의 전통사상과 도덕과 문화를 이웃나라의 사상과 도덕과 문화와 융합하여 새로운 세계사상, 세계도덕, 세계문화의 글로벌표준global standards을 만들 수 있어야 한다. 이러한 의지와 능력과 전략이 필요하다.

우리 대한민국은 앞으로 이러한 역할을 하는 선진국이 되어야 한다. 그러려면 우리의 세상을 보는 눈과 생각을 바꾸고 우리 자신에 대한 자세를 바꾸어야 한다. 즉, 우리 자신의 새로운 정체성new national identity을 세워야 한다. 산업화시대의 국가정체성 내지 국민정체성을 가지고는 더 이상 21세기 세계화시대의 선진국이 될 수 없다. 우리가 선진국이 되려면, 세계에 공헌하는 국가가 되어야 한다. 세계사상, 세계도덕, 세계문화표준을 만드는 나라가 되려면 반드시 새로운 자기의 세계정체성new global identity을 세워야 하고, 새로운 세계구상과 세계전략을 가져야 한다. 새로운 세계정체성, 그리고 그에 기초한 새로운 세계구상과 세계전략 없이 선진국 진입은 불가능하다.

이상의 세 가지 이유로 우리는 세계전략을 가져야 한다. 그러면 다음은 우리가 올바른 세계전략을 세우기 위하여 세계는 어떻게 변화하고 있는가, 우리가 지켜야 할 국가이익은 무엇인가, 이를 위하여 어떠한 내용의 세계전략이 필요한가, 그리고 그 세계전략을 누가 어떻게 추진할 것인가 하는 문제를 순차적으로 살펴보도록 한다.

3장
세계는 어떻게 변화하고 있는가?

우선 중요한 것이 세계와 북한의 변화 방향과 그 가능성을 사실에 근거하여 객관적이고 과학적으로 정확히 읽어야 한다.

1. 세계의 변화–세 가지 가능성

세계의 변화를 어떻게 읽어야 하는가? 도대체 세계는 어디로 가고 있는가? 특히 국제관계international relations에 초점을 맞추어 21세기 세계의 변화를 볼 때 이론적으로 세 가지 가능성을 생각해볼 수 있다.

(1) 비관론(Realistic pessimism)

한마디로 인류의 미래를 중세적中世的 암흑기로의 회귀로 보는 견해이다. 즉, 신중세新中世의 탄생으로 보는 견해이다. 냉전의 종식과 세계화가 제기하는 지구적 과제들(핵과 대량살상무기, 국제 테러, 빈곤문제, 실패국가 문제, 환경 및 자원문제, 세계자본시장 불안정의 문제 등)을 제대로 풀지 못하여 세계가 점차 통치 내지 관리 불가능out of control의 상황으로 진전되는 것을 의미한다. 이러한 방향으로 사태가 진전되면 '세계화 진행의 부분 중단', '세계안보의 부분 파괴'까지 가는 상황을 예상해볼 수 있다. 세계화가 제기하는 각종의 난제들을 인류가 제대로 풀지 못할 것이라는 비관적 전망의 경우이다.

비관론에 대한 근거

이러한 비관적 전망은 다음의 세 가지 계기에서 온다.

첫째, 미국의 일방一方주의unilateralism의 강화와 중국의 패권覇權주의hegemony의 추구이다. 미국이 초강대국이라는 자신의 입장을 이용하여 자국의 '좁은 의미의 국가이익narrowly defined national interest'만을 추구하고, 이를 다른 나라에 일방적으로 강요할 때 비관적 전망이 높아진다. 이와 함께 중국이 과거 역사 속에 있던 중화中華주의를 21세기적 현실 속에서 복원하려고 지역패권, 나아가 세계패권을 추구하면 이 또한 비관적 전망을 높인다. 이 두 가지가 함께 일어나면 상황은 더더욱 어려워진다.

둘째, 세계가 소위 새로운 세계통치구조new global governance의 구축에 실패하는 경우이다. 세계화가 제기하는 지구적 차원의 난제들을 풀기 위해선 기존의 세계통치구조가 크게 개혁되어야 한다.

주지하듯이 이미 UN이나 UN산하기관들이 각종의 세계분쟁이나 세계난제들을 풀 능력이 대단히 제한적으로 보인다. 또한 IMF, World Bank 등도 불안정한 세계자본시장의 문제나 격화되는 세계빈곤의 문제를 제대로 풀 수 없어 보인다. 따라서 세계문제를 풀기 위한 새로운 세계통치구조의 필요성이 점차 커지고 있다. 기존의 제도를 개혁하든지, 새로운 제도를 도입하든지 해야 한다. 인류가 이러한 세계통치구조의 문제를 제대로 풀지 못하고, 특히 소수 강대국들이 자국의 단기적 국가이익만을 추구한다면 세계는 비관적 전망으로 달려가게 될 것이다.

셋째, 지구상의 여러 개별국가들이 올바른 세계화 대응에 실패하는 경우 비관적 전망이 커진다. 개별국가들이 세계화를 발전과 도약의 계기로 활용하지 못하고 세계화의 위험과 고통만을 양산해내면 비관적 전망이 커진다.

예컨대 정부가 세계화가 요구하는 기업의 구조조정에 실패하고, 교육개혁에 실패하고, 효율적이고 공정한 사회적 안전망 구축에 실패하면 그 사회는 성장이 둔화되고 실업이 늘고 소득분배가 악화된다. 결국 세계화의 흐름에 올바로 대응하지 못하면 경제성장의 둔화, 사회갈등의 확대, 정치적 불안, 선동과 인기영합주의의 대두, 반反시장, 반反세계화로의 질주 등의 과정을 밟게 된다. 이렇게 세계화에 제대로 대응하지 못하는 '세계화 실패국가'들이 증가하면 그 결과는 세계화 진행의 전부, 혹은 일부 중단 내지 내전이나 대외분쟁 가능성의 증대 등으로 나타날 것이다.

이상의 세 가지 가능성이 현실화되는 방향으로 나아가면 세계의 미래는 대단히 어둡게 된다. 중세적 암흑기가 부활하는 시대가 될 것이다.

(2) 낙관론(Idealistic optimism)

이 전망은 냉전의 종식과 세계화가 제기하는 각종 문제들을 모든 나라들—특히 강대국들이 솔선수범하면서 세계이익global interest을 앞세워 서로 협력하여 잘 풀어나갈 것으로 보는 시각이다. 그렇게 되면 세계는 보다 풍요롭고 안정된 21세기를 창조하게 될 것이라는 낙관적 견해이다.

이러한 낙관적 전망은, 인간은 결국 이성적이기 때문에 이익보다는 가치를 중시하여 개별국가들도 협의의 자국이익만을 추구하지 않고 세계이익(광의의 자국이익과 공존할 수 있는)과 타협을 잘 해낼 것이라는 전제 위에 서 있다. 그러한 전제 위에서 낙관론은 앞에서의 비관적 전망의 계기가 되었던 세 가지 문제들이 모두 이상적 방향으로 잘 해결되는 것을 의미한다.

낙관론의 전제

구체적으로 보면 낙관론의 전제는 다음과 같다.

첫째, 미국은 일방주의로 가지 않고 다자주의多者主義multilateralism를 선택하게 될 것이다. 그래서 세계문제를 세계의 주요강대국들major power(유럽, 일본, 중국, 러시아 등)은 물론, 중간국가中間國家 middle power(브라질, 한국 등)와도 잘 협의하고 상호협력하면서 풀어나가게 될 것이다. 또한 중국도 과거 중화적中華的 패권주의로의 회귀가 아니라 웨스트팔리아Westphalia적 국제관계, 즉 '독립 주권국가들 간의 대등한 국제관계'(자유주의적 국제관계)를 존중하고 이를 실천하는 방향으로 나갈 것이다.

둘째, 세계화가 제기하는 지구적 규모의 난제들을 풀기 위한 공정하고 효율적인 세계통치구조가 새롭게 대두될 것이다. 그 방식이 UN, IMF 등의 기존 제도의 대대적 개혁을 통하여 이루어질지, 혹은 새로운 제도(G-20, WCB/WFA 등)의 도입을 통하여 이루어질지는 모르나 지구적 난제를 효과적으로 푸는 세계통치구조가 반드시 등장한다.

셋째, 더 나아가 많은 개별국가들이 올바른 세계화전략을 세워서 세계화의 이점(이익)을 극대화하고 세계화에 따른 문제점(비용)들을 최소화하는 데 성공하게 된다. 다시 말하면 세계의 개별국가들 대부분이 세계화의 올바른 대응에 성공하게 된다. 그래서 '세계화 성공국'이 증가한다.

이상과 같은 전제 위에서 21세기 세계의 미래는 밝고 안정적으로 본다.

(3) 표류론(Muddling through)

기본적으로 이 전망은 21세기 세계화시대의 지구적 문제가 잘 풀리는 것도 아니고 전혀 안 풀리는 것도 아닌 방향으로 진전될 것으로 보는 전망이다. 어려운 여건 속에서도 역사는 큰 좌절이나 단절 없이, 그렇다고 큰 도약이나 발전도 없이, 그런대로 지지부진하게 진행되리라는 시나리오이다. 그래서 'muddling through'라고 부를 수 있다. 이러한 전망이 현실화되는 계기는 다음과 같다.

첫째, 미국의 국가 리더십과 주류사회가 대외정책에서 혼란과 혼선을 일으키는 경우이다. 즉 확실하게 미국 주도의 일방주의로 가는 것도 아니고, 그렇다고 세계의 다른 강대국들과의 협력과 협조를 확실하게 추구하는 다자주의로 가는 것도 아닌, 어정쩡한 입장의 경우이다. 또한 중국의 대외정책도 확실하게 중화적 패권을 추구하는 것도 아니고, 그 반대로 자유주의적 국제관계를 존중하는 것도 아닌 어정쩡한 입장을 취하는 경우이다.

둘째, 지구적 규모의 문제를 풀기 위한 세계적 거ㅌ통치구조의 개혁(UN 개혁, IMF개혁 등)이 부분적으로만 성공하여 지구적 문제가 일부만 해결되고 다른 부분은 지속적으로 해결되지 않는 경우이다.

셋째, 세계의 개별국가들의 세계화전략이 부분적으로 성공하고 부분적으로 실패하는 경우이다.

이상의 세 가지 분야에서 이렇게 엉거주춤한 변화만이 진행된다면 세계화의 진행이 중단되는 것도 아니고, 그렇다고 지구촌이 번영과 정의를 누리는 것도 아닌 대단히 불확실하고 불안한 상황이 전개된다. 그런데 이러한 불확실하고 불안한 상황은 오래 지속될 수 없다는 문제가 남는다. 결국은 문제의 근본적 해결을 미루는 것에 불과하기 때문에 어느 정도의 현실유지 내지 관리는 가능하겠지만, 무한정 지속될 수는 없을 것이다. 이러한 표류의 상황이 최종적으로 어떠한 쪽으로 결착할 것인가는 알 수 없다. 다만 그 과정에서 '미국과 중국과 EU의 미래선택'이 결정적 역할을 할 것이라는 점만은 확실한 것 같다.

이와 같은 세 가지 가능성이 우리 앞에 놓여 있다고 볼 수 있다. 그러면 이러한 세계의 변화에 대한 전망이 우리들에게 주는 의미와 전략적 정책적 과제는 무엇인가? 환언하면, 만일 우리 앞에 위와 같은 세 가지 가능성이 놓여 있을 때 우리는 이러한 가능성이 주는 의미를 어떻게 이해하고 어떠한 전략과 정책을 선택해야 하는가? 즉, 21세기 세계의 변화가 인류에게, 동시에 우리나라에게 보다 바람직한 방향으로 전개되도록 만들 것인가 하는 문제이다.

미래 가능성에 대해 복합적 · 체계적 · 자주적 · 유연한 대응

첫째로, 21세기는 대단히 어려운 세기가 될 것이라는 사실이다. 개별국가의 국가운영에서도, 그리고 개개인의 자기인생설계에서도 21세기는 많은 어려움과 불확실성이 놓여 있는 세기이다. 따라서 한 나라의 세계전략을 세움에 있어서 중요한 것은 여러 미래의 가능성에 대하여 (가) 복합적 대응 (나) 체계적 대응 (다) 자주적 대응 (라) 유연한 대응이 필요하다는 사실이다.

'복합적 대응'이란 정치 · 경제 · 사회 · 문화 등 다면적 대응을, 그리고 정부 · 기업 · 시민사회가 서로 긴밀한 협력 하에 다층적 대응을 해야 함을 의미한다. '체계적 대응'이란 즉흥적·대증_{對症}적 대응이 아니라 심층적 분석과 연구에 기초하여 여러 부문이 서로 긴밀히 협력하면서 문제를 풀어간다는 것을 의미한다. '자주적 대응'이란 21세기는 큰 방향은 보이나 구체적 매뉴얼은 없는 시대이기 때문에 스스로 연구하고 스스로 최선의 길을 찾아가야 하는 자기주도적自己主導的(자기중심적) 사고와 노력을 하는 것을 의미한다. 그리고 '유연한 대응'이란 상황의 변화가 빠르기 때문에 모든 가능성에 대하여 열린 자세를 가지고 자기변화와 자기개혁을 수시로, 아니 상시로 할 수 있어야 한다는 것이다. 과거의 성공에 만족하는 경직적 사고는 특히 유해하다는 것이다.

둘째로, 미래의 시나리오에 대한 전망 중 가장 가능성이 높은 것은 '세계 표류론'일지 모른다. 그렇다면 우리의 세계전략이 목표로 하여야 하는 것은 '세계 표류론'에 포로가 되어 있는 우리의 미래를 가능한 '세계 낙관론' 쪽으로 끌고 가기 위한 노력이어야 한다. 이것이 분명 우리의 세계전략 목표의 하나가 되어야 한다. 그래야 대한민국도, 세계도 함께 성공하는 미래를 만들 수 있기 때문이다.

미국에겐 다자주의를, 중국에겐 패권주의 포기를 설득

이를 위해 중요한 것은 첫째, 미국에게 다자주의多者主義를 설득해야 한다. 일방一方주의에 의존하는 패권적 제국hegemonic empire이 되어서는 미국의 실패뿐 아니라 세계의 실패를 가져옴을 경계해야 한다. 소위 자유의 제국empire of liberty이 될 것을 설득하여야 한다. 국제법, 국제기관, 국가 간 소통과 상호이해의 중요성을 존중하는 자유주의적 국제주의liberal internationalism의 방향으로 나아갈 것을 설득하여야 한다.

둘째, 중국에게는 중화적 패권주의中華的 覇權主義의 포기를, 환언하면 다른 나라들과의 관계에서. 웨스트팔리아westphalia적인 국제관계를 존중할 것을 설득하여야 한다. 사실 중국에는 역사적으로 볼 때 독립된 주권국가들 간의 대등한 외교라는 역사 경험이 거의 없었다. 따라서 중화中華주의의 극복이 결코 쉬운 일은 아니나, 반드시 이를 설득해내야 한다. 우리 같은 중간中間국가가 무슨 힘으로 미국이나 중국과 같은 대국들을 설득할 수 있을 것인가? 결코 쉬운 일은 아니다. 그러나 심계원려深計遠慮하면 분명히 그 방법은 있다. 문제는 우리의 자주적 발상과 일관된 의지이다.

새 통치구조 창조에 앞장서며 모범적 대응

셋째, 다음은 지구적 문제를 효과적으로 해결하기 위한 새로운 세계통치구조new global governance의 창조에 앞장서야 한다. 예컨대 UN 개혁이나 IMF 개혁에 우리가 좀 더 적극적으로 나서야 한다. 또한 G-8 정상회담의 확대(G-20)에도 적극적 의사개진에 나서야 한다. 동시에 동북아경제협력기구, 동북아안보협의체, 아시아통화기금(AMF) 등 여러 형태의 지역통치구조regional governance의 창설에도 앞장서야 한다.

넷째, 끝으로 중요한 것은 우리나라가 21세기 세계화도전에 대하여 국가차원에서 올바른 모범적 대응을 하여야 한다. 한 나라 한 나라가 세계화에 성공하는 전략을 추구하지 않고는 지구촌의 미래가 밝을 수 없다. 많은 나라가 세계화를 거부하거나 세계화에 실패하면 인류의 미래, 세계의 미래가 밝을 수 없다. 따라서 가능한 많은 개별국가들이 '성공적 세계화'를 이루어내야 하고 우리 대한민국이 그 길에서 모범을 보여야 한다.

2. 북한의 변화

다음은 남북관계의 변화를 어떻게 읽어야 하는가 하는 문제이다. 남북관계의 변화를 읽으려면 우선 북한의 변화 가능성과 그 방향을 읽어야 한다. 과연 북한은 어디를 향해 가고 있는가?

불행한 일이지만, 북은 지금 근대近代국가도 정상正常국가도 아니다. 경제적으로는 자기생존 자체가 어렵고, 정치적으로는 군대가 나서지 않고는 통치가 어려운 나라이다. 따라서 북은 앞으로 근대국가(산업화와 민주화), 정상국가(북핵포기, 개혁개방, 인권존중, 국제사회에의 복귀)로의 체제변화가 불가피하다.

문제는 그 변화의 시기이고 양태이다. 이에 대하여 두 가지 견해가 있다.

북한 변화, 소프트 랜딩이냐? 하드 랜딩이냐?

첫째는 점진적 자기변화의 길이다.

소위 소프트 랜딩soft landing이다. 북한 정부가 자기주도적 개혁을 통하여 점진적 체제변화를 도모하는 것이다. 우선 '정상국가화'로부터 시작하여 종국적으로는 근대국가로의 체제변화regime transformation를 추구하는 것이다. 이 길은 분명 남북 모두에게 대단히 바람직한 길이다. 그러나 갈수록 실현 가능성이 약해지고 있다.

가장 큰 원인은 북한 당국이 점진적 변화를 제대로 관리하기 어렵다고 보기 때문이다. 환언하면 점진적 변화가 급격한 체제붕괴로 연결될 위험이 크다고 보기 때문이다. 내부적으로는 현 체제를 유지하면서도 점진적 변화가 가능하다는 견해와 그렇지 않다는 견해가 서로 경쟁하는 경우도 있지만, 항상 후자가 절대적으로 우세한 것 같다. 그렇다면 소프트 랜딩soft landing은 대단히 바람직한 길이나 하나의 희망적 사항일 뿐, 현실적 전망이 되기는 어려울 것이다. 그렇다면 결국 아래의 가능성이 보다 현실성 있는 예측이 될 것이다.

둘째는 급격한 체제변화의 길이다.

소위 하드 랜딩hard landing이다. 지금과 같은 비정상국가로서의 북한체제의 유지관리가 더 이상 어렵게 되는 경우이다. 이러한 급격한 체제변화가 일어나는 계기, 그 과정과 양태도 대단히 다양할 수 있다. 그러나 크게 보면 체제변화가 두 가지 방향으로 진전될 것으로 본다.

친중親中적 방향이냐? 친한親韓적 방향이냐?

하나는 친중적親中的 방향이다. 즉 급격한 체제변화 후 북한에 '친중親中 개혁정권'이 등장하여 중국 지원을 받으며 점진적으로 '중국식 개혁 개방'의 길을 걷는 것이다. 그러면 당연히 북한은 중국의 지정학적 완충지대buffer zone로서의 역할을 하게 될 것이다. 그리고 그렇게 되면 남북간의 통일은 사실상 상당 기간 물 건너가게 될 것이다.

다른 하나는 친한親韓적 방향이다. 즉 북의 급격한 변화 이후 북에 '친한親韓 개혁정권'이 들어서서 남과의 협력관계를 중심으로 하여 점진적으로 '한반도식 개혁개방'의 길을 걷는 것이다. 이렇게 되면 남북이 협력하면서 이웃 4강(미국, 일본, 중국, 러시아)의 질서 있는 협조도 받아내면서 상당 기간 내에 점진적 남북통일의 방향으로 나갈 수 있다.

그러면 이상과 같은 북의 변화 예상이 우리의 대북정책, 우리의 세계전략에 주는 의미와 과제는 어떤 것이 있는가?

북의 변화가 대한민국 세계전략에 주는 의미와 과제

첫째, 우리는 북의 변화과정에 적극적으로 개입하여야 하고 영향을 줄 수 있어야 한다는 사실이다. 그러한 의미에서 적극적 개입정책pro-active engagement이 대북정책의 기본이 되어야 한다.

둘째, 모든 일에는 순서가 있다. 따라서 비록 현실성은 적지만 북의 소프트 랜딩이 조금이라도 가능하다면 그것을 돕는 것으로부터 시작하여야 한다. 북이 소프트 랜딩의 의지와 각오만 확실하다면 우리는 국민을 설득하여 세금을 더 걷어서라도 북의 변화를 지원하여야 한다. 아마 남의 대부분의 국민들은 이를 지지할 것이다.

그러나 소프트 랜딩을 도우려면 과거의 햇볕정책처럼 원칙 없이 접근하여서는 안 된다. 과거 햇볕정책은 경색된 남북 간에 대화와 교류의 길을 열었다는 긍정적 기여는 컸다. 그러나 북의 변화라는 본래의 목표를 버리고, 실제로는 남한에서의 정치적 입지를 위하여 원칙 없는 교류와 지원 자체가 목적이 되어버렸다. 그래서 북한의 변화를 유도하는 데 실패한 것이다.

따라서 앞으로의 대북 지원과 교류정책은 분명히 북의 개방 개혁 의지와 노력의 정도에 맞추어 진행해야 한다. 과거 햇볕정책은 결과적으로 북의 소프트 랜딩을 돕는 것이 아니라 소프트 랜딩을 지연시키고 현재의 비非정상체제를 유지, 강화하는 데 기여한 면도 적지 아니했다. 그래서 그것은 햇볕정책을 추진한 본인들의 의사와 관계없이 북을 더욱 큰 체제 실패 쪽으로 몰고 가서, 결국은 남북이 부담해야 할 하드 랜딩 비용만을 높이는 데 기여하는 셈이 될 것이다.

확실한 방향과 원칙 가진 개입정책

북의 소프트 랜딩을 유도하고 이를 도와주려면 우리의 대북정책은 확실한 방향과 '원칙을 가진 개입정책principled engagement policy'이 되어야 한다. 즉 북이 개혁개방의 방향으로 움직일 때 적극 도와주고, 개혁개방을 거부하면 확실하게 불이익과 제재를 가하여야 한다. 정상국가화의 방향으로 나아갈 때 북이 얻을 수 있는 이익을 가능한 크게 만들어야 하고, 그 반대의 방향이면 북이 받을 손해를 가능한 크게 만들어야 한다. 그래야 확실하게 북의 소프트 랜딩을 돕는 정책이 된다.

셋째, 비록 남쪽이 도와주려 해도 이미 앞에서 본 바와 같이 북의 소프트 랜딩으로의 방향 전환이나 그 성공 가능성은 현실적으로 크지 않은 것 같다. 결국 하드 랜딩의 불가피성이 빠르게 높아지고 있는 것 같다. 그렇다면 만일 하드 랜딩이 실제로 불가피해진다면 우리는 어떠한 대응을 하여야 하는가? 대단히 어려운 문제이나 그 답은 비교적 간단해야 한다고 본다. 즉 정답은 한마디로 북에 반드시 '친한적親韓的 개혁개방 정권'이 들어서도록 혼신의 노력을 다하는 것이다. 유사시를 위한 대내외의 철저한 준비와 단호한 결단, 그리고 건곤일척乾坤一擲의 행동이 필요하다고 본다.

북에 친한親韓 개혁정권을 세우고 유지하는 문제는 남한에는 일시적인 안보적 어려움(부분적 분쟁 등)과 적지 않은 경제적 비용과 고통을 줄 수 있다. 그러나 이것은 우리 동포를 구하고, 나아가 민족의 비원인 남북통일을 이루기 위해 우리가 반드시 지불해야 할 비용이고 어려움이다.

북에 친한親韓정권을 세우기 위하여 대내적으로 중요한 것은 여야 지도자를 포함하여 사회지도층의 사전 합의를 이루어내고, 나아가 광범위한 국민적 동의와 지지를 준비하는 일이다. 이 일은 결코 쉬운 일이 아닐 것이다. 지난 10여 년간 우리 사회에 대북문제에 대하여 너무나 많은 사고의 혼란과 이념적 분열이 있어왔기 때문이다. 그러나 어떠한 노력을 하여서라도 남남 갈등을 극복하여 북에 친한親韓정권을 세우기 위한 국민적 합의를 반드시 성공시켜야 한다.

다음으로 특히 중요한 것은 대외적으로 북한의 변화가 친중親中도 친미親美도 아닌 친한親韓이 되어야 함을 이웃 4강에게 설득하고, 그 길만이 진정한 동북아시아의 평화와 발전의 길이라는 사실을 그들에게 이해시키는 일이다. 북한의 비핵화에 최우선의 관심이 있는 미국, 그리고 북한의 완충지대화buffer zone에 최우선의 관심이 있는 중국, 이 두 국가 간에 우리의 남북통일을 희생시키는 전략적 담합의 가능성을 결코 적게 보아선 안 된다. 뒤에서 상론하겠지만, 미국은 앞으로도 우리와 가장 중요한 안보동맹국이 되어야 할 나라이다. 중국도 앞으로 우리와는 동아시아의 평화와 발전의 동반자가 되어야 할 나라이다. 그러나 이들 나라와 우리나라의 이해관계는 많은 경우 일치하지만, 그렇지 않은 경우도 있음을 결코 간과하여서는 안 된다. 남북통일은 우리에게는 절체절명의 과제이고 당위이지만, 미국이나 중국에게는 부차적인 고려가 될 수 있음을 잊어서는 안 된다.

따라서 우리 정부가 적극적으로, 그리고 자기주도적으로 미국과 중국을 포함한 4강 외교에 나서야 한다. 그래서 남북통일을 외면하는—남북분단을 장기화하는 어떠한 강대국 간의 타협도 동북아의 안정과 발전을 가져오지 못한다는 사실을 확실하게 알려야 한다. 그러면 4강 중 그 어느 누구도 북한에 친한적親韓的 개혁정권의 등장에 적극적으로 반대할 명분을 찾을 수 없을 것이다. 중국도 미국도 결코 반대하지 않을 것이고, 또한 그렇게 할 수도 없을 것이다. 결국 문제는 우리의 의지와 준비에 달려 있다고 본다. 우리의 의지와 준비가 부족하면 한반도의 역사는 크게 잘못될 수 있다. 천추千秋의 한을 남기는 일이 있어서는 결코 아니 될 것이다.

넷째, 이렇게 친한적 변화를 추구하면서 변화 이후의 북의 '근대화 프로젝트', 그중에서도 산업화 프로그램을 우선적으로 준비하고 지원하여야 한다. 북의 산업화가 성공하려면 북측의 개혁개방 노력과 더불어 남측의 전폭적이고 헌신적인 지원이 필수적이다. 그리고 해외로부터의 적극적 지원도 필수적이다. 특히 4강의 참여와 지원이 중요하다. 우선 중국과 러시아의 시장경제로의 개방개혁 경험과 그 성과가 북의 체제변화 과정에 큰 참고가 될 것이다. 그리고 미국과 일본의 자본과 기술도 북의 산업화에 결정적 기여가 될 것이다. 이러한 방향으로 우리가 주도하여 4강과 더불어 북의 산업화프로그램을 준비해야 한다. 북의 민주화는 그 다음의 과제가 될 것이다.

4장
대한민국의 국가이익은
무엇인가?

지금까지 우리는 예상되는 세계의 변화와 북한의 변화를 간단히 살펴보고, 각각의 변화가 우리에게 제기하는 전략적 과제가 무엇인지 등을 생각해보았다. 여기서는 이러한 변화과정 속에서 우리가 반드시 지키고 신장시켜야 할 국가이익national interest이 과연 무엇인가를 생각해보도록 하자. 우리 대한민국의 국가이익은 무엇인가, 아니 무엇이어야 하는가? 세계전략이라는 것이 본래 세계를 향한 국가이익의 실현전략이라면, 세계전략을 논함에 있어 반드시 우리의 국가이익이 무엇인지를 과학적으로 정확하게 정의하고 정리해야 한다. 국가이익에 대한 올바른 이해가 없으면 올바른 세계전략을 세울 수 없기 때문이다.

국가이익의 구성 요소
우리의 국가이익은 세 가지로 구성된다고 본다. 첫째는 국가의 안전_{security}이다. 둘째는 국민의 번영_{prosperity}이다. 셋째는 세계에의 공헌 내지 영향력_{global contribution or influence}이다.

앞의 두 가지 국가이익에 대하여는 별 이의가 없겠지만 세 번째, 즉 세계 공헌과 영향력이 과연 그렇게 중요한 국가이익이 될 수 있는가에 대한 이론異論이 있을 수 있다. 특히 공헌에 대하여는 이견이 있을 수 있다. 그러나 세계화시대에 선진국 진입을 목표로 해야 하는 우리나라로서는 세계에의 공헌이 우리의 중요한 국가이익이 된다고 생각한다. 세계화시대는 본래 상의상생相依相生의 시대라 자리自利와 이타利他가 함께하는 경우가 많기 때문이다. 또한 본래 선진국이란 세계발전에 공헌하고 세계발전을 리드하는 나라를 의미하기 때문이다. 따라서 이러한 세계화시대에 선진국을 지향해야 하는 우리나라로서는 당연 세계공헌이 우리의 국가이익이 된다고 보아야 한다. 아래에서 위의 세 가지 국가이익을 나누어 살펴보자.

국가안보 첫 번째의 국가이익은 국가안전_{national security}, 즉 국민의 생명과 재산의 안전이다. 이것을 '생존적 국가이익_{survival national interest}'이라 부를 수 있다. 전통적 의미의 안보이든, 인간안보까지를 포함한 포괄적 의미의 안보이든 국민의 생명과 재산에 영향을 미치는 위협을 제거하는 것은 최대의 국가이익이다. 본래 국가존립의 가장 중요한 이유가 바로 국민의 안전에, 즉 국민의 생명과 재산 보호에 있기 때문이다. 따라서 국가는 어떠한 대가를 치러

서라도 국민의 안전을 위협하는 일은 막아야 한다.

국민번영 두 번째의 국가이익은 국민의 번영national prosperity이다. 이 것을 우리는 '핵심적 국가이익vital national interest'이라고 부를 수 있을 것이다. 그러면 '국민의 번영'이란 무엇인가? 어떻게 이해하여야 하는가? 생각건대, 국민번영은 '경제적 풍요와 공평', '정치적 발전과 안정', '사회적 다양과 통합', 그리고 '문화적 자긍과 개 방' 네 가지 요소로 구성된다고 볼 수 있다. 따라서 이상의 네 가 지의 발전과 신장을 도모하는 것이 바로 두 번째의 국가이익이 된다. 즉 핵심적 국가이익이 된다. 그런데 이미 지적하였듯이 이 네 가지를 달성하는 것, 즉 국민번영을 이루는 일이 과거 20세기 산업화시대보다 21세기 세계화시대에 더욱 어렵다는 문제가 있 다. 세계변화의 속도가 빠르며 예측 가능성이 낮고 불확실성이 높기 때문이다. 그래서 이론적, 실천적으로 보다 과학적이고 총 체적이며 정교한 세계화전략이 필요하게 된다. 그렇지 못하면 국 민번영이라는 국가이익을 지킬 수 없다.

국가안보 국민번영에 북한 문제 밀접
그런데 우리나라의 경우 바로 이상의 두 가지 국가이익, 즉 '국 가안보'와 '국민번영'이라는 것들 모두에 직접 관련되는 문제가 바로 북한 문제이다. 북한 문제를 잘못 다루면 국가안보도 국민 번영도 지키기 어렵게 된다. 따라서 대북정책은 대단히 과학적이고 치밀하며 신중해야 한다. 그런데 그 동안 대북정책이 국내 정치용으로 이용되는 경우가 많았다. 또한 대통령 개인의 소신이나 이념적 성향이 대북정책에 너무나 크게 작용하는 경우가 많았다. 더 이상 이래선 안 된다. 국가안보와 국민번영이라는 생존적이고 핵심적인 국가이익이 관련되는 문제는 반드시 최고의 과학성, 치밀성, 그리고 신중성을 가지고 충분한 전문가들의 분석과 검토, 또한 국민적 합의에 기초해 수립되고 그 과정도 투명하게 민주적으로 추진되어야 할 것이다. 이 문제는 뒤에서 재론하겠다.

세계공헌(세계영향) 세 번째의 국가이익은 '세계에의 공헌 내지 영향력global contribution or influence'이다. 이것은 주요한 국가이익major national interest이라고 부를 수 있을 것이다. 세계에의 공헌은 구체적으로 인류humanity의 보편적 발전에의 기여, 지구촌의 난제 해결에의 기여 등을 생각할 수 있다. 구체적으로는 정치와 경제 분야일 수도 있고 학술과 문화 분야일 수도 있다. 세계에의 공헌 내지 영향력이라는 국가이익을 높이는 방법은 결국 세계발전에 기여하겠다는 우리들의 마음가짐과 자세가 중요하고, 다음은 세계에의 영향력의 기초가 되는 우리의 국가능력을 높이는 문제가 중요하다. 그리고 우리의 국가능력은 뒤에서 논할 우리나라의 종합국력comprehensive national power의 정도에 의존할 것이다.

이상의 세 가지 국가이익에 대한 논의는 기본적으로 추상적 일반론이다. 이 일반론이 21세기 초 대한민국이란 시간과 공간 속에서 어떻게 구체적으로 나타나는가 하는 문제를 보도록 하자. 즉 21세기 초 대한민국의 국가이익은 지금 어떠한 구체적 도전을 맞이하고 있는가? 특히 앞의 두 가지 국가이익, 즉 '국가안전과 국민번영'이라는 국가이익, 국가존립과 국가발전에 사활적死活的 의미를 가지는 국가이익이 어떠한 도전을 맞이하고 있는지를 보도록 하자. 요약해보면, 세 가지 정도의 사활적 도전을 맞이하고 있다고 볼 수 있다.

국가이익에 관한 사활적 도전들

대한민국의 '사활적死活的 국가이익existential national interest'의 첫째는 북한의 급변사태에 대한 올바른 대처이다. 앞에서도 이미 지적한 바 있지만 북의 하드 랜딩hard landing 가능성이 높아지고 있고, 특히 하드 랜딩 이후 친중적親中的 정권 등장 가능성의 문제가 있다. 본래 하드 랜딩 자체가 북한의 안정적 체제관리가 불가능해짐을 의미하기 때문에 그 자체가 우리 국가안보와 국민번영의 불확실성을 크게 높인다. 어떻게 하면 하드 랜딩시 그 과정에 대한 관리능력을 높여 남북 간 군사 분쟁의 가능성을 최소화하면서 북에 친한적親韓的 개혁개방정권이 들어서게 할 것인가가 대단히 중요한 과제가 된다. 환언하면 북의 하드 랜딩을 잘 관리하고, 반한反韓 정권 내지 반통일反統一 정권의 등장을 막는 것이 대한민국의 사활적 이익의 첫째이다.

대한민국의 사활적 이익의 둘째는 동아시아에서 패권적 강대국의 등장을 막는 것이다. 역사적으로 보면 동아시아에 단일 패권국가가 등장할 때 우리 한반도는 항상 그 나라의 속국이나 변방이 되어왔다. 또한 동아시아에서 두 나라가 패권을 경쟁하면 한반도에서 항상 전화(戰禍)가 있었다.

한반도가 가지고 있는 특수한 지정학적 운명이었다. 따라서 우리는 한반도의 평화와 발전을 위해선 동아시아에서 단일 패권대국의 등장을 반드시 막아야 하고, 가능한 한 이 지역에서 패권경쟁이 일어나지 않도록 하여야 한다. 이것이 우리의 두 번째 사활적 국가이익이다.

우리나라의 세 번째의 사활적 국가이익은 세계화, 특히 경제적 세계화economic globalization의 안정적 발전을 확보하는 문제이다. 특히 중요한 것은 자유무역체제free trade regime이다. 자유무역체제의 안정적 발전은 우리의 안보와 번영에 결정적으로 중요한 의미를 가진다. 주지하듯이 대한민국은 대단히 개방된 경제구조를 가지고 있고 국민경제의 해외의존도가 크게 높다. GDP의 70% 정도가 무역에 의존하고 있다. 또한 지난 60년간의 우리의 경제는 바로 세계 자유무역체제의 안정적 발전과 함께 발전하여 왔다. 앞으로도 그러할 것이다. 따라서 경제적 세계화, 특히 '자유무역체제의 안정적 발전'이 우리나라의 사활적 국가이익이 된다. 그러므로 어떠한 이유에서든 경제적 세계화의 중단(反세계화 운동) 내지 자유무역체제의 후퇴(보호주의의 강화 등)는 우리로서는 반드시 피해야 하는 사태이다.

5장
대한민국은 어떠한 세계전략을 가져야 하는가?

우리는 세 가지 국가이익, 즉 국가안전, 국민번영, 그리고 세계공헌(세계영향)을 위하여 어떠한 세계전략을 가져야 하는가? 국가안보를 위한 전략, 국민번영을 위한 세계전략, 그리고 세계공헌을 위한 전략으로 나누어 설명하도록 한다.

1. 국가안보를 위한 전략

우선 국가안보와 국민안전의 보장을 위해서 어떠한 세계전략을 가져야 하는가 하는 문제부터 살펴보자.

(1) 대對동아시아 구상: 역사歷史인가 시장市場인가?

가장 주요한 전략적 목표의 하나가 동아시아에서 패권주의覇權

主義의 등장을 막는 일이다. 이와 관련하여 가장 중요한 것이 과연 중국의 미래가 어떠할 것인가, 중국이 어떠한 미래를 선택할 것인가라는 문제이다. 국가 간 상호 독립된 주권을 인정하고 대등한 국제관계를 존중하는 웨스트팔리아westphalia적 외교의 방향으로 갈 것인가, 아니면 과거로의 회귀, 즉 중화적中華的 세계질서로의 복귀의 방향으로 나아갈 것인가 하는 문제에 대한 판단이 중요하다.

주지하듯이 19세기 말 20세기 초까지 중국에는 '대등한 국제관계'라는 것이 존재하지 않았다. 엄격한 의미에서 외교적으로 독립된 주권을 가진 대등한 국가 간의 관계는 중국의 역사에는 존재하지 않았다.

오랫동안 중국에서는 국가 간의 관계에 대해 대등하지 않은 것이 오히려 자연스럽고 당연하다고 생각해왔다. 지난날의 중화질서에서는 이웃나라(오랑캐)들은 중국을 상방上邦으로 숭상하고 스스로 번속蕃俗으로 자리매김하는 것을 영예로 알고 있었다고 그들은 보고 있었다. 따라서 이웃나라들이 중국에 대하여 조공이 불가능한 것을 오히려 수치로 느낀다고 이해하고 있었다.

그만큼 중국은 항상 왕도王道를 실천하는 나라였다는 것이다. 그래서 19세기 중엽까지 중국은 대외관계를 이무夷務라고 불렀고, 그렇게 부르는 것이 아무런 문제가 되지 않는다고 생각해왔다. 그 다음에는 이무夷務에서 서양을 다룬다는 의미에서의 양무洋務, 그리고 1912년 이후 내외內外라는 의미의 외外가 아니라 중외中外(중국을 中에 놓고 중국의 밖을 다룬다는 의미)에서 외外를 다룬다는 의미의 외무外務가 되었다.

사실 세계의 중심이라는 중국中國, 중화中華라는 말 자체가 자기를 높고 크게 여기는 자존자대自尊自大의 의미가 대단히 강한 표현이다. 그러한 의미에서 중국은 중국을 개별 국명國名이라고 생각하지 않았다. 스스로를 '세계의 중심'으로 놓고 있는 것이다. 이것이 바로 중국의 수천 년 역사였다.

그러나 지난 1978년 개혁개방 이후 중국은 대단히 빠른 속도로 세계시장에 편입되어 가고 있다. 중국경제의 광범위한 시장경제화가 진행되고 있다. 그런데 시장경제화는 패권적·위계적 국제질서와는 상호모순하고 상충하는 면이 있다. 시장경제화는 주권국가 간의 대등관계라는 웨스트팔리아적 국제질서(자유대등 질서)와 상의상생相依相生의 관계에 선다. 따라서 앞으로 중국이 과거 중화적 위계적 패권질서의 복권을 추구한다면 중국의 시장경제화에는 엄청난 부담이 될 것이고, 그의 후퇴를 감수해야 할지 모른다.

중화질서로 복귀인가? 자유질서로 진일보인가?

그런데 중국은 이미 시장경제화를 통한 경제발전을 최우선의 국가과제로 삼고 있다. 중국이 이미 가입한 WTO도 웨스트팔리아적 국제질서를 전제로 하고 있다. 과연 중국은 어느 방향으로 나갈 것인가? 과거의 '역사의 힘'이 강할 것인가, 아니면 새로운

'시장의 힘'이 더 강할 것인가? 위계적 중화질서로의 복귀인가,
아니면 대등적 자유질서로의 진일보인가?

우리는 중국이 과거의 중화적 패권주의로 복귀하는 것을 막
고, 시장경제화와 상응하는 자유주의적 국제질서로 진일보하는
것이 중국의 장기이익에도 맞고 우리의 국가이익에도 합당하다
고 본다. 엄밀히 이야기하면 중국만이 아니라 일본도 러시아도
모두 지역패권의 욕심을 버려야 한다고 본다. 그리고 궁극적으
로는, 뒤에 상론하겠지만 모두가 EU식의 상호통합 네트워크식
다자多著주의European multilateralism로 나가야 한다고 생각한다. 그래
야 이 동아시아, 동북아 지역에 영원한 안정과 발전이 가능하다
고 본다.

그렇다면 우리의 전략과제는 어떻게 동아시아에 '패권주의적
국제질서'의 등장을 막고 이 지역에 '자유주의적 국제질서'의 형
성을 촉진할 것인가? 어떻게 하면 이 지역에 자유주의적 국제주
의liberal internationalism의 시대를 열게 할 것인가 하는 문제가 된다.
이를 위해서는 다음과 같은 다섯 가지 전략적 노력이 있어야 한
다고 생각한다.

동아시아 국제질서를 위한 전략적 노력

자강自强전략 대한민국이 중간국가middle power이기 때문에 대국大國
과의 군사충돌은 피하는 것이 옳다. 그러나 만일 이웃 4강이 군사
적 개입을 시도하는 경우에 심각한 반격과 타격을 줄 수 있을 정

도의 군사력 확보는 필수적이다. 아무리 대국이라고 해도 대한민국에 군사적 개입을 시도하였을 경우, 이익보다 피해가 클 수 있다는 메시지는 확실히 줄 수 있어야 한다.

그 정도의 군사력 확보는 필수적이다. 그래서 박정희 대통령은 '고슴도치전략'이 필요하다는 주장을 한 바 있다. 소위 부당한 요구에 대한 거부능력denial capacity은 확실히 갖추어야 한다. 우리의 자강능력을 높이기 위해 한미동맹을 최대한 활용하여 세계최강의 군사기술과 노하우를 가능한 한 많이 전수받아야 한다.

동맹同盟전략 동아시아에서 패권주의의 부활을 막고 국가안보를 지키기 위하여 동맹국의 올바른 선택은 결정적으로 중요하다. 그러한 의미에서 미국은 우리의 최적의 동맹국이다. 한미동맹은 그동안 대한민국 안보의 기본이었고, 앞으로도 그러할 것이다. 아니, 앞으로 더욱 중요해질 것이다. 미국이 우리에게 최적의 동맹국이 되는 이유는 몇 가지 있다.

미국은 최적의 동맹국

① 우리와 미국은 동아시아의 패권주의의 등장을 반대한다는 의미에서 공동의 목표 내지 이익을 가지고 있다. 지난 100년간 미국의 동아시아정책을 살펴보면 항상 지역패권의 등장에 반대하여 왔다. 왜냐하면 어느 나라건 동아시아에서 지역패권에 성공하면 다음은 필연적으로 세계패권을 위해 미국과 경쟁하게 되기 때

문이다. 그래서 미국은 항상 동아시아의 지역패권의 등장에 반대하였고, 그 점에서 우리 한반도의 국가이익과 일치한다.

② 미국은 우리와 지역적, 물리적으로 멀리 떨어져 있다. 이것은 미국이 동아시아에서 지역적 패권국가가 될 수 없다는 것을 의미하며, 동시에 미국은 옛날부터 동양의 국제관계에서 주장되어 온 원교근공遠交近攻의 원리에서 원교遠郊해야 할 가장 중요한 대상국이 될 수 있음을 의미한다. 국토가 인접해 있으면 불가피하게 영토분쟁 등에 휘말릴 위험이 있으나 그러한 영토적 패권으로 발전할 위험이 없는 나라가 또한 미국이다. 물론 우리는 미국뿐 아니라 EU, 인도, 동남아, 중남미 등과도 당연히 원교를 잘하여야 한다. 특히 앞으로 EU와의 관계를 보다 긴밀히 하는 것은 세계전략 면에서 중요한 의미를 가질 것이다.

③ 미국과 우리나라는 가치와 이념을 공유하는 나라이다. 정치질서로서의 자유민주주의와 법치주의, 그리고 경제질서로서의 시장경제가 두 나라가 공유하는 이념이고 가치이다. 나아가 웨스트팔리아westphalia적 국제관계, 즉 주권국가들 간의 대등한 자유주의적 국제관계가 또한 두 나라가 지향하고 있는 방향이다. 물론 한미동맹관계는 종전의 '냉전형'을 끝내고 앞으로 '21세기형'으로 바뀌어져야 한다. 그러한 의미에서 21세기적 상황에 맞는 진화된 '신新한미동맹비전'이 나와야 한다. 그러나 확실한 것은 자유민주주의와 시장경제는 두 나라가 함께 지향하는 공동이념의 방향이라는 사실이다.

④ 끝으로 중요한 이유는 미국이 모든 의미에서 세계최강국이라는 사실이다. 동맹이란 외부로부터의 안보위협이 있을 때 적을 함께 퇴치한다는 것을 의미한다. 공동의 적을 퇴치하기 위하여 함께 노력한다는 것을 의미한다. 따라서 안보위협을 효과적으로 줄이기 위해서는 가능한 한 동맹국이 강할수록 바람직하다. 그런데 미국은 군사적으로, 경제적으로 세계최강국이다. 이것이 우리에게는 동맹의 큰 이점이 된다. 뿐만 아니라 오늘날 세계문제에는 미국이 관여되지 않은 문제와 지역이 없다. 그것이 초강대국으로서의 미국의 운명이다. 따라서 세계문제에 영향력을 미치려면 미국과의 우호적 관계는 결정적으로 중요하다.

중국이냐 미국이냐는 잘못된 발상

우리 사회 일부에서는, 21세기는 중국의 부상이 눈부신 시대인데 과거처럼 한미동맹을 유지하는 것이 과연 우리나라에게 장기적으로 유리한 것인지에 대하여 회의하는 주장들이 있다. 그래서 앞으로는 미국이 아니라 중국을 선택하는 것이 바람직한 것 아닌가 하는 견해도 있다. 그런데 이러한 발상, 즉 중국이냐 미국이냐 하는 식의 발상은 크게 잘못된 것이다. 양자는 결코 상호모순의 관계가 아니다. 미국과의 긴밀한 동맹관계는 한중관계에도 한일관계에도 크게 도움이 된다. 물론 그 반대도 마찬가지이다. 즉 미국도 우리나라가 중국과 일본과 좋은 관계를 유지하여 그만큼 그들에게 큰 영향력을 가지는 경우를 더 희망한다고 보아야 한다.

이는 또한 모든 동맹관계에 내재해 있는 딜레마의 하나인 소위 '방기放棄abandonment의 위험'(상대국이 동맹관계를 먼저 단절하는 경우)을 줄이기 위해서도 바람직한 정책방향이 된다. 일반론으로 방기의 위험을 줄이는 기본전략은 (가) 자강능력의 강화와 (나) 선택폭의 확대creating option에 있기 때문이다. 따라서 친중親中은 한미동맹의 강화를 위해서도 필요하다고 보아야 한다.

역逆으로, 미국이 무시하는 우리를 중국이 존중하기 어렵다. 중국이 깔보는 우리를 미국이 중시하기 어려운 것과 같은 논리이다. 따라서 미국이냐 중국이냐의 식의 발상은 크게 잘못된 발상인 것이다. 우리는 미국과 동맹하고 중국과 협력해야 한다.

한 가지 더 강조할 것은 대북안보에서 한미동맹의 중요성이다. 이 점은 아무리 강조해도 지나치지 않을 것이다. 지난 수십 년간 북의 남침을 막은 것은 한미동맹체제였다. 뿐만 아니라 앞으로 통일 후에도, 우리가 중국과 압록강을 마주하고 있을 때를 생각해보아도, 또한 만에 하나 일본이 패권주의적 움직임을 보이는 경우에도, 이들을 제어하기 위해서 한미동맹의 중요성은 더욱 커진다고 보아야 한다. 분명 통일 후에도 동북아지역의 안정자stabilizer로서의 미국의 역할은 더욱 중요해진다고 보아야 한다.

미국의 영향력 감소에도 대비

그러나 장기적으로 우리는 동아시아에서 미국의 영향력이 쇠퇴할 가능성에 대비해야 한다. 앞으로 아시아에서의 미국의 영향력은 분명 줄어들 것이기 때문이다. 이 문제는 우선 일본의 움직임을 참고해보는 것이 좋을 것이다. 왜냐하면 일본도 장기적으로 예상되는 동아시아에서의 미국의 존재감 감소가 심각한 안보 딜레마가 되고 있기 때문이다. 그러나 이 문제는 장기적으로는 뒤에서 논할 동북아 공동체구축, 즉 EU 식의 '상호통합 네트워크 전략'을 통하여 풀어나가야 할 문제가 아닐까 생각한다.

균세均勢전략　주지하듯이 세계는 무정부無政府anarchy의 세계이다. 따라서 국가안보를 위해서 균세均勢, 즉 세력균형balance of power이 필수적이다. 그리고 세력균형을 안정적으로 관리하기 위해서는 균세의 제도화institutionalization가 필요하다. 특히 과거 동아시아 국제관계의 역사에서는 위계位階질서를 추구하였지만 균세均勢질서를 추구한 경우는 별로 없다. 그만큼 동아시아에서는 중국의 중화주의中華主義가 압도적 영향력을 미쳤고, 그만큼 국가 간 대등對等주의의 전통은 약했다. 웨스트팔리아westphalia적 정신이 전혀 존재하지 아니했다고 보아야 한다. 따라서 더욱더 독립된 주권국가 간 대등주의에 기초하는 균세의 제도화가 필요하다.

① 우선 균세전략의 방향으로 '미美·중中·일日 간의 21세기적 신新3각균형'이 유지되도록 하는 것이 우리의 국가이익에 맞는다. 보다 구체적으로는 미·중美·中의 패권경쟁의 가능성과 중·일中·日의 패권경쟁 가능성을 모두 최소화해야 한다. 중·일의 패권경쟁 가능성을 줄이기 위해서 미국은 물론 우리도 일정한 중

재자 역할을 해야 할 것이다. 또한 미·중의 패권경쟁 가능성을 줄이기 위해 일본은 물론이고 우리도 당연 노력하여야 한다. 아니, 세계의 모든 강대국들이 적극적으로 노력하여 미·중의 패권경쟁을 막아야 한다.

②'한·중·일 3국 정상'의 대화와 협력을 강화해 나가야 한다. 한·중·일 FTA, 한·중·일 투자협정, 동아시아 금융협력, 동북아 다자안보체제 등을 적극적으로 추진하여야 한다. 그 과정에서 우리가 전략적인 교량자bridging role 내지 촉매자catalyst 역할을 하여야 한다.

③ 최근 논의되고 있는 북핵 관련 6자회담을 신新지역안보협의체new multilateral security regime로 발전시키는 것은 대단히 바람직한 방향이다. 앞에서 이야기한 '미·중·일 간의 21세기적 신3각균형'을 장기적으로 안정시키고 제도화하는 방향과 일치하는 움직임이다. 우리가 앞장서 지지하고 나서야 한다.

④ 기타 다양한 형태의 정치적·경제적·군사적·문화적 다자주의multilateralism를 강화해 나가야 한다. 다자주의가 자강自强이나 동맹을 대체할 수도 없고 대체될 수도 없다. 그러나 자강과 동맹은 대단히 중요한 보완재임을 잊어서는 안 된다. 따라서 우리는 'ASEAN+3', EASEast Asia Summit 등 모든 형태의 다자주의적 움직임에 적극 참여하고 앞장서 지지하여야 한다. 크게 보면 앞으로 아시아의 다자주의는 아시아대륙 중심으로 엮어 나가려는 중국 주도의 방향과, 아시아와 태평양지역을 가능한 함께 엮어 나가려는

미국과 일본 주도의 방향 두 가지로 나누어져 진행될 것이다. 우리의 경우는 둘 다의 방향에서 핵심적 파트너가 되는 것이 옳다. 대륙세력과 해양세력 모두와 연대하는 것이 옳다. 다만 우리나라의 지정학적, 지경학적 위치를 감안하면 장기적으로는 해양세력을 목표로 하는 것이 보다 진취적 역사를 만들 수 있을 것이다.

사상문화思想文化전략 동북아시아에 패권국가나 적대국가의 등장을 막기 위해서 우리가 취할 중요한 전략의 하나가 사상문화전략이다. 소프트 파워soft power전략이라고 부를 수도 있을 것이다. 그것은 동북아시아의 국제관계에 관련되는 4강, 즉 미국, 일본, 중국, 러시아 등에 우리와 사상과 문화를 같이하는 세력을 키우고 그러한 세력과 연대하는 일이다.

우리와 사상과 문화를 같이한다는 것은 기본적으로 민주주의와 시장경제를 존중하고 주권국가 간의 대등한 국제관계를 신봉하는 사상을 갖는 것을 의미한다. 한마디로 자유주의적 국제주의의 사상과 문화를 갖는 것을 의미한다. 동북아의 평화와 발전을 위해서 이들 4강이 자유주의적 국제주의의 방향으로 나아가야 하고 그렇게 되기 위해서는 이들 나라의 지도층과 국민들이 자유주의적 국제주의의 사상과 문화를 가져야 한다. 만일 중국에 과거의 중화적中華的 패권주의의 복원을 꿈꾸는 사람들이 많아진다면 이것은 동북아의 평화와 발전에 대한 결정적 위협이 된다. 마찬가지로 일본에 만일 과거 대동아공영大東亞共榮의 꿈을 부활시켜보겠다는 사람들이 많아지면 이 또한 동북아의 평화와 발전에 큰 위협이 된다. 그리고 만일 미국이 초강대국으로서의 힘을 선용善用해 다자주의에 기초하여 공정하고 효율적인 신新세계통치구조new global governance 구축의 방향으로 나아가지 않고, 세계패권을 추구하여 일방주의의 강화로 나아간다면, 이 또한 동북아의 평화와 발전에 확실한 위협이 된다. 물론 러시아의 경우도 마찬가지다. 요컨대 동북아의 평화와 발전은 이들 4강이 앞으로 자유주의적 국제주의의 방향으로 더욱 확실하게 나아갈 때 보장되는 것이다.

그렇다면 우리가 노력해야 할 중요전략의 하나는 이들 나라에 있는 '자유주의자와 국제주의자'와 연대하고 그들과 이들 나라가 잘못된 역사의 길, 즉 '비非자유주의 반反국제주의'의 길로 가지 않도록 함께 노력하는 것이다. 그것이 바로 사상문화전략이고, 소위 요즈음 유행하는 소프트 파워 전략의 한 부분이 될 수 있다.

이 사상문화전략의 추진은 앞의 자강自强, 동맹同盟, 균세均勢의 경우와 달리 정부보다도, 사실은 민간 주도가 더 효과적이다. 특히 학계 등의 전문가 집단, NGO 등의 시민사회, 그리고 각종의 종교단체 등의 역할이 보다 주효할 수 있다. 이들 민간단체들이 이웃나라들의 민간단체와 교류, 협력하면서 이 지역의 평화와 번영이라는 공동의 가치와 목표에 대한 공감대를 넓혀 나가면서 비非자유, 반反국제의 사상과 문화를 극복하려는 노력을 하는 것이 특히 효과적일 것이다.

동북아東北亞 공동체 구축: 아시아판 EU 전략 지금까지 앞에서 논한 자강, 동맹, 균세 등의 전략은 기본적으로 20세기적 전략이다. 요즈음 자주 논의되고 있는 동북아 경제공동체, 혹은 지역안보협의체 등에 대한 논의도 기본적으로 20세기적 발상이고 접근이다. 동아시아의 미래를 구상함에 있어 우리는 21세기적 발상은 할 수 없는 것인가? 아니, 21세기적 전략은 아시아에서는 불가능한 것인가? 필자는 가능하다고 보고 반드시 시도해보아야 한다고 생각한다.

20세기적 전략과 21세기적 전략의 차이

그러면 20세기적 전략과 21세기적 전략은 어떻게 다른가 하는 문제부터 보도록 하자. '20세기적 전략'은 기본적으로 (가) 절대주권(국민과 영토에 대한 절대적 지배권)을 가진 국민국가nation-state를 전제로 한 전략이다. (나) 국내적으로는 국법질서를, 국제적으로는 무정부상태anarchy를 전제하고 있다. 그리고 국제와 국내를 엄격히 구분한다. (다) 무정부상태인 국제사회에서의 질서(평화) 유지를 위하여 세력균형balance of power을 핵심전략으로 보고 있다. 그런데 사실 이러한 전략에 의지하였던 19세기와 20세기는 전쟁과 혁명의 시대였다. 세력균형론이 단기적 평화를 유지하는 데는 성공해도 장기적 평화를 보장하는 데는 실패하여 왔다. 세력균형의 상태가 끝임없이 변화하고 유동하기 때문이다.

그래서 이러한 실패의 경험을 딛고 제2차 세계대전 이후 인류가 시도해온 것이 EU의 경험에서 볼 수 있는 21세기적 전략이다. '21세기 전략'은 다음의 특징을 가진다. (가) 국민국가를 초극하려는 노력을 한다. 일부 주권의 자발적이고 점진적 포기를 전제한다. (나) 세력균형에 의지하지 않고 상호통합의 네트워크(network of integration)를 통한 국제평화의 달성과 유지를 목표한다. (다) 국제와 국내의 구별이 점차 없어진다.

좀더 상론하면 국민국가들이 모여 평화, 번영 등 공동의 목표, 가치, 기준을 정하고 그의 실현을 위하여 국제협약을 제정하고 그 실현을 점검할 국제기구를 설치한다. 예컨대 평화유지를 위해 군사정보의 상호공개, 군사이동 정보의 공유, 군축의 상호추진과 감시 등을 추진한다. 또한 경제교류의 확대를 위해 시장 및 무역규제의 상호축소, 독과점의 공동감시, 낙후지역과 산업의 공동지원 등을 추진한다. 그리고 국민들의 국제이동을 높이기 위하여 국가를 넘어선 직장의 자유선택뿐 아니라 사회보장권리의 국가 간 이동을 보장한다. 또한 기존의 국민국가를 넘어서는 새로운 정체성 내지 일체성(예컨대 유럽정신, 혹은 유럽인)을 창출하기 위하여 문화와 교육의 교류 강화, 교육제도의 국가 간 통합, 그리고 교육제도의 표준화 노력까지 추진한다.

요약하면 안보·정치·경제·사회,·문화 등 모든 면에서 국가 간, 국민 간 상호통합integration의 노력을 제도화해 나가는 것이다. 그리고 그 진행 과정을 자신들이 세운 국제기구가 감시한다. 자신들이 만든 국제협약을 스스로 지켜야 하는 범위 내에서 종래 국민국가가 누리던 절대주권의 일부는 자연히 제한을 받게 된다. 그래서 국제와 국내의 구별도 점차 줄어든다. 상호통합의 과정 속에서 종전 국내정책의 영역이 점차 국제협상의 대상이 되고 국제감시의 대상이 된다.

지금 영국의 새로운 입법의 1/3 정도는 EU를 통한 다른 나라와의 사전협상 후 영국에서 입법화된다. 경제사회정책의 2/3도 모두가 다른 EU국가들과 사전협상을 통과한 정책들이다. 다른 EU국가들도 사정은 마찬가지이다. 결국 종래의 국민국가 개념이 크게 퇴색되어 가는 셈이다. 물론 이러한 변화의 배경에는 EU를 통한 안보, 경제, 사회, 문화의 상호통합이 이 지역의 모든 국민들에게 종래의 국민국가체제가 주지 못하는 영구평화를 보장하고 공동번영을 가져다준다는 공감대가 있기 때문에 가능하다. 그러나 확실한 것은 이제는 누구도 앞으로 EU 내에서 국가 간 전쟁의 가능성을 믿는 사람은 없다는 사실이다. 이제 적어도 유럽 내에는 영구평화permanent peace가 왔다고 본다. 지난 200년간 전쟁과 혁명으로 얼룩진 유럽에 어떻게 이것이 가능하게 되었는가?

자강, 동맹, 균세, 그리고 상호통합의 네트워크전략

우리는 EU의 경험을 배워야 한다. 그래서 아시아판 EU전략을 동북아시아 내지 동아시아에서도 추진해 나가야 한다. 물론 EU의 정책 경험을 그대로 모방할 수는 없을 것이다. 동아시아의 역사, 문화 등에 맞는 모델을 새롭게 스스로 창조해 나가야 한다.

그러나 확실한 것은 자강, 동맹, 균세에 의존하는 20세기적 전략만을 가지고 더 이상 국가안보와 국민번영을 100% 보장하기는 어렵다는 것이다. 특히 우리나라 같은 중간中間국가가 중국의 급격한 부상, 일본의 아시아로의 회귀, 미국의 아시아로부터의 퇴각 등의 21세기적 상황변화를 맞이해서는 더욱 그러하다고 본다.

따라서 우리는 20세기적 전략에 기초한 자강, 동맹, 균세뿐 아니라 21세기적 발상에 기초한 '상호통합의 네트워크 전략'을 구상해야 한다. 구체적으로는 동북아 공동체를 구상해야 한다. 즉 국민국가를 넘어서는 가능성까지를 보면서 새로운 아시아지역연합(AU)의 창출 가능성까지를 모색하면서 동북아 내지 동아시아 공동체를 구상해야 한다. 이것이 진정한 '신新아시아의 시대'를 여는 것이 된다. 그리고 이것이 가능해지면 이 지역의 평화와 번영은 물론이고 우리 한반도에 대한 지난 수천 년간의 강대국의 끊임없는 침탈과 간섭의 역사는 종지부를 찍게 되는 셈이다.

(2) 대북對北구상

대북전략을 어떻게 구상할 것인가? 국가안보의 확보와 민족통일의 달성을 위하여 어떠한 대북전략이 바람직한가?

국론의 통일

대북전략을 구상함에 있어 가장 중요한 것이 국론의 통일이다. 지난 10년간 대북정책에 있어 국론의 분열이 가장 심각하였다.

분열된 국론 위에서 구상하고 추진되는 대북정책이 결코 효과적일 수 없다. 뿐만 아니라 특히 강조하고자 하는 것은 대한민국의 국론분열이 바로 북의 체제강화, 즉 변화와 개혁·개방의 거부에 크게 기여한다는 사실이다. 북의 정상국가화를 막는 데 남의 국론분열이 크게 기여하고 있는 것이다.

자유민주주의적 통일

따라서 올바른 대북전략을 재구상함에 있어 가장 중요한 것이 국론의 통일을 이루어내는 것이다.

첫째, 우리가 목표하는 것이 어떠한 통일인가에 대한 국민적 합의가 있어야 한다. 정답은 헌법 제4조가 명시하고 있듯이 자유민주주의를 기본질서로 하는 내용의 통일이어야 한다. 이 점에 대한 국론의 분열이나 혼란이 있으면 안 된다. 혹자는 남의 '자유민주주의-시장경제체제'와 북의 '수령주의-계획경제체제' 사이 중간쯤에 양자의 장점만을 모은 중간 시스템이 있을 수 있지 않느냐 하는 주장을 하기도 한다. 그러나 이것은 크게 틀린 생각이다. 자유와 독재 사이에 중간은 없다. 사적소유제와 국가소유제 사이에도 중간은 없다. 그것은 지난 200년간의 인류 역사가 가르쳐준 교훈이다. 따라서 우리가 목표로 하는 통일은 분명히 자유민주주의적 통일이어야 한다.

둘째, 다음에는 그러한 자유민주주의적 통일을 어떻게 이룰 것인가에 대한 국민적 합의가 있어야 한다. 목표와 수단 간에 정합성이 있어야 한다. 즉 목표를 효율적으로 달성할 수 있는 수단의 선택이 필요하다. 목표는 자유민주주의 통일이라고 하면서 수단은 직간접적으로 수령독재체제를 지원하거나 강화하는 것이 되면 목표와 수단 간에 정합성이 없게 된다. 올바른 변화유도가 목적인 지원은 반드시 목표와 수단 간에 정합성이 있어야 한다. 물론 하루아침에 북이 자유민주주의가 될 수 없다. 따라서 시간이 걸릴 수 있다. 아니, 걸릴 수밖에 없다. 그러나 방향과 원칙은 확고하고 확실해야 한다.

안보정책은 적대적 분단관리, 통일정책은 북한 변화관리가 목표

셋째, 다음은 통일정책과 안보정책 사이의 관계에 대한 올바른 국민적 이해가 있어야 한다. 안보정책은 전쟁억지와 평화유지, 즉 '적대적 분단관리'가 주목표이다. 6·25 이후 북의 도발을 막은 것은 한미동맹과 우리 군의 자강의지와 노력 때문이었다. 따라서 안보를 위해선 한미동맹의 강화, 4강과의 선린외교의 강화, 그리고 우리 군의 지속적 현대화가 핵심이다.

반면에 통일정책은 '북한의 변화관리'가 목표이다. 자유민주주의적 통일을 위해서 북의 체제변화는 필수적이다. 그러면 어떻게 그 변화를 유도하고 지원하고 관리할 것인가, 이것이 통일정책의 목표가 되어야 한다. 한마디로 북의 '소프트 랜딩 유도'와 '하드 랜딩에 대한 대비'가 통일정책의 핵심이어야 한다. 이 두 가지, 즉 안보정책과 통일정책 사이에 더 이상의 혼란과 혼선이 있어서는 안 된다. 안보정책은 생존의 기본조건이고 통일정책은 우리의 희망이다. 통일정책을 빙자하여 안보정책을 약화시켜서는 아니 된다. 그 동안 통일의 목표와 수단 간의 정합성에서도, 그리고 통일정책과 안보정책 사이의 정책 우선순위에서도 혼란이 많았다.

한 번 더 강조해둘 문제는 남한에서의 이러한 생각의 혼란, 정책의 혼선 자체가 북한의 개혁과 개방을 막고 있다는 사실이다. 남이 혼란스러울수록 북은 변화를 하지 않고도 현체제유지가 가능하다고 믿을 수 있기 때문이다.

• 목표의 정립(북의 근대화와 민족통일)

다음은 대북정책의 목표를 확실히 하여야 한다. 한마디로 '북의 근대화와 민족통일'이다. 환언하면 '북의 정상국가화와 남북통일'이다. 일차적으로는 (가) 비핵화 (나) 개혁과 개방 (다) 인권존중 그리고 (라) 국제사회에의 복귀(국제규범의 존중) 등을 통한 북의 정상국가화 내지 근대국가화가 먼저 진행되어야 하고, 그 다음이 한반도 전체의 민족통일 달성이다. 북은 현재 전前근대국가이고 비非정상국가이다. 이러한 북을 근대국가, 정상국가로 바꾸는 것이 바로 자유민주주의적 통일의 길로 들어서는 첫걸음이 된다. 북의 근대화, 정상국가화 없이 북한 동포를 경제적, 사회적으로 살릴 수 없고 남에 대한 북의 안보위협도 낮출 수 없다. 따라서 북의 근대화, 정상국가화는 우리 동포의 생존문제 해결과

남의 안보문제의 확실한 해결을 위하여, 그리고 나아가 남과 북의 통일을 위하여 가장 중요한 핵심과제가 된다.

우선 북은 개혁개방을 통해 산업화의 길을 걷게 되어야 한다. 그리고 어느 정도 산업화가 성공하면 민주화의 길을 걷게 될 것이다. 그래서 북이 소위 근대화혁명(산업화와 민주화)에 성공하여야 한다. 이것이 북의 근대화, 정상국가화의 과정이고 이것이 우리의 대북정책의 제1차 목표가 되어야 한다. 그리고 이러한 북의 근대화, 정상국가화 작업은 국내적으로는 통일과정과 병진하여, 혹은 순차적으로 진행될 것이지만 국제적으로는 바로 21세기 동북아에 새로운 평화와 번영, 그리고 상호존중의 경제적·군사적 신질서를 구축하는 과정이 될 것이다. 따라서 북의 근대화, 정상국가화는 우리 민족 내부만의 관심사가 아니라 이웃 4강의 이해관계와도 깊이 관련되는 중요한 국제문제이다.

● 대북정책의 기본원칙

우리의 대북정책이 위와 같이 북의 근대화와 민족통일을 목표로 한다면 우리의 대북정책은 다음과 같은 몇 가지 기본원칙을 가져야 한다.

원칙 있는 관여정책, 효과적 관여정책

무엇보다 북과 대화, 협력하고 북의 변화과정에 적극 관여하는 개입정책engagement policy이 되어야 한다. 그러나 그 관여정책은, 앞에서도 지적하였지만 북의 올바른 변화가 목표다. 그렇기 때문에 북이 근대화, 정상국가화로 나아갈 때는 적극 지원과 지지를 보이고 그렇지 않은 경우에는 단호한 반대와 견제의 입장을 보여야 하는 '원칙 있는 관여정책principled engagement policy'이어야 한다. 그리고 모든 대화와 협력과 지원의 결과로 북의 변화라는 목표가 점진적으로라도 실현되는 '효과적 관여정책effective engagement policy'이어야 한다.

그런데 햇볕정책에서 시작된 지난 10년의 대북정책은 북의 변화를 적극적으로 요구하지 않는 개입정책이었다. 또한 대화와 협력의 효과를 점검하여 북의 변화에 기여하였는가를 평가하지 않은 개입정책이었다. 한마디로 목표와 원칙이 확실하지 않고 효과에 대한 평가가 없는 개입정책unprincipled and ineffective engagement policy이었다. 그래서 종북從北정책, 혹은 투항投降정책이라는 비판을 받았던 것이다. 이것은 올바른 대북정책이 아니다. 그 결과 대북정책이 오히려 북의 현상유지나 현상강화에 기여하는 면이 많아졌고 그 반대로 남의 분열과 혼란만을 초래하게 되었다. 그래서 역으로 북의 체제강화에 기여하는 셈이 되었다. 결국 일부 정치인들이 대북정책을 남한의 국내정치에 이용하기 위해 북한동포의 고통을 철저히 외면하고 민족통일의 대의를 역행한 면이 적지 않았던 셈이다.

대북정책, 우리 입장의 확실한 전달에서 출발

따라서 올바른 대북정책은 우리의 입장을 확실히 전달하는 데서부터 시작해야 한다. 북이 비핵화, 개혁과 개방, 인권존중, 국제규범의 준수 등 근대화, 정상국가화의 길을 걸으면 남한은 모든 지원을 확실히 하겠다, 그러나 그 반대의 경우라면 남한 주도의 국제공조를 통해 압박을 가하겠다는 메시지를 확실히 전달해야 한다.

동시에 북이 근대화와 정상화에 노력할 때 우리가 제공할 수 있는 지원과 협력은 가능한 크게 제공해야 한다. 마찬가지로 북이 반反근대화, 비非정상화를 고집할 때 그들이 받을 고통과 압박도 가능한 한 크게 준비해야 한다. 그러면서 항상 대북대화와 협력에 적극적으로 나서되 반드시 그 대화와 협력의 정책효과를 정기적으로 점검하고 평가해야 할 것이다. 그래서 대화와 협력의 방식을 북의 변화를 유도한다는 본래의 목표에 보다 적합하고 효과적인 방향으로 끊임없이 개선해나가야 할 것이다.

투명성이 보장되는 대북지원

천재지변으로 인한 북한 주민의 고통에 대한 인도적 지원은 반드시 해야 한다. 그러나 천재지변이 아니라 지도자의 정책과 제도의 잘못으로 북한 주민들이 고통을 받게 되는 경우 경제·사회적 지원을 하는 것이 옳은 일인가는 깊이 고민해야 할 문제이다. 간단한 문제는 아니다. 그러나 이러한 경우에도 동포의 최소한의 생존을 위한 지원은 해야 한다고 본다. 중요한 것은, 모든 대북지원은 그 지원물자가 본래의 목표대로 사용되었는지 그 투명성에 대한 감시감독을 철저하고 확실하게 해야 한다는 사실이다. 투명성을 위한 감시감독이라는 관행의 축적은 다음에 있을 수 있는 인도적 지원을 보다 용이하게 하기 위해서도 반드시 지켜져야 한다. 남한이 직접 하는 감시감독 대신에 국제기구를 통한 투명성 확보의 방법도 있을 수 있다. 방식은 어떠한 방식이라도 좋다. 그러나 투명성이 보장되지 않는 지원은 추진되어서는 안 된다.

• 대북정책 성공의 조건

대북정책이 성공하기 위해서는 몇 가지 확실히 해야 할 조건들이 있다.

첫째, 국방에 대한 자강自强 노력의 강화와 한미동맹의 강화가 필수적이다. 9 · 11 이후 미국은 국방안보전략을 근본적으로 재구축하고 있고, 그 결과 세계적 규모의 군사변환military transformation의 과정에 있다. 이것이 미국의 동맹으로서의 약속의 약화로 비쳐져서는 안 된다. 물론 21세기적 상황에 맞게 한미동맹의 비전은 크게 바꾸어야 한다. 그러나 그것이 한미동맹의 약화를 의미하는 것이 아니라는 사실을 확실히 해야 한다. 이와 동시에 우리 국방력의 자강 노력은 지속적으로 제고되어야 한다. 북의 대량살상무기가 남을 인질로 하여 북의 정상국가화를 거부하는 빌미가 되도록 허용해선 안 된다.

둘째, 특히 중국의 이해와 협조가 중요하다. 북의 정상국가화 과정이나 그 이후에 북에 친한親韓정권이 등장하는 것이 결코 반중反中이 아님을 설득해야 한다. 따라서 중국이 무리하게 북에 친중親中정권을 세우려 해서는 안 됨을 확실하게 이해시켜야 한다. 북에 친한親韓정권이 등장하고 이를 기반으로 서서히 남북통일의 길로 나아가는 것이 중국에도 이익이 되고 동북아의 안정과 발전에 기여하는 길임을 설득해야 한다. 한민족韓民族 중심의 한반도 통일은 역사적 필연이고 당위라는 사실과 우리는 이웃과 공평하고 대등한 선린외교를 지향한다는 사실을 인지시켜야 한다. 통일 후라도 한반도 전체는 비핵화를 유지할 것이고, 북쪽에 미국의 주둔은 없을 것임을 확실히 천명해두어야 한다.

셋째, 대북정책이 성공하려면 북이 근대화와 정상국가화의 길을 거부할 때 효과적인 대응수단을 가져야 한다. 변화에 대한 유인과 압박 모두를 크게 하여야 함은 이미 수차 지적하였다. 문제는 변화 거부시 압박의 수준을 어떻게 정할 것인가 하는 점이다.

북이 변화 거부시 단계별 압박 수준

우선해야 하는 것은 첫째로, 북의 실상과 변화 거부의 사실을 세계에 알려야 한다. 그리고 둘째로 낮은 단계에서 점차 높은 단계로 국제적 압력의 수준을 높여나가야 한다. 낮은 단계는 경제적 봉쇄, 그 다음은 국제고립화의 강화, 다음은 탈북자 지원, 그리고 예방적 군사조치, 그리고 그 다음은 군사시위 등으로 한 단계씩 압력의 수위를 높여 나가야 한다.

혹자는, 군사적 시위는 평화통일의 원칙에 반하는 것이니 안 된다는 주장을 하기도 할 것이다. 그러나 이것은 모르는 말이다. 군사적 시위 등 군사적 수단을 사용하면 분명 한반도의 긴장은 고조된다. 그러나 전쟁과 평화 사이에는 여러 단계의 긴장이 있다. 긴장이 곧 전쟁을 의미하는 것은 아니다.

어느 정도의 긴장을 각오하여야 오히려 전쟁을 피할 수 있고 변화를 유도할 수 있다는 사실을 잊어서는 안 된다. 긴장을 두려워해서는 결코 북의 변화를 유도하지 못한다. 그렇게 되면 오히려 북은 현재의 비정상국가 상태를 지속하다가 자폭implosion 내지 자진(collapse)하게 되고 그때 한반도의 안보적 긴장은 훨씬 더 큰 위험에 노출되게 될 것이다.

물론 가능한 한 남북 긴장의 제고를 피하면서 북의 변화를 유도하는 것이 최선의 방법이다. 그러나 북의 자발적 변화가 거의 불가능한 것을 잘 알면서 북의 변화를 위해 대북 압박의 수위를 높이고 긴장을 제고해야 한다는 주장에 대하여 무조건 '너희들은 전쟁을 하자는 말이냐' 하는 식으로 몰아가는 것은 크게 잘못된 대북정책이다. 북한의 변화를 위한 중요한 효과적 수단의 하나인 '대북압박과 긴장의 제고' 수단을 강조하는 것이 지금 당장 무조건 그 수단을 사용하자는 이야기는 물론 아니다. 그러나 이 대단히 중요한 효과적 수단의 하나를 완전히 배제하자는 것은 북의 근대화, 정상국가화라는 대북정책의 목표 자체를 스스로 포기하는 것과 마찬가지다. 이 점에 대하여 특히 일부 사회지도층 사이에 사고의 혼란이 없어야 하겠다.

● 하드 랜딩에 대한 대비

북이 개혁개방의 길을 간다면 대단히 바람직한 일이고, 남의 국민은 진심으로 혼신의 노력을 다하여 도울 것이다. 그러나 불행하게도 지금 북의 리더십은 개혁개방에 대한 자신이 없는 것 같다. 그렇다면 현재의 비정상적 상황이 이대로 무한정 지속될 수 없을 것이다. 그 결과는 하드 랜딩이다. 이에 대하여 확실한 입장을 정리하고 준비하는 것이 국가이익을 지키기 위해 대단히 중요한 전략과제이다. 하드 랜딩의 경우에는, 앞에서도 지적했지만 우리는 반드시 북에 친한親韓정권을 세워서 남에 의한 점진적 흡수통일의 길로 유도하여야 한다. 일정기간 과도기 내지 전환기가 필요할 수도 있다. 그러나 분명한 것은 모든 변화과정을 북에 등장해야 할 친한정권과 긴밀히 상의하면서 우리나라가 주도하여야 한다. 물론 그 과정에서 미국과 중국 등의 이해와 협조가 필요하다. 그러나 그 협조는 반드시 한민족의 남북통일 과정을 지원하는 방향으로 이루어져야 한다.

흡수통일 대비해 4강과 적극적 제휴

우리 사회 일각에 흡수통일에 대하여 반대하는 의견이 일부 있다. 그러나 이것은 크게 잘못 보는 생각이다. 북한의 하드 랜딩은 우리가 유도하거나 희망해서가 아니라, 북한 정권이 소프트 랜딩을 거부함으로써 스스로 선택한 길이 되어가고 있다. 만일 가까운 장래 북이 내부의 불가피한 사정으로 하드 랜딩할 때 남쪽이 흡수통일을 거부한다면 그 결과는 누구를, 아니 어느 나라를 돕는 일이 되겠는가? 우리가 전혀 흡수통일에 대한 사전 준비를 하지 않고 있으면 그 결과는 어떻게 되겠는가? 북에 사는 우리 동포의 운명은 어떻게 되겠는가? 누가, 아니 어느 나라가 북의 운명을 주도하여 나가겠는가?

혹자는 흡수통일을 한다면 통일비용이 너무 크지 않은가 하는 문제를 제기한다. 그러나 비록 그 비용이 크다고 해도 우리 민족 통일의 문제이기 때문에 피해서도 안 되고 피할 수도 없는 문제가 아닌가? 또한 통일의 비용을 주장하면서 통일의 이익은 왜 생각하지 않는가? 그 동안 분단으로 인한 민족적 고통과 손실이 얼마나 컸는가? 통일이 된다면 이 모든 것이 민족적 이익으로 전환될 것이다. 뿐만 아니라 핵 등 대량살상무기를 보유한 비정상국가의 존재가 통일의 비용보다 더 큰 비용을 가져올 수 있지는 않은지 깊이 생각해보아야 한다. 따라서 우리는 흡수통일의 문제에 대하여 보다 적극적으로 대응할 마음의 준비, 군사안보적 준비, 정치외교적 준비, 경제사회적 준비를 하여야 한다. 철저히 준비하여 만일의 사태가 올 때 성공적 남북통일을 이루어내는 것이 이 시대에 우리에게 주어진 민족적 과제이다. 다시 강조하지만 이를 위한 철저한 준비의 하나로 반드시 4강과의 충분한 사전대화, 의견교환, 공동합의, 공동준비가 필요하다. 특히 하드 랜딩 진행 과정에 대한 효과적 관리의 문제가 중요하다. 나아가 하드 랜딩 이후의 북의 산업화를 위한 노력에 4강을 함께 참여시켜야 한다. 이 모든 일을 우리가 주도적으로 4강을 설득하며 준비해야 한다. 이러한 우리의 노력이 얼마나 효과적일 것인가, 얼마나 성공할 것인가가 21세기 한반도와 한민족의 명운을 결정할 것이다.

2. 국민번영을 위한 세계전략

다음은 두 번째의 국가이익인 국민번영을 실현하기 위해선 어떠한 세계전략을 가져야 하는가 하는 문제를 다루도록 하자. 여러 가지를 주장할 수 있으나 여기서는 가장 중요한 것 네 가지만 다루도록 한다. 첫째는 '시장의 확대'이고, 둘째는 '과학기술력의 제고'이다. 셋째는 '투자의 극대화'이고, 넷째는 '비교우위의 창출'이다.

(1) 시장의 확대

인류의 역사를 보면 오랫동안 어렵게 살아왔다. 지난 200년간의 경제적 발전은 대단히 예외적인 현상이었다. 1750~1800년, 인류의 일인당 국민소득은 요즈음 가격으로 미화 180불 정도였다고 한다. 그러던 것이 지난 200년간 비약적으로 발전하여 2000년 기준 약 6,600불 수준으로 뛰어올랐다. 무엇이 이것을 가능하게 하였는가? 두 가지가 가장 큰 이유이다. 하나는 '시장의 확대'이고 다른 하나는 '과학기술의 발전'이다. 시장이 동네시장에서 지역시장으로, 그리고 국가시장으로, 더 나아가 세계시장으로 발전하면서 인간의 생산성은 비약적으로 발전하였다. 시장의 크기, 즉 교환의 크기가 분업의 정치화 내지 세분화의 정도를 결정하고 분업의 정치화와 세분화의 정도가 인간의 노동생산성을 결정하기 때문이다. 따라서 시장의 크기를 키우는 것은 경제발전을 위한 기본 요건 중의 하나이다.

국내적 · 국제적 시장확대의 필요

시장의 크기는 국제적으로는 물론이고 국내적으로도 확대되어야 한다. 국제적 확대는 당분간은 자유무역협정(FTA) 확대 전략이 중요한 역할을 할 것이다. 그리고 국내적으로 시장을 확대하는 정책으로는 규제완화deregulation, 자유공정 경쟁정책free and fair competition policy의 강화 등을 생각할 수 있다. 동아시아에서의 지역협력의 확대 노력에는 현재 두 가지 움직임이 진행되고 있다. 하나는 '중국 중심'으로 중화경제권을 조직하는 방향이다. 아시안 10개국과 중국, 대만, 홍콩, 마카오 등을 연결하려는 움직임이다. 동남아 등지에는 약 4천만 명에 달하는 화교가 있고 이들이 이 지역인구의 10% 정도를 점하고 있다. 그러나 이들의 경제력은 상대적으로 높아서 GDP의 2/3 정도를 장악하고 있다. 이들을 기반으로 '거대 중화경제권'Greater Chinese Economic Zone을 만들어보겠다는 의도이다. 물론 이를 기반으로 하여 동남아시아의 아시안Asian 10개국을 엮고 장기적으로 아시안과 중화경제권을 통합시켜 이 지역에 경제적 패권을 만들어보겠다는 움직임이다. 다른 하나의 움직임은 '일본과 미국 중심'의 지역협력 구상으로 일본, 미국, 한국, 호주, 뉴질랜드, 인도, 싱가포르 등을 엮어서 '태평양 자유시장경제권' Trans-Pacific Free Trade Area을 만들어보겠다는 계획이다.

우리 대한민국의 시장확대전략은 장기적으로 이 두 가지 움직임을 크게 하나로 엮어나가는 데 두어야 할 것이다. 그렇게 하기 위해서 우리는 두 가지 움직임 모두에 직접 참여해야 한다. 그러면서 현재 진행되는 두 가지 움직임 모두가 상호배타적이 아닌 상호보완적인 열린 지역주의open regionalism가 되도록 하는 데 우리가 앞장서야 한다. 이와 같이 두 가지 움직임을 하나로 묶어나가는 노력을 위해 우선 일차적 작업의 하나로 중국-일본-한국 3국간의 FTA문제를 우리가 앞장서서 주도적으로 해결하여 나가는 데서 출발할 수 있다. 그리고 이를 위해선 한중 FTA와 한일 FTA를 동시 추진하는 것이 바람직할 것이다.

규제완화와 자유공정경쟁정책의 강화도 대단히 중요한 시장확대정책이다. 그러나 기본적으로 이는 국내전략이기 때문에 세계전략을 논하는 이 글에서는 본격적 논의는 생략하기로 한다.

(2) 과학기술력의 제고

인류에게 오늘날과 같은 경제적 풍요를 가져온 두 번째 요인은 과학기술력의 발달이다. 산업혁명을 가져온 방직기술, 그 이후의 증기기관, 전기의 발명, 그리고 오늘날의 IT, BT, NT 등에 이르기

까지 지난 200년간의 인류의 비약적 성장에는 과학기술력의 획기적 발전이 주동인動因이 되어왔다. 따라서 '대한민국의 21세기 세계전략'에서도 반드시 과학기술력의 획기적 발전을 도모하는 노력이 선행되어야 한다.

그 동안에 이를 위한 정부의 노력도 많았다. 산업과 대학과 정부연구소를 연결시키는 국가혁신 시스템의 구축, 산학협동 방식에 기초한 지역혁신 시스템의 구축 등등의 정책노력이 많았다. 물론 이러한 노력도 다 중요하지만, 문제의 핵심은 다른 곳에 있다고 본다. 즉 21세기 지식정보화시대에 새로운 과학기술력을 높이기 위해서는 반드시 세계지식생산의 핵심네트워크core network of global knowledge production에 소위 빨대를 꽂아놓지 않으면 안 된다는 사실이다. 이 주장의 타당성을 보이기 위해 21세기 지식정보화 시대의 주요 특징부터 검토해보자.

21세기 지식정보화시대의 특징

첫째, 21세기에는 지식을 많이 알고 있고, 많이 보유하고 있다는 것 자체는 큰 가치나 의미를 갖지 않는다. 인터넷 등을 통해 지식의 시간적, 공간적 이동과 확산은 비교적 적은 비용으로 대단히 신속하게 이루어질 수 있기 때문이다. 중요한 것은 기존지식을 많이 안다는 것이 아니라 '신지식을 얼마나 많이 창조해낼 수 있는가'이다. 신지식과 신정보의 창조력 내지 생산력이 문제이다. 그것이 진정한 의미와 가치를 가진다.

둘째, 이러한 의미의 신지식과 신정보의 창조 내지 생산은 고도의 독과점체제 속에서 이루어지고 있다. 소수의 세계 최첨단 연구소와 소수의 세계 최고수준의 대학 등에서만 신지식과 신정보의 창조와 생산이 집중적으로, 누적적으로 일어나고 있다. 많은 다른 세계 연구소들과 대학들은 사실상 이미 생산된 지식의 하청가공을 하거나, 아니면 이미 생산된 지식의 판매 내지 애프터서비스에만 열중하고 있을 뿐이다. 따라서 부가가치가 대단히 낮은 활동을 하고 있는 셈이다. 부가가치가 높은 신지식과 신정보의 창조와 생산은 오직 세계 최고의 소수 연구소와 소수 대학이 독과점하고 있고, 자기들끼리의 전략적 제휴 등을 통하여 지극히 배타적 네트워크를 형성하고 있다. 그리하여 세계 지식생산 핵심네트워크의 폐쇄적 원형圓形inclusive circle을 형성하고 있다. 이 핵심네트워크의 원형 밖에 제1차 하청 네트워크, 다시 그 밖에 제2차 하청네트워크 등이 더 큰 원형의 형태로 구축되어 있다. 그리고 마지막에 지식판매네트워크의 원형이 구축되어 있다.

셋째, 이렇게 신지식 창조와 생산이 고도로 독과점화되는 가장 큰 이유는 새로운 지식을 생산하기 위해서는 높은 수준의 집적된 물적 인프라와 인적 인프라가 필요하기 때문이다. 높은 수준의 최첨단 설비투자 없이 새로운 실험도 새로운 연구도 불가능하고, 또한 세계 최고수준의 전문인력 없이는 새로운 발견도 발명도 불가능하다. 물론 단순히 반짝이는 아이디어가 핵심이 되는 분야, 즉 최첨단의 설비투자 없이도, 또한 최고 인재들 간의 긴밀한 소통과 상호작용을 통한 시너지 효과 없이도 새로운 지식이나 정보 생산이 가능한 분야는 아직도 비교적 자유경쟁적이다. 예를 들어 예술, 영화, 문학 등의 분야가 그렇다. 그러나 과학, 기술, 의학 등의 분야에서는 최첨단의 시설투자와 세계 최고의 인적자본 집중이 필요하기 때문에 새로운 지식의 창조와 생산은—오직 소수의 대학이나 연구소, 혹은 회사만이 가능한—대단히 비경쟁적이고 독과점적인 구조를 갖지 않을 수 없다.

세계 최고 인재들이 몰려드는 대한민국

따라서 이러한 독과점적 성격이 강한 과학기술 분야에서 우리의 경쟁력을 높이려면 불가피하게 세계지식생산의 핵심네트워크에 직접 참여하는 것이 가장 중요한 전략이 된다. 대한민국의 연구소나 대학 중 극히 일부라도 이들 세계적 지식생산의 핵심네트워크에 참여하는 방안을 추진해야 한다. 대한민국의 연구소와 세계 최고 연구소, 우리 대학과 세계 최고 대학 간의 공동연구와 공동교육 등의 전략적 제휴에 노력해야 하고 정부의 적극적 정책지원이 필요하다.

최첨단의 실험장비나 설비를 국내대학이나 연구소에 도입 설치하는 문제는 그리 어렵지 않을 것이다. 그것은 돈의 문제이기 때문이다. 그러나 정작 어려운 것은 세계 최고의 브레인들과 전문가들을 어떻게 유치하느냐 하는 문제이다. 이를 위해 대한민국 출신의 해외인력(이민, 유학, 취업 등)을 우선적으로 활용하는 방안, 그래서 그들의 귀국을 촉진하는 방안brain circulation부터 시작해야 할 것이다.

사실 21세기 세계화시대에 해외교포 및 유학인력은 대한민국으로서는 엄청난 재산이다. 이들이 해외에 나가서 정착하는 일을 정부가 보다 조직적으로 도와야 한다. 사업과 유학과 취업의 성공을 보다 체계적으로 도와야 한다. 특히 최고 대학에의 유학과 최고 연구소에의 취업을 계획적으로 도와야 한다. 그리고 그들이 해외에서 유학, 취업, 사업 등을 통해 축적한 '지적자본과 인적 네트워크'를 귀국을 통해서건 아니건 대한민국의 발전과 연계시키는 노력도 크게 강화해야 한다.

요약하면 '세계지식생산의 핵심네트워크'에 빨대를 꽂기 위하여 우리 정부와 대학과 기업, 그리고 해외유학생, 해외취업자, 해외교포 단체 모두가 힘을 합쳐 공동전략을 세워나가야 한다. 이러한 여러 문제를 효과적으로 추진하기 위해 '교민청의 신설과 국적제도의 개선'은 시급하고 바람직한 일이다.

그러나 해외유학생, 취업자, 그리고 교포인력의 활용은 시작일 뿐이다. 결국은 세계 최고 인재들이 몰려드는 대한민국을 만들어야 한다. 그들이 와서 연구하고 사업하고 생활하는 데 자신들의 본국보다 더욱 편안하고 쾌적하고 매력적인 나라로 대한민국을 만들어야 한다. 대한민국 전체가 어려우면 특정도시, 특정지역이라도 세계 최고 인재들에게 친화적인 연구환경과 교육환경, 그리고 친화적인 주거환경과 문화환경을 만들어주어야 한다.

(3) 투자극대화 전략

국민번영이라는 국가이익의 제고는 투자의 확대로부터 시작된다. 투자 없이는 성장도, 고용도, 복지도 없다. 따라서 국민번영도 없다. 국민번영을 위한 가장 핵심적인 전략의 하나가 투자의 확대이다. 국내기업에 의한 투자이건 해외기업에 의한 투자이건 대한민국 땅 위에서 투자가 극대화되어야 성장도 분배도, 나아가 국민번영도 이루어낼 수 있다. 그러면 어떻게 하면 대한민국에의 투자를 극대화시킬 것인가? 이에 답하기 위해 세계에서 일어나는 투자를 누가 하는가, 그들이 투자지역을 결정할 때 무엇을 기준으로 무엇을 고려하여 결정하는가 등을 알아보아야 한다.

세계화시대의 투자를 결정하는 요인들

오늘날 세계무역의 2/3 정도를 약 7만 개에 달하는 다국적기업 *multi-national or transnational corporation*이 하고 있다. 또한 세계기업 R&D투자의 2/3를 다국적기업 중 가장 규모가 큰 700개가 하고 있다(물론 대한민국 출신의 다국적기업도 많이 있다). 따라서 우리나라에서의 투자를 극대화하려면 이들 다국적기업들, 특히 거대 다국적기업들이 투자지역을 선택할 때 무엇을 가장 중요시하는가를 살펴보아야 한다.

다국적기업들이 투자처를 결정할 때 가장 중요시하는 것이 두 가지이다. 하나는 그 지역 인력의 교육 및 기술 수준이다. 그 지역의 교육기술 수준이 세계적 수준인가, 필요한 창조적 고급인재를 쉽게 구할 수 있는가, 그들의 노동윤리와 직업관은 어떠한가, 근면성실한 노동철학과 안정된 노사관계를 가지고 있는가 등이다. 즉 그 지역, 그 나라의 '교육경쟁력과 노사관계경쟁력'이다.

다른 하나는 그 지역이 기업하기 편한가, 즉 그 지역의 공공인 프라와 공공서비스의 질의 수준이 어떠한가이다. 예를 들어 기업활동에 대한 불필요한 규제는 많지 않은가, 세계적 수준의 공항과 항만을 가지고 있는가, 공무원들은 친절하고 신속하며 혹시 부패하지는 않은가 등이다.

더 나아가 대단히 중요한 것이 그 지역이 살기는 안전하고 재미있는가이다. 투자에는 당연히 사람이 따라가기 마련이다. 따라서 이들 외국인들이 살기 좋고 생활하기 편하고 매력적인 지역인가 하는 문제도 투자지역결정에 대단히 중요한 역할을 한다. 외국인 거주자의 자녀교육, 가족의 건강을 위한 시설과 제도는 어떠한가, 그리고 그 지역 문화예술의 수준은 어떠한가, 주민들은 다인종 다문화에 대하여 얼마나 열린 마음을 가지고 있는가 등이 중요하다. 한마디로 그 지역, 혹은 그 도시의 '공공경쟁력과 문화경쟁력'이 중요하다는 이야기이다.

이상을 종합하면 우리나라에의 투자를 극대화하려면, 그래서 세계적 투자허브로 만들려면 첫째는 우리의 '교육경쟁력'과 '노사관계경쟁력'을, 그리고 둘째는 '공공경쟁력'과 '문화경쟁력'을 획기적으로 높여야 한다. 이것이 투자극대화를 위한 핵심적인 세계전략이 된다.

교육 · 노사관계 · 공공 · 문화경쟁력 어떻게 높이나?

그렇다면 그 다음의 문제는 교육경쟁력과 노사관계경쟁력, 그리고 공공경쟁력과 문화경쟁력을 어떻게 높일 것인가 하는 문제이다. 이와 관련하여 반드시 강조해야 할 사실은 이들 경쟁력을 높이는 문제는 일국주의一國主義로 풀 수 없다는 점이다. 일국주의가 아니라 지역주의 내지 도시중심주의로 풀어야 한다는 점이다. 다시 말하면 한 나라 전체의 교육 · 노 · 사 · 공공, 그리고 문화경쟁력 모두를 함께 높은 수준으로 높여나가는 방향으로의 정책 노력은 성공 가능하지도, 바람직하지도 않다는 사실이다. 즉 일국주의적 균형발전전략으로는 풀 수 없다는 이야기이다. 개별 지역별로, 혹은 개별 도시별로 교육 · 노 · 사 · 공공 · 문화경쟁력을 높이기 위하여 자발적으로 노력할 수 있도록 해주고, 그리고 서로 치열하게 경쟁할 수 있도록 만들어야 성공 가능성도 높고 또한 그 결과가 바람직하다는 사실이다.

21세기 세계화시대의 투자 등 경제활동은 국가를 단위로 하지 않는다. 지역과 도시를 단위로 한다. 일국주의의 시대가 아니라 지역주의 내지 도시 중심의 시대이다. 특정지역이나 특정도시가 매력이 있는가, 그 지역 그 도시의 국제경쟁력(교육, 노사, 공공, 문화 경쟁력)이 높은가, 낮은가가 중요하다. 다국적기업 CEO 등 세계투자가들의 눈에는 국경은 큰 의미를 가지지 않는다. 오히려 개별지역과 개별도시의 경쟁력이 가장 큰 관심이다. 따라서 세계화시대의 투자허브전략은 개별도시와 개별지역이 자신들의 국제경쟁력을 마음껏 높일 수 있도록 허용하고 돕는 방향이 되어야 한다. 이 점에서 우리 대한민국은 특히 반성할 점이 많다.

발전균형 통해 소수의 경제적 강소국 만드는 전략

우리는 그 동안 이러한 세계의 흐름에 정면 역행하는 정책을 사용하여 왔다. 즉 지역균형발전전략地域均衡發展戰略이 그것이다. 우리나라는 모든 예산과 권력을 중앙이 가지고 있는 고도의 중앙집권체제를 유지하면서 지역에 공장이나 정부기관의 일부 이전을 추진하는 식으로, 소위 균형발전전략을 사용하여 왔다. 이것은 크게 잘못된 정책방향이다. 바람직한 정책방향은 '균형발전'이 아니라 '발전균형'이다. 균형을 목표로 하면 균형도 발전도 모두 잃게 된다. 발전을 목표로 하여야 둘 다를 얻을 수 있다. 즉 각 지역이 나름의 발전을 할 수 있도록 하고, 그 결과로서 조화와 균형을 달성하는 것이 올바른 정책방향이다.

이러한 발전균형을 위해선 예산과 권력을 지방이 가지고 세계를 향해 자발적, 독자적 발전전략을 세우고 추진할 수 있도록 해주는 것이 시급하다. 그래서 그 지역, 혹은 그 도시가 앞장서서 그 지역의 '교육·노·사·공공·문화경쟁력'을 높여 세계적 투자가 그 지역 내지 그 도시에 집중될 수 있도록 유인하는 것이 중요하다. 이를 위해선 세계 투자유인수단을 각 도시와 지역이 가져야 한다. 환언하면 예산과 권력의 철저한 지방분권화가 가장 시급한 과제라는 주장이다. 사실은 지방분권이 아니라 한 걸음 더 나아가

'지방주권의 시대'를 여는 것이 세계화시대의 올바른 국가발전 전략이 될 것이다. 적어도 경제적 문제에서는 지방이 완전히 독자적인 결정권(예산과 인허가권 등)을 가질 수 있어야 독자적 발전전략을 세우고 각 지역과 각 도시가 세계 투자의 허브화를 추진할 수 있기 때문이다. 그래서 세계화시대의 투자극대화전략으로는 '경제적 연방제', 다시 말해 나라 전체를 몇 개의 '광역자치체'로 나누어 이들이 경제적 주권을 가지고 독자적인 발전전략을 추진할 수 있도록 소수의 '경제적 강소국'을 만드는 전략이 가장 바람직한 전략 방향이라고 할 수 있다.

21세기는 강소국이 성공하는 시대

주지하듯이 21세기는 강소국이 성공하는 시대이다. 경제적으로 성공하고 있는 나라들의 인구규모를 보면 아일랜드 400만, 싱가포르 450만, 핀란드 500만, 덴마크 500만, 노르웨이 500만, 스위스 700만, 오스트리아 800만, 스웨덴 900만, 벨기에 1,000만, 네덜란드 1,600만이다. 대부분의 성공한 강소국의 인구규모가 500만~1,000만 정도의 수준이 가장 많다. 크더라도 1,500만 정도 수준이다. 이런 나라들은 규모가 상대적으로 작기 때문에 21세기 세계화시대 환경 변화에 빠르게 적응하면서 세계적 투자허브를 만드는 데 필요한 교육·노·사·공공·문화경쟁력을 높이기 위한 국정개혁을 성공적으로 해냈던 나라들이다.

우리나라의 경우 대한민국(4,800만)에는 전국적으로 이러한 강소국(지방정부)을 최소한 4~6개 정도를 만들 수 있다고 본다. 그렇게 하려면 중앙의 예산과 권력을 지방으로 분산하는 수준이 아니라, 지방에서 예산과 권력이 나오는 준準연방제적 수준의 시스템 개조가 있어야 할 것이다.

국가운영시스템 자체를 '일국一國주의적 중앙집권형'에서 수개의 '광역자치 중심의 지방분권형'으로 바꾸는 대대적 개혁이 있어야 한다. 우리보다 훨씬 지방자치제도가 앞선 일본도 세계화시대에는 지방자치만으로는 충분하지 않다고 보고 있다. 그래서 경제적 연방제에 가까운 12개 정도의 강소국(지방정부) 건설의 방향으로 국가개조개혁을 앞세워 소위 도주제道州制 도입을 서두르고 있다.

비교우위 창출전략

국민번영을 위한 마지막 전략은 비교우위(comparative advantage) 창출전략이다. 지금까지 세계시장이 확대되고 심화되면서 경제성장에 성공한 나라들을 보면 주요한 특징이 자기 나라의 비교우위를 가장 잘 활용한 나라들이라는 사실이다. 비교우위란 자국이 가지고 있는 '상대적 장점'을 의미한다. 어느 나라건 자국의 상대적 장점, 즉 비교우위를 제대로 활용하지 못하거나 역행하여 정책을 사용하면 반드시 실패하게 되어 있다. 예를 들어 인구가 많은 후진국에는 노동집약적 산업인 경공업에 비교우위가 있다. 그런데 이런 나라에서 사회주의 노선(자립경제 등)에 따라 경공업보다 중화학공업화를 우선하는 경우에는 반드시 실패한다. 소련, 북한, 개혁·개방 전의 중국 등은 자국의 비교우위에 역행하는 중화학공업화정책을 너무 일찍 추진해 실패한 대표적 나라들이다. 또한 인구가 많은 후진국이 경공업 중심의 수출 촉진에 주력하기보다 수입대체산업인 중화학공업을 무리하게 키웠던 경우도 비교우위를 제대로 활용하지 못해 경제발전에 실패한 예가 된다. 그 동안의 필리핀과 개방개혁 전의 인도 등이 대표적 경우일 것이다.

그런데 비교우위는 크게 보면 경제발전의 단계, 자원부존의 양과 질, 국민의 교육 및 의식수준 등에 의하여 결정된다. 그렇다고 해도 일정 부분은 정부와 민간의 공동노력에 의해 창조될 수 있는 부분도 있다. 지난 60년간 우리 경제는 우리의 비교우위를 비교적 잘 활용하여 지속적 경제발전에 성공해왔다. 앞으로가 문제이다. 21세기 대한민국이 비교우위를 가질 수 있는 산업 분야가 어디가 될 것인가, 아니 민관民官이 협력하여 어느 분야를 새로운 비교우위 산업 분야로 만들어나갈 것인가, 그 전략은 무엇인가 등에 대하여 답을 찾아야 한다. 이를 구상할 때 전략적으로 몇 가지 고려해야 할 사항이 있다.

비교우위를 정할 때 고려할 사항

첫째, 향후 상당기간 지속적 성장이 예상되는 중국의 발전과 동반성장同伴成長을 할 수 있는 분업 및 협업구조를 만들어나가야 한다. 이를 위해 질적質的으로 중국이 우리에게 의존하지 않을 수 없는 분야를 개척해야 한다. 중국이 성장을 하면 할수록 더욱 우리와의 협력관계를 필요로 할 분야가 어디인지를 찾아야 한다. 단순한 산업이나 무역부문뿐 아니라 교육, 문화, 관광, 행정, 정치 등 좀 더 넓은 분야를 생각해보아야 한다. 보다 넓은 분야에서 중국이 우리를 보다 절실히 필요하도록 만들어나가는 데 있어 우리나라는 세 가지 유리한 점을 가지고 있다.

우선 중국과의 역사적, 문화적 인접성이다. 역사적, 문화적으로 오랫동안 한중韓中 간에는 교류가 많았고 따라서 정서적 거부감이 적다. 이것이 다른 나라에 비해 상대적으로 유리한 점이다. 다음은 우리나라의 앞서는 국가발전 경험이다. 구체적으론 '산업화, 민주화, 도시화, 세계화'의 경험이 중국보다 앞서 있고 이들 분야의 우리의 정책지식과 경험(예컨대 새마을운동, 시민운동 등)은 중국에 큰 참고가 될 수 있다. 그 지식과 경험을 중국이 얼마나 필요로 하게 만드느냐 하는 것은 우리의 몫이다. 그리고 우리나라가 가지는 일본과 미국과의 접근성이다.

우리는 최고의 선진국인 미국과 일본의 선진과학, 기술, 경영, 학술, 문화 등에의 접근성이 높다. 따라서 우리는 미국과 일본의 첨단기술, 제도, 문화를 우리의 개발 경험에 비추어 소화해내 중국의 발전 단계에 맞는 형태로 그 형식과 내용을 바꾸어 중국에 공급할 수 있을 것이다. 특히 이 점과 관련하여 지적해야 할 것은 중국의 발전, 즉 현재 진행중인 중국의 산업화와 도시화는 한국, 대만, 싱가포르, 홍콩 등이 20세기 후반에 밟았던 그러한 내용의 산업화와 도시화를 그대로 답습하기 어렵다는 문제이다.

과거의 작은 나라가 하던 산업화와 도시화 같은 '에너지 다소비형', '환경 및 생태파괴형', '빈부격차 및 사회갈등 심화형'의 산업화와 도시화를 21세기적 상황에서 중국과 같은 세계적 초대국이 반복하여 답습하기는 사실상 거의 불가능하다는 것이다. 중국이 우리의 과거 산업화, 도시화 패턴을 반복해 따라온다면 우선 세계적 규모의 에너지 및 자원부족 문제, 환경파괴 문제 등으로 중국은 물론이고 인류와 지구촌이 이를 감당하기 어려울 것이다. 따라서 우리는 미국, 일본 등과 협력하여 중국의 산업화와 도시화가 21세기에 지속가능한 내용이 되도록 함께 노력해야 한다. 이 문제는 아주 중요한 문제이다. 미국과 일본의 최첨단 기술과 우리나라의 산업화, 도시화의 경험을 결합해 어떻게 중국에 '에너지 저소비형', '환경 및 생태보존형', '사회갈등 완화형' 산업화와 도시화의 길을 제시할 것인가를 연구해야 한다. 이러한 분야에서 우리는 새로운 비교우위를 찾아내어야 한다.

선택과 집중으로 선진국형 비교우위 창출

둘째, 우리는 미국이나 일본과 같은 선진경제와의 관계 속에서도, 그들의 시장 속에서도 새로운 비교우위를 찾아내야 한다. 그런데 이제는 우리가 과거 중진국까지 올라올 때와 같은 수직적 비교우위(산업 간 비교우위: 예컨대 미국과 일본은 최첨단 IT, BT산업, 그리고 우리는 경공업이나 중화학공업)만을 가지고는 안 된다. 선진화를 지향하는 대한민국은 반드시 미국, 일본 등과의 관계에서 수평적 비교우위(산업 내 비교우위: 같은 자동차산업 중에서 큰 차는 미국, 소형차는 일본, 중형차는 한국이 비교우위를 갖는 식)를 창출해야 한다. 주지하듯이 선진국 간의 무역은 대부분 산업 내 무역intra-industry trade이고 산업간 무역inter-industry trade은 그 비중이 크게 적다. 따라서 우리는 예컨대 미국, 일본과 어떠한 분야에서 수평적 비교우위를 창출하여 산업 내 무역을 이들 선진국들과 할 수 있을 것인가를 생각해야 한다. 그것이 바로 '선진국형 비교우위'의 창출이다. 그러면 선진국형 비교우위를 어떻게 창출할 것인가? 결국 그 답은 '선택과 집중'일 수밖에 없을 것이다. 같은 첨단산업 분야에서도 비교우위 창출의 가능성이 높은 전략적 분야를 선택하여 인적, 물적 자원을 그 분야에 집중하는 수밖에 없다. 이 과정에서 특히 중요한 것이 앞에서 이야기한 '세계지식생산의 핵심 네트워크core network of global knowledge production' 속에 깊이 관계하고 참여하고 협력하는 것이다. 다시 말하면 전략적 제휴를 해내는 일이 대단히 중요하다. 단순한 세계적 지식생산의 하청구조만을 유지한다면 결코 다른 선진국과 수평적 비교우위, 즉 선진국형 비교우위를 창출할 수 없다. 따라서 이 과정에서 정부의 전략적 지원과 역할이 필수적이다. 그러한 의미에서 국가의 산업정책, 과학기술정책은 21세기에도 여전히 중요하다. 물론 이 일은 과거 산업화시대처럼 관官 주도로는 성공할 수 없고, 그렇게 되어서도 아니 된다. 일방적인 관 주도가 아니라, 수준 높은 '선진국형의 민관협치民官協治가 필요할 것이다. 민과 관이 선진국과 수평적 비교우위를 창출하기 위해 얼마나 잘 수평적으로 협력하고 협동하는가가 중요하다. 그러한 민관협치의 생산성과 효율성이 21세기 대한민국의 수평적 비교우위 창출의 성공 여부를 결정할 것이다.

3. 세계공헌(영향)을 위한 전략

세 번째의 국가이익인 세계공헌도와 영향력을 높이기 위해서는 어떠한 세계전략을 가져야 하는가 하는 문제를 보도록 하자.

(1) 다문화, 다인종, 다종교 공생의 시대의식

우선 우리 국민들이 이제는 다多문화, 다多인종, 다多종교가 공존하고 공생하는 시대임을 확실하게 인식하여야 한다. 이웃민족, 이웃문화, 이웃종교를 올바로 이해하고 존중하는 것이 전제되어야 그 다음에 세계발전을 위해 우리가 어떠한 공헌을 할 수 있는가를 논할 수 있다. 이러한 다문화공생의 시대의식을 가지기 위해서는 두 가지를 하여야 한다.

하나는 우리가 먼저 자신의 전통문화를 정확히 이해하면서 동시에 이웃문화에 대한 이해의 정도를 깊이 하는 것이다. 한마디로 자국自國문화와 이국異國문화에 대한 문화이해도cultural literacy를 함께 높이는 것이다. 문화 일반에 대한 이해도가 높아야 자국문화에 대한 자긍심과 이국문화에 대한 존경심을 함께 가질 수 있다. 특히 중요한 것은 이국異國문화에 대한 이해를 높이는 것인데, 이것이 바로 세계화시대 모든 교육에서 요구되는 세계화교육의 한 부분이 되어야 한다. 초·중등학교는 물론이고 대학 등에서도 세계에 대한 올바른 이해를 위한 강의는 많을수록 좋을 것이다.

다음으로 우리의 문화는 물론이고 우리의 사회와 역사, 그리고 사상과 풍습 등을 가능한 한 많은 나라 국민들에게 올바로 알리는 사업이 중요하다. 상호의 올바른 이해를 위해서이다. 이를 위해 중요한 것이 바로 공격적인 퍼블릭 디플로머시public diplomacy이다. 국가 차원의, 국가와 국가 간의 대화와 교류가 필요하다. 뿐만 아니라 국민 차원의 대화와 교류, 그리고 우리 정부와 외국 국민들 간의 대화와 교류도 중요하다. 목표는 국민 상호간의 보다 정확한 이해와 정서적 친밀감의 제고를 위해서이다.

더 나아가 우리는 좀더 적극적이고 공격적인 퍼블릭 디플로머시도 생각해야 한다. 즉 바람직한 국가 이미지 제고, 우리나라에 대한 왜곡된 세계 미디어 보도의 정정, 세계 투자유치를 위한 바람직한 국제여론 내지 이미지 환경의 구축, 외국의 안보 및 경제 정책 결정에의 영향력 제고 등등을 목표로 적극적으로 공격적인 퍼블릭 디플로머시를 활용할 수도 있다. 구체적인 정책수단으로는 세계 및 특정지역을 목표로 한 방송미디어의 육성, 특정국가나 특정지역을 연구하는 대학원 및 싱크탱크의 육성, 그리고 당해지

역과의 전문 연구 인력의 교환, 일반적인 민간 차원의 교육 및 문
화교류의 활성화 등등을 생각할 수 있다.

근대화 성공 경험의 공유

우리가 세계공헌국가가 되려면 가장 중요한 과제의 하나가 우
리의 의식 속에 있는 후진국적 내지 중진국적 의식의 하나인 피
해의식 내지 후진의식으로부터 벗어나야 하는 것이다. 이웃 강대
국들에 대한 피해의식과 서구에 대한 후진의식 내지 열등의식을
벗어나야 한다. 지난 60년간 우리나라가 건국, 산업화, 민주화에
성공하면서 종래의 역사적 피해의식과 후진의식이 이미 상당 부
분 극복되었다. 특히 젊은 세대의 경우에는 그러하다. 그러나 아
직 우리 국민의식의 심층에는 과거 시대의 피해의식과 후진의식
이 적지 않게 남아 있다. 피해의식은 상황이 변하면 쉽게 공격적
가해행동으로 전환되고 후진의식은 쉽게 배타적 우월의식으로
바뀌게 된다. 닫힌 민족감정이 이러한 움직임에 기름을 붓는 경
우가 많다. 어느 경우든 건강하지 않다.

우리가 이웃으로부터 피해만 받은 민족이라고 생각한다면 선
진국민이 될 수 없다. 우리는 이웃보다 후진적이고 열등하다는
생각을 갖고는 선진국가를 만들 수 없다. 피해의식과 후진의식을
극복하는 길은 우리가 세계로부터 피해를 받은 민족이 아니라 사
실은 세계로부터 많은 도움을 받은 민족이라는 사실을 깨닫는 데
서부터 시작되어야 한다. 생각해보자. 6·25 때 우리의 자유민주

주의를 지켜주기 위하여 세계 16개국에서 온, 이름도 모르는 젊은이들 3만 5,000명이 이 땅에서 죽었다. 부상과 행방불명까지 포함하면 15만 1,000명이나 된다. 1960년 초 우리나라 국가예산의 35%, 그리고 국방비의 75%를 미국의 원조에 의존했었다. 그 이후 우리의 수출 지향 대외개방형 성장전략이 성공해 절대빈곤의 보릿고개를 넘어섰고, 이제 우리나라는 2006년 현재 무역액 6,300억 불의 세계 11위의 무역대국이 되었다. 우리나라가 이렇게 수출주도의 성장정책을 성공시킬 수 있었던 것은 우리의 노력도 많았지만 이웃나라 이웃국민들이 필요한 자본을 제공하고 기술을 가르쳐주었으며, 더 나아가 우리가 만든 상품과 서비스를 적극적으로 사주었기 때문이다. 그들의 도움이 없었으면 우리는 건국도, 산업화도, 나아가 민주화도 이루어낼 수 없었을 것이다.

우리가 이웃나라들을 도울 차례

이제는 우리가 이웃나라들을 도울 차례이다. 그것이 나라 사이의 예의이고 도리이다. 아직도 이 지구촌에는 보릿고개를 넘지 못한 절대빈곤국과 후진국이 많다. 우리는 근대화(산업화와 민주화)의 경험과 교훈을 가지고 이들 나라의 근대화를 도와야 한다. 자본참여의 형태로, 기술지원의 형태로, 혹은 교육지원 및 정책기술지원 형태로 도와야 한다. 경공업 중심의 수출촉진정책, 중화학공업화의 경험, 물가안정과 개방화의 경험, 교육개혁 및 노동개혁정책, 세계화개혁, IMF 금융위기의 극복 경험 등등의 정책

교훈과 경험을 전달해야 한다. 뿐만 아니라 그 동안 대단히 성공적이었던 산아제한정책, 산림녹화정책, 새마을운동, 해외인력송출정책 등등의 경험도 함께 전수해야 할 것이다. 물론 우리의 근대화 경험이 모두 성공적인 것만은 아니다. 실패도 있었고 부족함도 많았다.

그러나 크게 보아 대한민국의 지난 60년은 빛나는 성공의 역사였다. 8·15해방과 6·25전쟁을 겪으면서 세계 최빈국의 하나이던 대한민국이 약 반세기 이내에 선진국 문턱에 설 정도로 발전했다는 사실 자체가 대단한 기적이다. 이 역사적 성공 경험이 우리만의 것이 되어서는 안 된다. 성공의 비결이 무엇인지를 많은 빈곤국, 후진국과 함께 나누어 가져야 한다. 그래서 그들이 절대빈곤을 가능한 한 빨리 벗어나도록 앞장서 적극 도와야 한다. 이것이 우리 대한민국이 짊어져야 할 이 시대의 소명이고 지구촌 일원으로서의 신성한 의무이다.

(2) 국가정체성의 재창조

21세기 세계화시대는 정체성 위기의 시대이다. 많은 나라와 많은 국민들이 자신들의 정체성을 바로 세우기 어려운 시대이다. 세계화로 인하여 국경이 낮아지고 돈, 사람, 정보, 상품의 이동이 활발해짐으로써 국경을 중심으로 한 전통적인 국민국가의 정체성은 크게 약화되고 있다. 종래의 국가정체성과 국민정체성이 크게 흔들리고 있다. 그 대신 국가도, 개인도 다중정체

성을 가지는 시대가 열리고 있다. 그러나 다多정체성은 정체성
의 해체나 혼란을 수반한다.

다多정체성의 시대, 신新정체성의 재구축

과연 대한민국은 어떠한 나라인가? 어떠한 꿈과 이상을 가진
나라인가? 아니, 어떠한 꿈과 이상을 지향해야 하는가? 이웃나라
들에게 주는 의미나 가치는 무엇인가? 또한 대한민국 국민이란
어떠한 사람들인가? 이웃국민들에게 어떠한 가치와 의미를 주는
국민인가? 한마디로 대한민국과 대한민국의 국민은 어떠한 국가
이상과 꿈을 가지고 있고, 이 지구촌과 인류의 발전에 어떠한 기
여를 할 수 있는 나라이고 국민인가? 이러한 의미의 국가정체성
내지 국민정체성을 재창조하여야 한다.

인간사회에서도 마찬가지이다. 자기의 주체성이 확실하고, 나
름대로 자기의 삶의 꿈과 의미를 확실히 가지고 자기가치를 확실
하게 추구하는 삶을 영위하는 사람들이 사회의 발전에도 기여하
고 이웃을 도와도 제대로 도울 수 있다. 국가나 국민의 경우에도
마찬가지이다. 각국이 자기정체성, 자기가치, 자기이상, 자기의
존재이유를 확실히 세우는 것이 이웃나라, 이웃국민을 도울 수
있는 시작이 된다. 또한 세계발전에 기여할 수 있는 전제가 된다.

우리의 대한민국은 지난 60년간 건국과 산업화, 그리고 민주화
의 길을 성공적으로 걸어왔다. 그러나 이 세 가지 국가발전의 시
대적 과제 내지 국가목표는 모두 '과거와의 싸움'이었다. 건국은

식민을 벗어나려는 몸부림이었고, 산업화는 절대빈곤을 벗어나려는 싸움이었다. 민주화는 독재를 벗어나려는 투쟁이었다. 또한 기본적으로 자신과의 싸움이었다. 그 과정에서 우리는 모두 성공하였다. 그러나 지금까지는 미래비전과 꿈을 바로 세우기 위한 '미래에의 구상'이 없었다. 환언하면 우리는 어떠한 대한민국을 원하는가, 우리는 어떠한 국민이 되기를 희망하는가 등에 대하여 깊이 생각하고 성찰할 틈이 없었다. 그러나 이제 우리는 21세기 대한민국의 선진화를 위해 대한민국의 세계전략을 세워야 하는 시대에 진입하였다. 이제는 달라져야 한다. 우리의 국가정체성과 국민정체성을 깊이 생각하여 재구축하는 일은 대단히 시급한 대한민국의 미래구상을 위한 과제가 되고 있다.

우리는 어떠한 대한민국을 원하는가 하는 국가정체성에 대한 문제를 좀더 구체적으로 생각해보면 다음과 같은 문제에 대해 우리 나름의 답을 얻어야 하는 것을 의미한다.

정체성 확립 위해 답을 얻어야 할 문제들

첫째는 우리는 어떠한 민주주의를 원하는가이다. 헌법에는 분명 대한민국이 지향하는 정치적 이념과 가치를 자유민주주의라고 하고 있다. 많은 국민들이 동의할 것이다. 그러나 자유민주주의에도 여러 종류가 있다. 미국의 민주주의와 유럽의 민주주의가 다르고 일본의 민주주의도 다르다. 우리가 지향해야 할 자유민주주의는 과연 어떠한 자유민주주의인가에 대하여 우리는 우리 나름의 답을 가져야 한다. 지난 수십 년간 우리는 군사독재 권위주의체제를 극복하려고 투쟁하여 왔다. 그래서 민주화는 이루었지만, 과연 어떠한 민주주의를 우리가 세우려 하는가에 대한 국민적 합의가 반드시 있었던 것은 아니다.

서구의 민주주의에서는 대표를 뽑을 때 기본적으로 다수결원리라는 절차를 중시한다. 그러나 우리 역사를 보면 화백제도에서 볼 수 있듯 전원합의의 추대제가 더 지배적이었다. 또한 서구의 민주주의에서는 지도자를 뽑고 나서 삼권분립三權分立 등 제도를 통해 그 지도자의 독선과 독주를 견제하려 노력하고 있다. 그런가 하면 지도자의 선공후사先公後私의 정신과 애민愛民의 덕목을 대단히 중시하는 민본주의民本主義의 전통이 강했다. 아무나 지도자가 되어서는 안 된다고 생각했다. 과연 어느 것이 더 민주적인가?

다시 반복하지만 지난 수십 년의 반反독재투쟁 속에서 우리가 극복해야 할 잘못된 과거질서에 대한 합의는 확실했지만, 건설할 바람직한 미래질서에 대한 국민적 합의가 있었던 것은 아니다. 이제는 그 부분에 대해 국민들의 생각을 정리해야 한다. 우리는 과연 어떠한 민주주의를 원하는가? 어떠한 자유민주주의를 세우려 하는가?

둘째는 우리는 어떠한 시장경제를 원하는가이다. 헌법에는 대한민국이 지향하는 경제적 이념가치를 자유공정, 경쟁적 시장경제라고 천명하고 있다. 그러나 시장경제에도 여러 종류가 있다. 미국의 시장경제와 유럽의 시장경제가 다르고, 일본의 시장경제가 또 다르다. 우리가 건설하려는 시장경제는 과연 어떠한 시장경제인가? 이에 대한 국민적 합의를 만들어야 한다. 주주株主의 이익을 최우선시하는 주주 중심shareholder의 시장경제인가? 주주뿐 아니라 종업원, 소비자, 관련 기업 등 여러 관계자stakeholder의 이해를 동시에 배려하는 시장경제인가? 시장경제는 대단히 효율적이지만 분배의 불평등을 양산하는 경향이 있는데 우리 사회는 성장을 위해 어느 정도까지 결과의 불평등을 용인할 것인가, 아니면 결과의 불평등을 줄이기 위하여 어느 정도까지 성장의 희생을 용인할 것인가, 21세기 세계화시대 우리의 시장경제는 어디까지 국내인과 외국인을 동등하게 취급할 것인가 등등에 대한 국민적 합의를 찾는 노력이 있어야 한다.

셋째는 우리는 어떠한 법치주의를 원하는가이다. 서구적 법치주의의 핵심은 국가권력에 대한 견제에 있다. 개인의 존엄과 자유, 기본적 인권과 권리를 보호하고 신장하기 위해 우선 국가권력을 견제하고, 나아가서는 여론, 종교, 이익집단 등의 사회권력에 대한 견제까지를 주장하는 것이 법치주의의 정신이다. 그리고 법치 앞에서는 만민이 평등하고 그 집행에는 추호의 예외도 없고 절대적으로 엄정하여야 한다. 과연 우리는 어떠한 법치주의를 원하는가, 엄정한 법치를 원하는가, 온정적 법치를 원하는가, 언론 등에 의한 여론재판을 규제하는 법치를 원하는가, 아닌가, 종교의 비리를 파헤치는 법치를 원하는가, 그렇지 않은가, 이익집단의 떼법을 용인하는 법치를 원하는가, 아닌가, 길거리의 불법점

거를 허용하는 법치를 원하는가, 경우에 따라선 공권력이 얻어 맞는 법치도 허용하는가, 아닌가 등등 과연 우리는 어떠한 법치주의를 원하는가에 대한 국민적 합의가 아직 확실하지 않다. 전통적으로 우리 역사 속에서 법은 통치의 수단이었지 국민의 권익을 보호하는 수단이 아니었기 때문에 우리 국민의 법의식은 대단히 이중적이다. 상대방에게는 강한 법을, 나와 내가 속한 집단에게는 온정적 법을 희망한다. 또한 사회적 강자에게는 강한 법을, 사회적 약자에게는 유연한 법을 희망한다. 그러나 이것은 엄밀한 의미의 법치주의는 아니다. 만민평등의 법치주의는 아니다. 따라서 이제는 이 문제를 정리하지 않으면 안 된다. 우리가 세우려는 바람직한 대한민국의 선진화된 모습을 올바로 그리려고 한다면 반드시 현재의 이중적 법치의식을 더 이상 이대로 둘 수 없기 때문이다.

이상과 같이 국가정체성을 세우는 성찰과 합의과정을 통하여 우리는 우리의 희망이 무엇인지, 우리가 소중히 하는 가치가 무엇인지, 우리의 국가이상이 무엇인지를 구체화할 수 있다. 동시에 우리는 그 과정을 통하여 우리가 무엇을 가지고 이웃나라의 발전에 기여할 수 있는지, 무엇을 가지고 인류의 문제해결에 기여할 수 있는지 등도 자연 드러나게 될 것이다. 환언하면 자기정체성(국가정체성과 국민정체성)을 재창조하는 과정을 통하여 우리는 21세기 세계화시대에 '세계공헌국가'로서, 그리고 '세계공헌국민'으로 새로운 시대를 열 수 있게 된다는 이야기이다. 이렇게 되면 이웃나라를 돕기 위한, 예컨대 개발도상국에 대한 우리의 근대화 성공 경험의 전수와 정책 경험의 공유 노력, 그리고 이들 나라에 대한 ODAOfficial Development Assistance(정부개발원조)의 획기적 확대 노력 등은 자연히 따라오는 결과가 될 것이다.

(3) 세계통치구조(global governance)의 재구축

세계에 공헌하는 나라가 되려면 무엇보다 국민들이 먼저 다문화 공생의식을 가지고 자국의 전통과 문화, 그리고 이웃의 전통과 문화를 보다 잘 이해하는 것이 중요하다는 사실을 지적하였다. 그 다음에는 우리나라의 정체성을 새롭게 정의하고 세움으로써 우리가 어떠한 국가이상을 추구하고 있으며 어떠한 이상과 가치를 가지고 세계발전에 기여할 수 있는가를 확실히 하는 것이 중요함을 이야기하였다. 그 다음 우리가 해야 할 중요한 것이 21세기 세계화시대의 지구촌 문제를 해결하기 위한 세계통치구조를 새롭게 창조하는 데 앞장서는 일이다.

주지하듯이 21세기 세계화시대에 지구촌 경제는 세계시장으로 단일화되어 가고 있는데, 지구촌 정치는 개별국민국가 단위로 분열되어 있다. 여기서 점차 단일화되어 가는 세계시장에서 발생하는 문제들을 지구촌 정치가 세계이익global interest의 관점에서 제대로 풀 수 없다는 구조적 문제가 발생한다. 즉 지구촌 정치는 개별국민국가이익national interest 중심으로 진행되기 때문이다. 따라서 세계자본시장의 구조적 불안정 문제, 지구촌 빈부격차의 증대 문제,

환경파괴와 에너지부족의 문제, 핵과 대량살상무기의 문제, 국제 테러와 불법이민 문제 등등의 새로 등장하는 지구촌 문제를 올바로 효과적으로 풀 수 있는 방법이 없다. 결국 새로운 세계통치구조new global governance를 만들어내야 한다. 그 방향은 UN 및 UN산하기관의 개혁, IMF 및 World Bank의 개혁, G-7의 확대 등뿐만 아니라 지역 차원에서는 세계자본시장의 불안정성에 대처하기 위한 AMF(아시아 통화기구)의 창출, 동북아의 평화를 위한 현재의 6자회담을 발전시킨 동북아 신新안보협력체의 창출 등 여러 가지 형태와 방향을 생각할 수 있다. 그 내용이야 어떻든 세계통치구조를 새롭게 만들고 유효하게 만드는 노력에 우리 대한민국이 적극적으로 앞장서야 한다. 그리고 필요하다면 인적·물적 지원을 아끼지 말아야 한다. 이것이 21세기 세계화시대 세계공헌에 앞장서는 선진 대한민국의 모습일 것이다.

6장
누가 어떻게 추진할 것인가?

1. 세계전략의 추진체계

지난 60년간 우리나라에는 세계전략이라는 개념 자체가 거의 없었다. 외교와 국방은 기본적으로 미국의 세계전략에 편승하는 형태였기 때문에 독자적 구상 자체가 불필요했다. 다만 경제와 통상의 경우에는 우리 경제가 대외지향성이 컸기 때문에 어느 정도 세계를 향한 나름의 전략이 있었다고 볼 수 있다. 그러나 그것도 국제경제 이슈나 통상사항에 대한 개별적 대응의 수준을 크게 넘지는 못했다. 체계적이고 종합적인 차원의 세계경제전략 내지 세계통상전략은 사실상 거의 없었다. 물론 교육, 문화의 분야에는 더더욱 세계전략이라는 개념이 없었다. 그러면 앞으로 어떻게 할 것인가?

우선 정부 내에 세계전략을 중장기 관점에서 구상하고 추진할 수 있는 종합적 전략기획기구가 필요하다. 구체적으로는 종합적인 '세계전략기획기구'를 청와대 안에 상설하는 방안과 내각 총리실 안에 상설하는 방안을 생각할 수 있다. 이와 동시에 정부출연 연구소로서 '세계전략연구원'을 두어 이 연구원이 세계전략기획기구를 지원해야 한다. 그리고 세계전략연구원은 정부출연으로 시작하나 장기적으로는 민간출자도 포함한 독립된 기금으로 운영되도록 하여 반관반민半官半民의 성격을 갖는 것이 바람직할 것이다. 그리하여 외국의 국가연구소뿐 아니라 민간연구소 내지 대학연구소들과 자유스럽게 교류할 수 있고, 필요에 따라 전략적 협력을 할 수 있는 독자성을 갖는 것이 바람직하다.

세계전략연구원은 외교국방부터 경제경영, 나아가 교육문화 부문까지 국정운영의 전 분야를 커버할 수 있어야 한다. 그리고 그 연구원의 지사를 워싱턴, 동경, 북경, 브뤼셀 등 세계 주요국의 수도에 두어 그들 나라의 국가운영과 세계전략의 움직임을 손바닥 손금을 보듯이 상세히 보고 있어야 한다. 지피지기知彼知己가 올바른 세계전략 수립의 기본전제이기 때문이다.

다음은 세계전략기획기구가 중심이 되어 민관합작의 종합적 세계전략 추진체계를 만들어야 한다. 이 '세계전략추진기구'는 총리실 안에 두되 정부는 물론이고 기업, 대학뿐 아니라 시민사회, 종교단체 등이 참여하여야 한다. 그리고 해외교포 등도 참여하여야 한다. 그래서 종합적이고 다차원적이며 다면적인 복합전략을 구상하고 추진할 수 있는 민관합작의 기구여야 한다. 세계전략이라는 용어가 외국에 위화감을 줄 수 있다면 세계화로 바꿀 수도 있다. 그래서 예컨대 '세계화추진기구'라고 부를 수도 있을 것이다.

특히 중요한 것은, 이 세계전략 문제는 한 정권의 정책으로 끝나서는 안 된다는 사실이다. 따라서 그 구상, 조직 단계에서부터 여야가 함께하는 방식으로 추진해야 할 것이다. 여야가 공동 발의하여 '세계전략연구원법', '세계전략기획기구법' 등을 만드는 것이 바람직하다. 세계를 향한 국가발전전략은 일개 정권의 소유물일 수도 없고 여야 정쟁의 대상이 되어서도 안 된다. 여야와 민관 모두의 이해와 합의에 기초해 미래를 위한 국가적, 국민적 결단이어야 성공할 것이다.

2. 대북전략의 추진체계

지난 기간 대북정책의 결정과정을 보면 대단히 비민주적이고 그 집행과정도 전혀 투명하지 못했다. 군사독재의 권위주의 시대에는 통일 논의 자체를 정부가 독점하고 있어 민간의 자유로운 통일 논의가 사실상 금지되어 왔었다.

민주화된 이후에도 통일정책에 대통령의 개인적 소신이나 이념이 과도하게 작용하였으며 국민의 의사나 전문가의 의견을 묻는 과정은 전혀 없거나 대단히 부실하였다. 그리고 그 추진의 중요한 부분은 권위주의시대이건 민주화시대이건 항상 마찬가지로 비공개로 진행되어왔다. 그래서 대북정책은 국내정치에 이용되고 정파적 이해관계에 악용되는 경우가 적지 않았다. 주요 선거 때마다 등장하던 북풍北風이라는 해괴한 용어가 그간의 사정을 이야기해주고 있다. 특히 지난 10년 대북정책은 일부 지도자들의 개인적 이념이 과도하게 작용하였기 때문에 국민일반의 정서와는 거리가 먼 경우가 적지 않았다. 그 결과로 대북정책을 둘러싼 국민 사이의 이념적 갈등과 분열이 극심하였다.

정책정상화, 국론통일이 우선 필요

따라서 앞으로 대북정책이 북한의 근대화, 정상국가화와 남북통일을 목표로 한다면 사전에 대한민국 대북정책 자체의 정상화, 즉 대한민국 내부의 국론통일과 대북정책의 결정과정과 추진과정의 정상화가 반드시 우선해야 할 것이다. 한마디로 '남의 정책정상화' 없이 '북의 체제정상화'를 추진할 수 없다고 본다. 또한 '남의 국론통일' 없이 '남북간의 민족통일'은 없다고 본다.

우선 처음부터 대북정책의 입안과 추진과정에 전문가들의 폭넓은 참여가 반드시 있어야 한다. 올바른 대북정책의 수립은 국가이익과 민족이익이 관련되는 대단히 중요한 문제이므로 좌우, 혹은 보수, 진보 등의 이념 차이를 불문하고 각 분야 최고전문가들의 광범위한 참여와 공개된 토론으로부터 시작되어야 한다. 그리고 그 과정을 국민들이 지켜볼 수 있어야 한다.

우선 시급한 것이 좌우, 혹은 보수 진보 전문가들 사이의 '사실에 대한 공동인식' 노력에서부터 시작하여야 한다. 북의 상황(그 동안의 변화와 현재의 상황)에 대한 사실적, 정보적 인식과 판단의 차이가 불필요한 이념적 오해와 갈등을 증폭시키는 경우가 많았기 때문이다. 그 동안을 보면 이념의 차이보다 사실판단의 차이, 혹은 소유하고 있는 정보의 차이 때문에 견해의 분열과 갈등이 더 커지는 경우가 적지 않다. 그래서 우선 양측의 북에 대한 사실인식과 정보판단의 폭을 줄여나가는 노력부터 시작해야 하고, 그 다음에 대북정책의 목표와 가치에 대한 합의 노력에 힘을 쏟아야 한다.

과연 대북정책의 목표에 대해 좌우, 보수·진보 사이에 견해의 차이가 심할까? 북의 상황에 대한 공동인식이 있다면 대북정책의 목표에 대한 의견의 차이는 크지 않을 것으로 생각한다. 적어도 양측이 합리적으로 사고한다면 말이다. 그래서 대북정책의 목표에 대한 의견의 일치 내지 접근을 이룬 다음에는 서로 합의한 대북정책의 목표를 실현하기 위한 구체적 전략과 정책수단 등에 대한 양측의 이론과 입장의 차이를 논하여 나갈 수 있을 것이다. 이러한 방향으로 성실하게 지속적으로 노력한다면 대북정책에 대한 좌우, 보수·진보 전문가들 사이의 의견수렴과 국민적 의견의 통합은 반드시 가능할 것으로 본다.

이와 같이 최고전문가들의 지혜를 모으고 국민들의 상식과 합리적 판단을 모아서 대북정책을 민주적으로 투명하게 수립해야 한다. 그 동안에는 대북정책이 일부 정치 지도자들 개인의 정치적 소신과 이념이 과도하게 지배하였고, 그들의 정치적 성과와 단기적 실적을 높이기 위해 너무 자주 악용되어왔다. 앞으로는 모든 것이 근본으로 돌아가 정상화되어야 한다.

안보 · 통일 · 외교정책을 차별화

이와 함께 국가정책과 기구 면에서 안보정책과 통일정책, 그리고 외교정책은 분명히 구별돼야 한다. '적대적 한반도의 분단관리'를 목표로 하는 안보정책, 개혁개방을 위한 '북한의 변화관리'를 목표로 하는 통일정책, 그리고 중장기적 국가이익의 실현을 위한 '세계관리'를 목표로 하는 외교정책은 분명히 상호모순과 혼란이 없도록 해야 한다. 가능하면 3자의 조화와 균형이 가장 바람직하다. 그래서 내부적으로 3자의 관계를 균형 있게 지속적으로 조정하는 기구가 반드시 필요하다. 그러나 만일 선택이 불가피하다면 우선순위는 안보-외교-통일이 되어야 할 것이다. 지난 10여 년 동안 위 3자간의 우선순위에 혼란이 많아서, 즉 과도하게 통일이 안보나 외교보다 강조되어 불필요한 국론분열이 많았고 통일정책의 실패도 적지 않았다. 그래서 그 동안 우리는, 원칙 없는 인기 영합적 통일정책의 강조는 오히려 통일을 지연시키는 반反통일을 결과한다는 역사의 가르침을 배웠다.

끝으로 강조하고자 하는 것은 대북정책이 반드시 세계전략과 정합성을 가져야 한다는 점이다. 양자가 이론적으로, 실천적으로 일치해야 하고 서로 상호모순되어서는 안 된다. 대북정책을 구상할 때 당연히 세계상황의 변화를 감안하고 세계전략과의 상호관계 속에서 짜야 한다. 세계전략을 구상할 때도 당연히 남북관계의 변화와 해결을 염두에 두고 짜야 한다. 구체적으로는 앞에서 살펴본 국가안보를 위한 구상(5-1) 중에서 (가) 대對동아시아 구상과 (나) 대북 구상은 항상 함께 가야 한다는 점이다.

3. 종합국력의 중요성

세계전략의 추진체계를 바로 세우는 것 못지않게 중요한 것이 추진능력을 높이는 것이다. 그런데 세계전략의 추진능력은 최종적으로는 그 나라의 종합국력에 의하여 결정된다. 종합국력이 높을수록 세계전략의 추진능력이 높아진다. 따라서 종합국력comprehensive national power의 문제를 간단히 살펴보자.

학자에 따라 종합국력의 구성요소와 측정방법은 각각 다르다. 필자는, 우리나라에서는 다음의 7가지 요소로 종합국력이 구성된다고 보는 게 합리적이라고 생각한다. (가) 군사력 (나) 교육과 과학기술력 (다) 경제력 (라) 국민정신 및 사기 (마) 통치 및 협치능력 (바) 외교력 (사) 문화 및 사상력 등이다.

'군사력'은 국가안보의 최후 수단이므로 국가존립을 위한 필수적 국력이다. '교육과 과학기술력'은 그 나라 인적자본의 질과 양을 결정한다. 국가교육제도, 평생학습제도, R&D 및 혁신시스템 등등이 포함된다. '경제력'에서 중요한 것은 그 나라 경제의 성장잠재력이다. 자원 등 생산요소의 부존량과 시장 및 기업제도의 효율성과 공정성이 중요하다. 갈수록 제조업뿐 아니라 지식서비스산업의 경제력이 중요해진다.

다음은 '국민정신과 사기'이다. 이는 시민정신과 국민윤리, 국민의 활동성, 근면과 신뢰, 그리고 애국심과 공동체의식, 더 나아가 이웃나라에 대한 열린 마음 등이 중요하다. 최근의 한 연구결과를 보면 애국심patriotism이 경제성장의 주요동인의 하나로 지적되고 있다. 다음으로 중요한 것은 '통치 및 협치능력'이다. 통치능력에서 가장 중요한 것은 '지도자들의 리더십'이다. 구체적으로는 비전제시능력과 변화 및 개혁능력이다. 그 다음은 민주정치의 질, 법치주의의 정도, 그리고 정부의 정책능력(정책구상능력과 추진능력) 등이 여기에 속한다. 다음으로 다름 속에서 조화를 의미하는 협치協治능력이란 국가, 시장, 그리고 시민사회 간의 의사소통과 가치공유 능력, 그리고 협동과 합작 능력을 의미한다.

다음은 '외교력'이다. 이 외교력은 앞으로 더욱 중요한 국력의 하나가 될 것이다. 세계화시대가 외교력의 중요성을 높일 것이고, 특히 우리는 중간국가로서 4대 대국에 둘러싸여 있기 때문에 더욱 그러하다. 동시에 우리는 선진화라는 국가목표가 있기에 더욱 세계를 향한 적극 외교를 펼쳐나가야 한다.

다음은 '문화 및 사상력'이다. 한 나라가 가지는 전통, 역사, 문화, 예술, 학술, 사상의 독창성과 보편성의 힘이다. 고유의 독창력과 특장점을 얼마나 가지면서 인류의 보편성에 호소력을 갖는가가 중요하다. 그러한 인류에 대한 보편적 호소력을 가질 때 그 문화와 사상의 힘은 반드시 세계를 향한 대외 발신형發信型으로 발전할 것이다.

강력한 종합국력과 올바른 세계전략의 결합

이상과 같이 7가지 요소로 구성되는 종합국력이 개발되고 성장해야 우리는 '힘 있는 세계전략'을 추진할 수 있다. 따라서 세계전략을 논함에 있어 어떠한 세계전략을 가져야 하느냐 하는 문제 못지않게 세계전략의 추진능력이 되는 종합국력을 어떻게 높일 것인가 하는 문제를 함께 고민하고 풀어나가야 한다. 이 문제는 대단히 중요한 문제이다. 그러나 본 연구는 세계전략의 올바른 방향이 주제이기 때문에 종합국력을 어떻게 높일 것인가 하는 문제에 대한 본격적 논의는 다른 기회로 미룬다. 만일 앞에서 논한 '세계전략연구원'이 설립된다면 아마 제1차 연구과제의 하나가 되어야 할 것이다. 여기서는 그 중요성만을 강조하는 것으로 그친다.

결국 이상을 요약하면 '강력한 종합국력'과 '올바른 세계전략'이 결합될 때 우리는 비로소 '세계전략의 성공'을 이루어낼 수 있다는 것이다. 그리고 그러한 세계전략의 성공이 이루어질 때 우리는 21세기 세계화라는 급변하는 환경 속에서 우리가 염원하는 대한민국의 선진화를 반드시 성공적으로 이루어낼 수 있을 것이다.

2부

한반도 선진화혁명:

철학과 전략

1장

지난 60년의 회고:
건국–산업화–민주화

2008년은 건국 60주년이었다.

지난 60년의 대한민국 역사는 여러 좌절과 어려움도 있었지만 크게 보아 발전과 성공의 역사였다. 지난 60년간 우리 대한민국은 건국과 근대화혁명(산업화와 민주화)을 성공적으로 이룩하고 제2차 세계대전 후 세계최빈국의 하나였던 후진국에서 중진국의 선두주자로 성큼 뛰어오르면서 21세기에 진입하였다. 그 과정을 간단히 살펴보자.

우리는 1945년 해방된 이후 온갖 어려움 속에서도 1948년의 건국을 이루어냈다. 36년간의 외국 지배 후에 독립된 국민국가nation state를 세운다는 것은 결코 쉬운 일이 아니었다. 그러나 우리는 민주주의와 시장경제를 기본이념으로 하는 자유대한민국을 세우는 일에 성공하였다.

그리고 다음에는 6·25의 비극과 도전을 극복하면서 자유대한민국을 지키는 호국護國에도 성공하였다.

그 후 1960년 초부터 정부와 국민이 하나가 되어 산업화의 길로 일로매진하였다. 그 결과로 압축고도성장에 성공하였다. 1960년대 초 일인당 GNP 80불의 최빈국에서 1995년에 1만 불 수준의 중진국으로 성큼 뛰어올랐다. 당시까지만 하여도 이 지구상에 이렇게 짧은 기간에, 이렇게 압축적 고도경제성장에 성공한 나라가 없었다. 한마디로 '한강의 기적' 이었다.

1960년대 초 우리나라는 국가예산의 40% 그리고 국방비의 75%를 미국 원조에 의존하고 있었고 당시의 평균실업률은 35% 정도였다. 요약하면 1960년대 초 우리나라 경제는 당시 아시아의 스리랑카나 아프리카의 가나 수준과 비슷한 세계최빈국의 하나였다. 그러던 나라가 2006년 말 1인당 국민소득 1만 8,000불, GDP 8,800억 불, 무역액 6,300억 불로 경제규모 세계 12위, 무역규모 세계 11위를 달성하는 나라로 발전하였다.

또한 우리는 1980년대와 90년대 민주화에도 성공하였다. 1950년대와 60년대 대한민국을 본 외국인들은 대한민국에서 민주주의가 성공하는 것은 거의 불가능하다고 보았다. 물론 지난 기간 민주주의의 후퇴와 파행도 있었고 여러 우여곡절도 있었으나, 결국 우리는 1987년을 전기로 하여 민주화(절차적 민주주의)에도 성공하였다. 그리하여 지난 60년간을 크게 보면 우리 대한민국은 '건국과 호국' 그리고 '산업화와 민주화' 라는 '근대화혁명' 에 성공한 나라가 되었다.

2장
21세기 국가목표:
선진화혁명

　한반도의 근대화를 위한 노력은 이미 19세기 말부터 시작되었다. 1881년 신사유람단을 일본에 파견하여 개화를 서둘렀고 1884년 급진개화파(김옥균, 박영호 등)에 의한 갑신정변, 1894년 온건개화파에 의한 갑오경장 등의 개화자강開化自强운동이 있었다. 1896년에는 독립협회(서재필, 이승만 등)가 등장하여 「독립신문」을 내고 만민공동회의를 중심으로 애국계몽운동을 일으켰다. 그러나 이러한 근대화를 위한 몸부림들은 결국 실패하고 우리는 36년의 오랜 식민시대의 암흑기를 맞이하게 된다. 1945년 해방 후에는 10년 이상을 건국과 호국에 시간을 바치고, 결국 본격적 근대화는 1960년 초부터 시작하게 되었다. 한마디로 본격적 근대화가 60년 이상이나 지체된 셈이었다. 그러나 늦었지만 우리는 이미 앞에서 본 바와 같이 산업화 · 민주화라는 근대화에 성공하였다.

　그러면 근대화혁명에 성공한 대한민국이 향후 지향하여야 할

21세기 국가목표 내지 국가과제는 무엇인가? 아니, 무엇이어야 하는가? 한마디로 향후 21세기 대한민국의 국가목표 내지 국가 과제는 남과 북이 모두 선진화혁명에 성공하여 '통일된 선진조 국'을 건설하는 것, 다시 말하면 '한반도 전체의 선진화'라고 할 수 있다. 그러면 이 한반도 전체의 선진화는 어떻게 이루어질 것 인가? 결론부터 이야기하면 21세기 통일된 선진조국의 건설, 즉 한반도의 선진화는 2단계를 통하여 성취될 것으로 보인다.

제1단계: 남한의 선진국 진입과 북한의 근대혁명

제1단계는 남한이 경제적으로 선진국 진입에 성공하는 단계 동시에 북한도 개혁·개방을 통하여 산업화를 본격적으로 추진 하고 서서히 민주화의 방향으로 들어서는 단계이다. 이제 1단계 는 향후 10~15년 내에 반드시 이루어져야 한다고 생각한다.

왜 남한은 앞으로 10~15년 안에 반드시 경제적 선진국에 진입 해야 하는가? 여러 이유가 있으나 가장 중요한 이유는, 지금의 인 구변화를 보면 남한은 향후 10년 이내에 생산인구(15세부터 64세) 가 줄기 시작하고 향후 15년 이내에 총인구가 줄기 시작하기 때문 이다. 인구가 줄기 시작하면 선진국 진입을 위해 필요한 높은 경 제성장률(예컨대 매년 6% 정도가 되어야 향후 10년 이내에 일인당 국민 소득 약 3만 불 수준[2005년 가격]의 선진국 진입이 가능하다)을 이룩하 기가 어렵기 때문이다. 다른 조건이 같아도 인구감소 자체만으로 2% 정도의 성장률 하락이 예상되기 때문이다.

그러면 북한은 왜 10~15년 안에 근대화혁명에 성공하여야 하는가? 그 주된 이유는 북한에서 개혁과 대외개방 없이 지금과 같은 비정상적 실패국가failed state의 상황이 향후 10~15년 지속되면 '북한 전체의 사막화'가 급진전되리라 보기 때문이다. 산업화와 민주화라는 근대화혁명을 추진할 인적, 물적, 정신적 자원 자체가 회복불능의 상태까지 고갈되고 파괴되어 버릴 위험이 크다고 보기 때문이다. 따라서 가능한 한 빠른 기간 안에 북한이 정상국가화의 길로 들어서야 한다. 북한의 개혁·개방을 통한 산업화부터 본격적으로 시작하여야 한다. 민주화는 산업화가 어느 정도 성공한 이후의 과제가 되어도 좋다.

제2단계: 남한의 선진화 완성과 북한의 근대화 성공 후 선진국 진입

제2단계는 남한이 선진국의 선두주자가 되는 단계이다. 단순한 경제적 선진국만이 아니라 정치·사회·문화 모든 측면에서, 그리고 더 나아가 국제적 기여도에서도 명실공히 세계 일등국가인 선진국이 되는 단계이다. 동시에 북한도 산업화와 민주화라는 근대화혁명을 성공적으로 이루어내고 선진국권에 진입하는 단계이다. 이 제2단계 선진화는 제1단계 선진화가 끝난 후 최소한 15년 내외의 시간이 걸릴 것으로 예상된다.

이 두 단계를 거치면서 우리 한반도는 늦어도 2035~2040년경에는 세계선진국의 선두주자가 되어야 한다. 환언하면 앞으로 우리는 약 한 세대(30년) 이내에, 1900년대 초부터 우리의 선조들이 꿈꾸어 왔던 '세계상등국가'가 되어야 한다. 명실공히 세계일류 국가인 성숙한 '선진국'이 되어야 한다. 지금부터 약 100년 전, 즉 1907년 우리나라에 있었던 국채보상운동의 선언문 중에는 "우리나라가 언젠가 세계의 상등국가가 되기를 희망하며 국채보상 운동을 시작한다"는 내용이 있다. 이미 100년 전부터 우리 선조들이 꿈꾸고 갈망하였던 '세계상등국가'가 오늘날 우리가 목표로 해야 할 '한반도의 선진화'임을 잊어서는 아니 된다.

3장

선진화란 무엇인가:
선진국의 5대 조건

그러면 선진화란 무엇인가? 선진화란 간단히 이야기하면 '선진국이 되는 것'을 의미한다. 그러면 21세기 대한민국의 새로운 국가목표로서의 선진국이 된다는 것은 과연 무엇을 의미하는가? 대한민국이 세계일류국가, 세계상등국가가 된다는 것은 무엇을 의미하는가?

경제적 선진화: 일인당 소득 3만 불의 '항아리형' 경제

우선 경제적으로는 2005년 가격으로 일인당 국민소득이 최소한 3만 불 수준에는 들어가야 한다. 2005년 현재 일인당 국민소득이 3만 불 이내인 나라는 전 세계 약 220개국 중에서 오직 20개국뿐이다(룩셈부르크, 노르웨이, 아이슬란드, 스위스, 아일랜드, 덴마크, 미국, 스웨덴, 네덜란드, 핀란드, 영국, 오스트리아, 일본, 벨기에, 캐나다, 프랑스, 호주, 독일, 이탈리아). 따라서 경제적 의미의 선진국이란 대한민국이 세계최고 소득국가 20개국(G-20) 안에 들어가는 것을 의미한다.

동시에 선진국이란 단순히 국민소득이 높은 것만으로는 충분치 않다. 반드시 국민소득이 비교적 고르게 분배되어야 선진국이라고 할 수 있다. 평균국민소득은 높지만 빈부격차가 너무 심한 경우에는 선진국이라고 할 수 없다. 따라서 평균국민소득도 높지만 소득분배 부문에서 중산층(중위 60%)의 비중이 상대적으로 큰 '항아리형 경제'를 이루어야 선진국이라고 할 수 있다.

여러 선진국의 경험에서 볼 때, 중산층의 소득점유율이 높은 사회가 성장친화적인 사회분위기를 수반하여 친親성장적 정책과 제도를 가지기 쉽고 그 때문에 높은 성장률을 지속적으로 달성하기 쉽다는 사실을 가르쳐주고 있다. 또한 중산층의 소득점유율이 높은 사회가 상대적으로 사회적 갈등과 불안이 적어 정치적 안정을 이룰 수 있고, 그 결과로 높은 경제성장률의 지속이 보다 가능하고 용이하다는 사실을 가르쳐주고 있다.

이러한 '성장친화적 항아리형 경제'를 만들기 위해서는 경제성장전략이 소위 국민 대다수가 참여하는, 특히 저소득층이 많이 참여하는 '저변低邊이 넓은 성장전략' broad-based growth strategy을 추구하여야 한다. 거대기업 등 소수만이 주도하는 성장만으로는 소득의 분배를 악화시키기 쉬워 소위 '양극화 축소형 성장'을 이루어내기 어렵다. 따라서 중소기업은 물론 저소득층이 보다 활발히 참여할 수 있는 경제성장을 만들어내야 한다. 이를 위해 가장 중요한 것은 소득수준에 관계없이 국민 모두에게 세계수준의 교육기회를 제공하는 것이다. 그리고 그 이외에도 경쟁제한적인 독과점 구조의 시정, 중소영세기업에 대한 지원 확대, 영세소득층에 대한 취업과 창업지원 등도 함께 노력해야 할 것이다.

요약하면 우리가 생각하는 선진국이란 높은 생산과 소득을 이루어야 할 뿐 아니라 분배가 비교적 공정해야 한다. 이를 위해선, 다시 강조하지만 경제성장 과정에 저소득층이 광범위하게 참여하고 기여하는 성장전략을 선택해야 한다. 아니, 시장이 그러한 방향으로 움직이도록 정부의 제도적, 정책적 유도가 필요하다. 그래야 소위 '고용 없는 성장jobless growth'을 피할 수 있고 성장과 분배의 문제를 동시에 해결해나갈 수 있다.

정치적 선진화: 포퓰리즘populism을 넘어 '자유민주주의'로

정치적으로 선진국이란 '절차적 민주주의procedural democracy'의 단계를 지나 '실체적 민주주의substantive democracy'의 성공까지 이루어내는 것을 의미한다. 다시 말해 '민주화의 단계'를 지나 '자유화의 단계'를 성공시키는 것을 의미한다. 그래서 명실공히 자유민주주의liberal democracy를 달성하는 것을 정치적 선진화라고 할 수 있다. 우리나라는 이미 1980~90년대 민주화를 이루었으니 21세기 우리의 과제는 '자유화'이고 '실체적 민주주의'의 완성이다.

그러면 민주화는 무엇이고 자유화는 무엇인가? 민주화는 국민이 선거를 통하여 정부를 선택할 수 있음을 의미한다. 그래서 이를 '절차적 민주주의procedural democracy'라기도 하고 '선거민주주의 electoral democracy', 혹은 '협의의 민주주의thin democracy'라기도 한다. 그러면 자유화는 무엇인가? 자유화는 이렇게 선출된 정부가 국민의 존엄과 생명, 그리고 자유와 권리를 하늘처럼 떠받드는 정부가 될 때 비로소 자유화까지 이루어졌다고 할 수 있다. 이렇게 하여 민주화와 자유화, 즉 민주주의와 자유주의가 결합될 때 비로소 '자유민주주의liberal democracy'가 성립하게 된다. 이를 '실체적 민주주의substantive democracy' 혹은 '광의의 민주주의thick democracy'라고도 부른다.

따라서 21세기 우리나라가 정치적 선진국이 되기 위해서는 민주화와 자유화가 결합된 자유민주주의의 달성이 필요하다. 그런데 민주화의 단계를 지나 자유화의 단계로 나아가는 데 가장 걸림돌이 되는 것이 포퓰리즘populism(대중영합주의)이다. 민주화의 물결을 타고 정치적 선동가가 등장하여 대중의 일시적 정서에 맞추어(혹은 대중정서를 조작하며) 국정을 인기 영합적으로 운영하면 법치와 원칙이 무시되고 국민의 자유와 기본권이 위협받고 부정되기 쉽다. 그래서 등장하는 것이 소위 비자유민주주의illiberal democracy이다. 민주화는 되었는데 자유화에 실패하는 경우이다. 요즈음 지구 위에는 비자유민주주의가 생각보다 많다.

역사적으로 볼 때 선진 구미국가들은 자유화가 민주화보다 먼저 왔다. 1215년 마그나 카르타 때부터 시작된 자유화가 오랜 기간의 투쟁을 통하여 자유주의가 어느 정도 정착에 성공한 후에 민주화, 즉 절차적 민주주의가 도입되기 시작하였다. 미국의 경우 1820년대에는 국민 중에 투표권을 가진 유권자는 5%에 불과했고 1920년 초에도 50%에 불과하였다. 여성들에게 투표권이 주어진 것이 1920년대 후반이기 때문이다. 사실 국민 모두가 참여한 투표를 통하여 정부를 선택한다는 의미의 민주화(절차적 민주주의)는 20세기 초반 이후의 변화이다. 이와 같이 구미국가들의 역사는 오랜 자유화의 역사 이후에 민주화가 시작되었다. 즉 선자유화, 후민주화였다. 그래서 민주화가 되면 비교적 쉽게 안정된 자유민주주의로 발전할 수 있었다.

그러나 많은 다른 비구미非歐美국가(아시아, 남미 등)들은 구미국가들과는 정반대로 선민주화 후자유화의 길을 걷고 있다. 다시 말해 자유화의 전통 없이 민주화가 먼저 시작되었다. 즉 이들 나라에서는 자유주의의 전통이 거의 없는 상황에서 제2차 세계대전 후(1945년 이후) 선진국 제도로서 민주주의의 도입이 추진되었다. 그래서 민주화가 진행되어도 자유화의 부족으로 자유민주주의로 쉽게 발전하지 못하고 오히려 비자유민주주의로 추락하는 경우가 많이 발생한다. 그리고 이러한 비자유민주주의는 반드시 정치적 포퓰리스트에 의한 우중정치愚衆政治로 발전하여 정치적 민주화의 실패뿐 아니라 경제발전의 실패까지, 더 나아가 국가실패까지 결과하는 경우가 많다. 왜냐하면 포퓰리즘은 단기적인 정치적 인기에 연연하여 장기적 경제발전을 위한 올바른 제도와 정책개혁을 피하기 때문이다.

자유민주주의의 성공적 정착은 결코 쉬운 일이 아니다. 자유민주주의의 성공을 위해선 일반적으로 포퓰리즘의 극복이 가장 시급한 과제이다. 그런데 이를 위해선 두 가지 조건이 성립하여야 한다. 하나는 '법치주의'rule of law의 정착이다. 그리고 다른 하나는 국정운영에서의 '대중주의와 엘리트주의'의 조화이다. 주지하듯이 법치주의는 편의rule of expediency의 지배가 아니라 원칙의 지배rule of principle를 의미하고 법치주의는 기본적으로 국민의 자유와 권리를 보호하기 위하여 권력의 자의를 제한하는 것limiting government을 목적으로 한다. 그래서 포퓰리즘의 위험을 극복하기 위해서는 반드시 법치주의를 세워서 '편의와 인기의 지배'가 아니라 '법치와 원칙의 지배'를 정착해야 한다.

대중주의와 엘리트주의의 조화

다음은 국정운영에서의 대중주의와 엘리트주의와의 조화가 중요하다. 즉, 국정운영에서 '대중성과 전문성의 조화'이다. 민주화는 대중의 목소리, 다수의 목소리를 크게 만든다. 민주화는 본래가 '소수의 지배'를 '다수의 지배'로 바꾸는 과정이기 때문에 다수의 목소리가 커지는 것은 당연하고 바람직한 현상이다. 문제는 그것이 과도하여 소위 국가운영의 전문성이 무너지면 자유민주주의 자체가 흔들릴 수 있다는 데 있다. 소위 '과잉過剩 민주주의excessive democracy'의 문제가 그것이다. 따라서 다수의 목소리, 대중의 요구를 존중하되 그 즉흥성과 격렬함을 전문가들이 걸러내는 장치가 필요하다. 특히 우리나라와 같이 쏠림현상이 강한 나라에서는 더욱 중요한 문제이다. 그래서 대중의 요구를 일정 부분 견제하고 순화하는 장치가 필요하다. 즉 다수의 지배가 단순히 '양의 지배'가 아니라 '질의 지배'가 될 수 있도록 만드는 노력이 필요하다.

이러한 장치를 위하여 우리는 선거를 통하지 않은 '비선출직 국정운영자un-elected officials'들을 제도화하고 있다. 선거를 통해 얻은 국민적 지지 때문이 아니라, 국정운영의 전문성 때문에 국가운영을 맡기는 제도가 있다. 사법부의 법관, 행정부의 직업공무원, 중앙은행 등이 그러한 제도들이다. 이들이 '선출직 국정운영자elected officials'인 대통령과 국회가 인기영합에 빠지기 쉬운 것을 견제하고 순화시키는 노력을 하여야 한다. 여기에 부가하여 국정운영의 대중성보다는 전문성을 높이기 위해 사회제도인 대학, 싱크탱크, 언론들도 일정한 비판적 기여를 한다.

한마디로 자유민주주의가 성공하기 위해선 '대통령과 국회' 대 '법원과 공무원, 그리고 대학, 싱크탱크, 언론'의 상호 견제와 조화, 즉 대중성과 전문성 간의 균형과 견제와 조화가 필수적이다.

이와 같이 법치주의가 정착하고 국정운영의 대중성과 전문성이 서로 조화되어야 소위 대중영합주의를 극복하고 자유민주주의가 성공할 수 있다. 그래야 우리나라가 비로소 정치적 선진국이 될 수 있다.

사회적 선진화: 군자와 교양인의 사회

사회적으로 선진국이란 공익과 사익이 잘 조화되어 있는 사회라고 할 수 있다. 사회구성원 개개인이 자신의 이익을 자유롭게 추구하면서도 공동체에 대한 자발적 배려와 기여수준, 그리고 책임의식이 높은 사회를 의미한다. 즉 한마디로 '공사조화의 사회'이다. 물론 공익과 사익의 조화를 보장하는 제도의 하나가 법치이다. 그러나 법 이전에 공중도덕과 사회윤리 등으로 공과 사의 이해의 대립을 상당부분 조화할 수 있다. 그리고 선진국일수록 이와 같이 '사회도덕과 국민윤리'의 수준이 높아서 도덕적·윤리적 자기절제를 통한 공익과 사익의 조화가 자연스럽게 이루어진다. 굳이 법의 개입 없이도 이웃에 대한 배려와 공동체에 대한 책임이 자연스럽게 개개인의 행동에 나타나는 사회이다.

그런데 이러한 높은 수준의 공중도덕과 사회윤리는 사회구성원이 소위 입장을 바꾸어 생각하는, 즉 상대방의 입장에서 생각하는 '역지사지imaginary change of situations의 능력'이 높을 때 가능하다. 그리고 본래 이렇게 역지사지의 능력이 높은 사람을, 그리하여 공동체와 이웃을 위한 자기절제능력이 높은 사람을 동양에서는 '군자 혹은 선비'라 하였고 서양에서는 '신사 혹은 교양인'이라고 하였다. 따라서 우리는 이러한 의미의 '군자와 교양인이 많은 사회'를 선진사회라고 할 수 있다.

사회의 선진화와 관련하여 민주화 과정에서 한 가지 경계하여야 할 것은, 잘못하면 일체의 기존가치와 권위를 부정하는 '대중의 폭민화暴民化' 경향이 나타나서, 그 사회의 군자와 교양인을 냉소하고 비난하고 부정하는 경향이 발생할 위험이 크다는 사실이다. 그러면 그 사회는 만인이 만인과 싸우는, 서로 욕하고 부정하는 천민사회가 되기 쉽다. '저품격의 사회'가 되기 쉽다. 그것은 분명 선진사회가 아니다. 따라서 선진사회가 되려면 역지사지를 통하여 이기적 사욕을 억제하고 자신을 절제할 수 있는 군자와 교양인이 많아야 한다. 또한 그러한 사람들을 존중하는 사회가 되어야 한다.

보다 많은 사회구성원들이 서로 역지사지를 하게 되면 우선 그 사회가 신뢰사회trust society가 된다. 서로 입장을 바꾸어 생각하기 때문에 서로가 상대를 속일 수도 없고, 약속을 어길 수도 없다. 서로가 상대를 믿고 그 믿음을 기초로 자신의 행위를 계획하게 된다. 상대도 마찬가지이다. 그래서 그 사회에서는 불신의 벽을 넘어 '상호신뢰의 선순환'을 만들어낼 수 있다. 2001년 세계 가치관조사를 보면 '낯선 사람을 신뢰할 수 있는가?' 라는 질문에 대하여 스웨덴에서는 66.3%가 신뢰할 수 있다고 답하고 있다. 일본은 43.1%, 미국은 36.3%인 데 반하여 우리나라는 27.3%에 머무르고 있다. 우리의 경우 이처럼 아직 일반적 신뢰수준이 낮은 편이다.

보다 많은 사회구성원이 서로 역지사지를 하게 되면 다음으로 그 사회는 저절로 인정이 넘치는 '다정多情사회compassionate society' 가 된다. 서로 역지사지하면 상대의 필요와 어려움을 잘 알게 되기 때문에, 상대를 위해 도움을 주려 노력한다. 더구나 자신도 그러한 상황에 빠질 수도 있기 때문에 더욱 상대를 배려하게 된다. 한마디로 역지사지를 하게 되면 서로가 서로에게 적극적으로 선을 행하는 인정사회로 발전하게 된다. 그렇게 되면 적극적인 이웃사랑과 이웃나눔의 활동이 저절로 일어난다. 그리하여 자원봉사활동이 일상화되고, 이를 통하여 크고 작은 공동체운동community movement이 일어난다.

이러한 의미의 '자원봉사형 공동체운동'이 많은 나라가 바로 선진국이다. 미국에는 약 140만 개의 자원봉사조직이 활동하고 있다고 한다. 성인의 과반수가 주 4시간 이상을 자원봉사활동에 참여하고 있다고 한다. 그리고 공익을 위해 출연한 크고 작은 재단이 약 40만 개나 된다고 한다. 선진국이 되려고 노력하는 우리에게 타산지석이 되어야 할 것이다.

문화적 선진국: 다문화 공생사회

문화적으로 선진국이 된다는 것은 두 가지 조건이 이루어짐을 의미한다. 하나의 조건은 우선 '다문화 공생사회'가 되어야 한다는 것이다. 일단 다른 문화, 다른 민족, 다른 종교에 대해 열린 마음을 가지고 이해하고, 배우려는 관용의 자세를 가져야 한다. 자신의 문화, 종교, 민족에 대해 독선적 자세와, 다른 문화, 종교, 민족에 대해 배타적 자세를 가져서는 문화선진국이 될 수 없다.

둘째의 조건은 다문화 공생의 단계를 넘어서 자기 민족의 전통

문화의 장점과 이국문화의 장점을 결합하여 새로운 '세계문화표준'을 만들 수 있어야 한다. 어느 문화든 나름의 특장特長이 있을 수 있다. 자국의 문화와 이국의 문화를 결합하고 융합하여 세계화시대에 걸맞는 '새로운 글로벌문화'를 창조할 수 있어야 문화적 선진국이라고 할 수 있다.

이러한 문화의 융합이 성공하려면 반드시 국민 다수가 높은 수준의 문화이해력 내지 문화해독력cultural literacy을 가져야 한다. 자국의 문화는 물론이고 이국의 문화에 대한 올바른 해독력이 중요하다. 그리고 이를 기초로 인류의 보편적 성품과 정서에 호소력을 가지는 새로운 문화표준을 만들 수 있어야 한다.

이와 같이 한 나라가 다문화 공생사회를 이루고, 더 나아가 자국의 문화와 이국의 문화를 융합하여 새로운 세계문화표준을 창조할 정도의 '문화해독력과 창조력'을 가질 때 우리는 그 나라를 문화적으로 선진국이라고 할 수 있다.

국제적 선진화: 세계 공헌국가

국제적으로 선진국이란 무엇인가? 한마디로 선진국이란 인류의 보편적 발전에 기여하는 '세계공헌국가'이다. 인류는 오늘날 많은 어려움과 도전에 당면해 있다. 핵과 테러의 문제, 인종전쟁과 실패국가failed state의 문제, 빈곤과 질병의 문제, 지구온난화와 에너지부족의 문제, 국제금융시장의 불안과 범지구적 통치구조global governance의 취약의 문제, 가족의 붕괴와 정신적 황

폐화의 문제 등등 수많은 문제들을 가지고 있다. 이들 문제의 해결에 적극 기여하는 나라가 바로 선진국이다. 다른 나라보다 앞장서 지구촌이익을 고민하는 나라가 선진국이다. 그리하여 예컨대 평화, 인권, 반핵, 빈곤퇴치, 환경, 생태 등 소위 지구적 공공재global public goods를 생산하는 데 앞장서 기여하는 나라를 선진 국이라 할 수 있다. 그래야 이웃으로부터 존경과 신뢰를 받을 수 있는 진정한 선진국이 될 수 있다.

따라서 선진국이란 군사적, 경제적 능력만으로 되는 것이 아니 다. 반드시 뛰어난 '문화력과 외교력'이 있어야 하고 그리고 세계 문명을 선도하는 학술, 종교, 도덕 등의 '정신적 자본mental capital'이 있어야 한다. 소위 소프트 파워soft power가 강해야 한다. 이러한 소 프트 파워를 많이 가진 나라, 그래서 이웃으로부터 존경과 신뢰를 받는 모범국가, 매력국가가 바로 국제적 의미의 선진국이다.

4장
선진화의 목표:
'국가이상_{國家理想}'으로의 선진국

이렇게 선진국을 여러 측면에서 정의하여 보면 결국 우리가 지향하는 선진화는 오늘날 지구 위에 실재하는 선진국 중의 어느 한 나라와 비슷해지는 것을 목표로 하지 않음이 명백하다. 위에서 우리가 선진국 5대 조건으로 정의한 나라는 사실상 오늘날 지구 위에 실재하지는 않으나, 우리가 희망하는 가장 바람직한 선진국, 즉 '21세기적 이상 국가'를 그리고 있다. 그래서 우리는 우리의 선진화가 지향하는 이상적 선진국을 부민덕국_{富民德國}이라고 표현하기도 했다. 경제적으로, 정신적으로, 사회문화적으로 '부유한 사람들이 사는 덕 있는 나라'라는 뜻이다.

결국 대한민국의 선진화의 목표는 '이상국가로서의 대한민국의 건설'을 지향하는 것이다. 개인에게도 꿈과 이상이 있듯이 국가에게도 꿈과 이상이 있어야 한다. '대한민국의 꿈', '대한민국의 이상'은 무엇인가? 그 꿈과 이상으로서의 대한민국의 선진화된 모습은 무엇인가? 모든 국민이 바람직하게 생각하는 '한국적 선진국', 우리의 역사와 풍토, 문화와 정서에 잘 어울리는 '동양적·한국적 선진국'의 모습은 과연 무엇인가? 이를 찾아 실천하는 것이 바로 대한민국의 선진화이다. 따라서 선진화는 기본적으로 '모방적 선진화'가 아니라 '창조적 선진화'가 되지 않을 수 없다.

지난 60년간 우리는 식민지에서 벗어나 나라를 세우기 위하여, 그리고 기아와 절대빈곤에서 벗어나기 위하여, 또한 군사독재와 권위주의에서 벗어나기 위하여 투쟁하여 왔다. 이 모두가 '과거의 잘못된 질서'와의 싸움이었다. 이 투쟁에서 승리하여 우리는 정치적, 경제적으로 이제는 중진국의 선두에 서 있다. 그러나 이러한 과거와의 투쟁과정에서 우리는 대한민국의 미래를 생각할 틈이 없었다. 대한민국이 궁극적으로 지향하는 꿈이 무엇인가? 대한민국의 이상이 무엇인가? 우리는 앞으로 과연 어떠한 나라를 만들려 하는가? 이런 문제들에 대하여 깊이 성찰해볼 시간도, 마음의 여유도 없었다. 과거로부터 벗어나기 위해 몸부림치는 동안 '미래의 바람직한 질서'를 깊이 있게 생각할 틈이 없었다.

그러나 이제 우리는 선진국 진입의 문턱에 서 있다. 이제는 과연 우리는 어떠한 선진국을 만들려 하는가, 우리가 궁극적으로 지향하는 대한민국의 꿈과 이상은 과연 무엇인가에 대하여 깊이 생각하고 성찰해보아야 한다.

'대한민국의 국가이상'은 무엇인가? '동양적·한국적 선진국'

의 모습은 무엇인가? 이 문제에 대한 답은 분명 어느 한 사람이 답할 몫은 아니다. 이 답을 얻기 위해서는 많은 국민들의 참여와 모색과 합의과정이 있어야 한다. 우선 각계각층의 지도자와 전문가들이 이러한 모색과정을 선도할 수 있을 것이다. 그러나 궁극적으로는 국민 모두의 참여까지 나아가야 한다. 한마디로 우리나라의 집단지혜collective wisdom와 집단열정collective aspiration을 모두 동원해 찾아내는 과정이 있어야 한다. 그래서 대한민국의 꿈과 이상을 찾아가는 과정, 발견하여 가는 과정, 창조하여 가는 국가적·국민적 과정이 있어야 한다. 그래서 그 결과를 모든 국민이 다 수용하고 시인하는 단계에 이를 때 그 대한민국의 국가이상은 곧바로 국민 모두가 옳다고 생각하는 국시國是가 된다.

앞으로 우리나라에서는 이러한 의미의 '21세기 대한민국의 국시'를 세우는 노력, 즉 '창조적 선진화'를 위한 노력이 있어야 한다. 그리고 그러한 노력을 기대하는 마음에서 쓴 하나의 시론이 바로 이 글이 된다.

5장
동양적 · 한국적 선진국:
5대 조화사회

우리 사회에 창조적 선진화를 위한 보다 많은 노력이 있기를 간절히 기대하면서 필자가 생각하는 국가이상에 대한 소견의 일단을 밝히도록 한다. 대한민국의 선진화가 지향해야 할 '국가이상으로서의 선진국' 즉 우리가 지향하여야 할 '21세기 이상국가', 환언하면 '동양적 · 한국적 선진국'의 모습을 정성적定性的으로 표현하면 다음의 5가지가 잘 조화된 사회(5대 조화사회)가 아닐까 한다.

물질과 정신의 조화: 선진국병이 없는 선진화

우선 우리의 국가이상은 국민경제가 높은 생산성과 소득수준을 가진 사회여야 한다. 어느 정도의 물질적 풍요는 선진사회 성립의 기본조건일 수밖에 없다. 경제가 허약하고 실업과 빈곤이 광범위하게 존재한다면 이상국가일 수 없다. 그래서 상당수준의 물질적 풍요를 보장하는 '생산성이 높은 경제'는 기본이 된다.

그러나 물질적 풍요가 정신적 성숙과 같이 가지 않으면 그 사회는 졸부사회 내지 천민사회가 된다. 물질적 풍요나 편안함에는 본래 인간의 정신력을 약화시키는 독소가 내재되어 있기 때문이다. 따라서 물질적 풍요에 걸맞은 정신적 발전 내지 성숙이 함께 이루어져야 한다. 그래서 우리나라 민족종교의 하나인 증산교에서는 '물질이 개벽하니 정신을 개벽하자'는 주장을 한 바 있다. 이러한 물질적 풍요와 더불어 정신의 발전과 성숙이 함께 일어나야 가족해체, 마약과 범죄, 소외와 차별 등 소위 '선진국병'을 고칠 수 있다. 따라서 우리가 지향하는 선진화는 '선진국병이 없는 선진화'이다. 요컨대 선진국병이 없는 '경제강국과 정신대국'이 공존하는 사회가 우리 대한민국의 국가이상이고 대한민국이 지향하는 선진국이라고 할 수 있다.

개인과 공동체의 조화

개인의 행복추구와 공동체적 가치존중이 함께 가는 사회여야 한다. 개개인의 자유와 창의와 선택이 최대한 존중되고 보호되면서도, 공동체적 연대나 가치가 훼손되지 않고, 오히려 존중되고 강화되는 사회가 바로 우리의 국가이상이다. 그 동안 인간의 역사 속에서는 개인의 자유과 창의를 강조하는 것이 지나쳐 공동체적 연대나 가치를 무시하는 경우도 있었고 반대로 공동체의 중요성과 가치를 중시하다가 개인의 자유와 창의를 억압하는 경우도 있었다. 그러나 이 두 가지 가치, 즉 개인의 가치와 공동체의 가치는 서로 모순하고 대립하는 것이 아니다. 아니, 본래가 서로 균형되고 조화될 때 비로소 개인도 공동체도 모두가 한 단계 높게 발전하고 성숙하는 법이다. 선진국이란 바로 이러한 두 가지 가치가 높은 수준에서 자발적으로 균형되고 조화되는 사회이다. 법치를 가지고 국가가 외적 강제를 통하여 양자의 조화를 시도하기 이전에 공동체의 중요성에 대한 개인의 자각이 내적 자율을 통하여 자연스럽게 나타나는 사회이다. 우리나라 역사상 이 양자의 조화가 비교적 아름답게 이루어진 적이 있었다. 그래서 우리는 이웃나라로부터 '동방의 예의지국' 이라는 칭송을 받았다. 국민 다수가 예의를 잘 지키는 나라는 개인의 가치와 공동체의 가치에 대한 존중이 자연스럽게 이루어지는 나라이다. 즉 두 가치의 조화가 자발적으로 이루어지는 나라이다. 따라서 앞으로 '21세기 동방의 예의지국' 의 모습을 회복하는 것이 대한민국의 국가이상의 한 부분이 되어야 한다. 그것이 개체와 공동체가 조화되는 이상적 선진국의 모습이기 때문이다.

과거, 현재, 미래의 조화

우선 과거와 현재의 조화가 중요하다. 현재 속에 살아 있는 과거역사의 공로에 대한 감사가 있어야 한다. 그리고 과거역사의 과실에 대한 반성이 오늘날 살아 있어야 한다. 그것이 성숙한 사회, 선진국의 모습이다. 과거역사에 대한 일방적 부정, 미움, 거부, 학대, 그리고 공격은 성숙한 사회의 모습이 아니다. 부모의 세대와 조상의 세대를 일방적으로 부정하면서 오늘을 올바르게 살 수 없다. 또한 우리의 후손들에게 밝은 내일의 비전을 제시할 수도 없다. 부모 세대, 조상 세대 덕분에 오늘의 우리가 있음을 감사해야 한다. 무조건 과거를 미화하자고 주장하는 것이 아니다. 역사에는 항상 명과 암이 있다. 문제는 무조건의 부정이나 무조건의 긍정이 아니라 명과 암을 균형 있게 보면서 역사의 밝은 면을 계승 발전시키고 어두운 면을 반성 극복하려는 자세가 중요하다. 한마디로 '발전적 계승의 균형사관'이 필요하다는 것이다. 국민 다수가 그러한 역사관을 가져야 성숙한 선진국이다.

다음은 현재와 미래의 조화가 중요하다. 오늘의 우리의 생각과 행동이 다음에 올 후손들의 삶의 조건을 결정한다. 예컨대 우리가 오늘의 환경문제에 대하여 적극적으로 대응하는가 아니면 회피하는가 하는 결정이 다음 세대들의 삶의 질을 결정한다. 오늘의 우리가 환경파괴적 생산과 소비를 억제하면 할수록 우리의 후손들의 삶의 질과 조건은 좋아진다. 그 반대는 물론 후손들의 삶을 어렵게 한다. 따라서 현재의 이익과 미래의 이익과의 조화가 중요하다. 후진국이란 오늘에 보다 많은 가치를 두고 내일에 대한 배려의 수준이 낮은 나라라고 할 수 있다. 반면 선진국은 오늘보다 내일에 대한 배려의 수준이 높은 나라라고 할 수 있다. 그래서 선진국은 보다 '친환경적이 되고 친지구적 국가'가 된다. 즉 환경문제, 생태문제를 포함하여 전 지구적 문제(핵, 빈곤, 질병, 에너지 등)의 해결에 보다 많은 노력을 기울이는 나라가 된다. 이와 같이 우리의 '국가이상으로서 선진국'은 과거와 현재, 그리고 현재와 미래 간의 대화와 소통이 있고 이해의 조화가 잘되는 나라라고 할 수 있다.

민족과 세계의 조화 : 다문화, 다민족, 다종교의 공생 사회

자기민족과 자기나라에 대한 사랑이 '배타적 독선적 민족주의'로 발전한다면 '국가이상으로서의 선진국'이 아니다. 물론 자기민족 자기국가에 대해 애국애족의 마음과 자존의식을 가지는 것은 대단히 중요하다. 최근의 한 연구에 의하면 선진국과 중진국의 경제발전의 근본동인의 하나가 애국심patriotism에 있었다는 연구결과가 있다(Spirit of Capitalism: Liah Greenfeld, Harvard University Press, 2001). 애국심과 자존심 그리고 자긍심은 대단히 중요한 가치이고 덕목이다. 이 덕목을 키워야 한다. 그래서 우리의 애국심이 자존自存과 자긍自矜에서 시작하여 반드시 자강自强으로 나가도록 하여야 한다.

그런데 21세기 세계화 · 정보화시대에 자강自强은 반드시 '다문화, 다민족, 다종교의 공생사회'를 세울 때 가능하다는 사실을 잊어서는 안 된다. 공생사회를 만들어 문화융합, 민족융합, 종교융합, 사상융합이 일어날 때 비로소 세계화시대에서 요구되는 세계최고의 창조성world class creativity을 발휘할 수 있다. 그리고 그 창조성을 가지고 인류의 보편적 발전을 위하여 인류공동

의 고민과 문제해결에 나설 수 있다. 이것이 진정한 '세계공헌
국가'의 모습이고 그것이 바로 국가이상으로서의 선진국의 모
습이다.

지도자와 국민의 조화

어느 사회, 어느 조직이건 지도자가 있고 국민대중이 있다. 우
리가 생각하는 바람직한 이상국가로서의 한국적 선진국 속에서
지도자는 반드시 지도자다워야 하고 국민은 반드시 국민다워야
한다. 군군君君이고 신신臣臣이다. 즉 임금은 임금다워야 하고 신하
는 신하다워야 한다. 다시 말하면 지도자는 리더십이 있어야 하
고 국민은 팔로십followership이 있어야 한다. 리더십이란 무엇인가?
한마디로 수기치인修己治人이고 선공후사先公後私이다. 철저한 자기수
양을 통하여 사심을 억제하고 학문을 통하여 국정운영 능력을 기
른 후에, 공직을 맡고 혼신의 노력으로 멸사봉공하는 것이 지도
자의 역할이다. 아무런 수양도 학문도 없이, 아무런 준비도 없이
아무나 지도자가 되어서는 안 된다. 반드시 자기수양이 깊고 공
인정신이 뚜렷한 유능한 지도자가 나와야 한다. 그리하여 모든
판단과 행동에 있어 국민의 이익을 가장 앞세워 나가야 한다. 환
언하면 위민爲民정신과 민본民本의식(민본주의)이 모든 지도자 원리
의 기본이다.

다음은 국민대중의 자세가 중요하다. 지도자를 뽑았으면 믿고
따라야 한다. 지도자를 나무에 올려놓고 흔들면 안 된다. 뿐만 아

니라 정치무관심과 냉소주의도 바람직한 태도가 아니다. 공화주의적 시민의식republican citizenship, 즉 공민의식이 있어야 한다. 즉 자신의 이익만을 주장하는 것이 아니라 국가 전체의 이익과 자신의 이익을 끊임없이 조화하려는 노력을 해야 한다. 더 나아가 국정에 깊은 관심을 가지고 적극 참여하고 기여하고, 그리고 책임을 나누는 자세가 필요하다. 이러한 공민의식이 바로 국민대중이 가야 할 길이다.

지도자와 대중 간의 바람직한 역할분담과 성숙한 조화는 정부는 물론 기업, 학교, 노조, 종교단체, 시민단체 등 모든 조직에 해당한다. 이러한 모든 조직의 발전은 그 조직의 장과 조직원과의 관계가 어떠한가에 의하여 결정된다. 조직의 장이 지도자답고 ‘위민정신’이 뚜렷하면, 그리고 그 조직의 구성원들이 ‘공민의식’이 뚜렷하면 그 조직은 구성원 모두에게 행복한 조직이 되고 성공하는 조직이 된다. 그리고 그러한 행복조직, 성공조직이 많은 사회가 우리의 국가이상으로서의 선진사회라 할 수 있다.

이상의 5대 조화의 세계를 이루는 것이 바로 우리가 염원하는 ‘대한민국의 꿈’인 ‘국가이상으로서의 선진국’이 아닌가 생각한다.

6장
선진화의 철학:
공동체자유주의

　'국가이상으로서의 선진국'이 되기 위한 선진화는 확고한 철학에 기초하여야 한다. 여기서의 철학이란 국가의 '구성원리' 내지 '운영원리'로서의 철학이다. 즉 정치, 경제, 사회, 문화의 기본제도와 질서를 어떠한 원리에 기초하여 만들어야 하고 어떠한 원리에 기초하여 운영하여야 우리가 선진화를 이룰 수 있는가 하는 의미의 철학이다. 결론부터 이야기하면 우리는 모든 국가제도와 정책(정치, 경제, 사회, 문화 등)을 '공동체자유주의communitarian liberalism'의 방향으로 개혁하고 운영하여야 선진국 진입이 가능하다고 생각한다. 공동체자유주의에 역행하는 구성원리, 즉 자유주의를 부정하거나 공동체의 가치를 거부하는 철학에 기초하여 국가제도와 정책을 만들고 그러한 방향으로 국정을 운영하면 선진국 진입에 반드시 실패한다고 생각한다. 그러면 무엇이 공동체자유주의이고 왜 공동체자유주의여야 선진화가 가능한가를 보도록 하자.

공동체자유주의란?

공동체자유주의communitarian liberalism란 한마디로 '공동체의 가치를 소중히 하는 자유주의'이다. 공동체자유주의는 무엇보다 먼저 자유주의를 기본으로 한다. 개인의 존엄과 자유와 창의를 존중하고 그것을 최고의 가치로 본다. 개인의 자유와 창의가 개인행복과 국가발전의 원리라고 본다. 그러나 그 개인의 자유가 너무 과도하게 강조되어 공동체의 가치를 훼손하지 않도록 사회구성원 각자의 성찰적 배려와 자율적 책임을 요구한다. 여기서의 '공동체주의communitarianism'는 개인의 자유를 억압하면서 민족이나 계급의 가치를 강요하는 '전체주의totalitarianism'나 '집단주의collectivism'와는 질적으로 다르다. 공동체의 강조는 어디까지나 외적 강제가 아니라 사회구성원 개개인의 자발성에 기초하고 있다. 따라서 상호토론과 교육, 소통과 설득으로 공동체를 소중히 하는 자유주의를 만들자는 것이다.

본래 자유주의란 개개인의 자유와 창의가 국가와 사회발전의 원동력이라는 사상이다. 그래서 국가의 간섭이나 개입으로부터 개인의 자유와 창의를 최대한 지키고 보호하려 노력한다. 본래 자유주의가 전제하는 '자유주의적 인간관'은 인간을 무한의 존엄성과 가능성을 가진 존재라고 보고, 인간에게 최고의 선은 그 무한의 가치를 실현하고 완성하는 것이라고 본다. 즉 '인격완성과 자아실현'이 인간사회의 최고의 선이 된다. 그런데 이러한 개개인의 인격완성과 자아실현은 '자유사회free society'

에서만 가능하기 때문에 국가의 목표 내지 존재이유는 이러한 자유사회를 보장하는 데 두어야 한다는 것이다. 우리는 이러한 자유주의의 입장을 지지한다.

그런데 인간은 본래가 '개체적, 개성적 존재'이면서도 동시에 '관계적, 공생적 존재'이다. 우리 인간은 시간적으로 역사 속에서 존재하며, 공간적으로 사회를 떠나 살 수 없고, 또한 항상 자연 속에서 숨쉬고 있다. 따라서 인간은 '역사공동체', '사회공동체', '자연공동체'를 떠나 홀로 존재할 수 없는 존재이다. 이 세 가지 공동체 속에서 인간은 존재하고 가치와 의미를 창조하고 성장하고 번창하고 있다. 따라서 개인의 존엄과 자유가 대단히 중요하지만 그렇다고 '자유만능주의', '자유절대주의', '자유원리주의'일 수만은 없다. 왜냐하면 공동체를 훼손하는 자유만능주의, 자유절대주의, 자유원리주의는 결국은 관계적, 공생적 존재로서의 인간의 실재적 모습 자체를 부정하는 것이 되어서, 자유주의 자체를 장기적으로 지속가능하지 못하게 하기 때문이다. 따라서 우리가 인류발전의 원동력인 개개인의 자유와 창의를 지키고 발전시키려면 반드시 '지속가능한 자유주의'를 확보해야 하고, 이를 위해선 우리가 주장하는 자유주의는 반드시 '공동체 가치를 소중히 하는 자유주의'여야 한다.

왜 공동체자유주의여야 하는가?

왜 공동체자유주의여야 하는가 하는 질문에 대한 답은 비교적 간단하다. 즉 공동체자유주의는 '인류발전의 보편적 원리'이기 때문이다. 공동체자유주의를 따르면 인류는 발전하고 따르지 않으면 퇴보한다. 이 주장의 타당성은 지난 수천 년의 인류의 역사 속에서 쉽게 입증된다. 최근 세계적 경제사 연구가의 한 연구에 의하면 B.C. 1000년경 당시 지구인들의 일인당 연평균소득은 요즈음 가격으로 약 150불 정도로 추산된다. 그런데 AD 1750~1800년의 지구인들의 일인당 연평균소득을 같은 방식으로 추산하면 약 180불 수준이다. 즉 지난 약 2,000~3,000년간 인류의 물질적 풍요 수준은 거의 변화가 없었다는 사실이다. 그 기간 중 생산성증가율(기술진보 속도)은 연평균 약 0.05% 정도로 미미했다. 약간의 생산성과 소득 상승이 있어도 곧 인구증가가 뒤따라서 성장을 잠식해버렸다. 한마디로 대단히 오랜 기간 인류는 경제적으로 대단히 어려운 생활을 해왔다.

그러나 1750~1800년 이후 역사는 크게 바뀌게 된다. 2000년 현재 지구인 평균 일인당 연평균소득은 약 6,600불이다. 지난 200년간 180불 수준에서 6,600불 수준으로 급격한 도약을 한 셈이다. 인류의 긴 역사에서 보면 분명 하나의 기적이었다. 어떻게 이 기적이 가능하게 되었는가?

그 가장 중요한 이유는 자유주의 때문이다. 이 자유주의는 경제적으로는 '교역의 자유'와 '시장의 자유', 즉 '교역과 시장의 확대'로 나타나고 정치적으로는 '사유재산권의 보호', '국가의 경제규제와 개입의 축소', '법치주의의 확산' 등으로 나타난다.

그리고 사회적으로는 '사상의 자유'와 '과학과 기술의 발달'로 나타난다. 이들이 모두 중요하나, 특히 교역의 자유와 시장의 확대가 중요하다. 애덤 스미스Adam Smith의 주장대로 노동생산성은 노동의 분업과 특화specialization의 수준과 정도degree of specialization에서 오고, 분업과 특화의 수준과 정도는 '시장의 크기'에 의하여 결정된다. 시장의 규모가 커야 보다 세분화된 높은 수준의 분업과 특화가 가능하고 그 결과로 노동생산성이 증가한다. 따라서 지난 200년간의 '마을시장'에서 '지역시장'으로, 나아가 '국민시장'으로, 그리고 더 나아가 '세계시장'으로 이어지는 끊임없는 시장의 확대가 엄청난 분업의 발전과 생산성의 증대를 가져왔다. 그리고 이러한 시장의 확대는 물론 사유재산권의 보호, 교역자유의 확대, 정부의 경제개입의 축소(세금과 규제의 법제화), 과학기술의 발달 등과 함께 진행되어왔다. 이러한 '경제적 · 정치적 · 사회적 자유주의의 확대'가 바로 인류역사 속에서 지난 200년의 기적을 만든 주원인이고 동력이라고 볼 수 있다.

그런데 좀 더 자세히 들여다보면 모든 나라가 이 기간 동안 같은 속도의 발전을 보이는 것은 아니었다. 성장이 빠른 나라도 있고 늦는 나라도 있었다. 같은 나라도 발전이 빠른 시기도 있고 늦는 시기도 있었다. 그렇다면 무엇이 이렇게 발전의 완급을 결정하는 것일까? 시대는 이미 크게 보아 자유주의시대로 진입했다면 자유주의 안에서 무엇이 발전의 속도를 결정하는 것일까? 그것은 한마디로 추구하는 자유주의가 어떤 자유주의냐에 의해 다른 결과를 가져왔다고 볼 수 있다. 자유주의의 내용이 공동체가치를 존중하는 '공동체자유주의'의 경우에는 지속적으로 발전하였다. 반면에 공동체가치를 무시 내지 부정하는 '이기적 자유주의'는 반드시 지속적 발전이 어려움에 봉착하였다. 공동체 가치와 연대를 경시하고 파괴하면 결국은 자유주의 자체가 지속가능하지 못하고 성장과 발전이 지체되는 것으로 나타난다. 물론 반대의 경우에는 성장과 발전이 지속된다. 결국 우리의 자유주의가 '공동체자유주의'일 때 발전하고 그렇지 못할 때 발전이 지체된다는 것이다. 따라서 이러한 지난 200년간의 인류의 역사적 경험을 돌이켜볼 때 당연히 대한민국 선진화의 철학은 '발전과 지속가능의 철학'인 '공동체자유주의'가 아니 될 수 없다. 그래서 앞으로 우리는 이 공동체자유주의라는 '국가의 구성원리와 운영원리'를 기초로 하여 정치, 경제, 사회, 문화, 국제 각각의 분야에서 선진화제도를 만들고 선진화 전략과 정책을 추진하여 나가야 한다.

다음에 다룰 과제는 선진화전략과 정책이다. 이에 대한 본격적 논의를 하기 전에 두 가지 문제를 먼저 간단히 살펴보도록 한다. 하나는 우리가 선진화를 추진해야 할 이 시대, 21세기 세계화시대는 과연 어떠한 특징을 가진 시대인가? 다른 하나는 우리 민족은 어떠한 특장特長을 가지고 있는 민족인가 하는 문제이다. 시대적 특징은 선진화를 위한 객관적 조건이고 민족적 특장은 주관적 조건이기 때문에 선진화전략과 정책을 논하기 전에 반드시 짚어보아야 할 과제들이라고 본다.

7장

21세기 세계화시대의 특징

1989년 11월 베를린장벽이 무너지면서 동서냉전의 시대가 끝났다. 그러면서 세계는 하나가 되기 시작하였다. 1986년부터 시작한 우루과이라운드(UR)의 성공적 타결과 1995년 WTO의 출범이 더욱 세계를 빠르게 하나로 만들어갔다. 여기에 인터넷 등 정보통신혁명이 가속화되면서 세계는 이제 작아지기 시작하였다. 그래서 세계는 지속적으로 하나가 되면서 빠르게 작아지기 시작하였다. 이것을 우리는 지구촌의 시대, 세계화의 시대라고 부른다. 이러한 의미의 세계화의 시대는 다음과 같은 몇 가지 특징과 구조적 문제들을 가지고 있다. 그리고 이러한 특징과 문제들은 우리가 선진화 전략을 수립할 때 깊이 생각하여 적극 반영하여야 할 문제들이다.

과부유(over-affluence)

새로운 문명사적인 '도약의 기회'가 열리는 시대이다. 신과학 기술의 발전이 인간능력의 한계와 자연의 부존자원의 한계를 극복시켜 주고 있다. 또한 시장의 확대, 특히 지구촌시장의 등장이 분업의 세분화와 고도화를 가능하게 하여 제한된 자연자원 속에서도 인간의 노동생산성을 크게 높이고 있다. 그 결과로 인류의 물질적 풍요는 크게 높아지고 있다. 한마디로 '부유의 시대'를 지나 '과부유過富裕의 시대'를 열고 있다. 특히 에너지나 부존자원의 양을 생각할 때 분명 과부유의 시대이다. 물론 이러한 과부유는 지구촌 전체의 현상은 아니다. 그러나 정도의 차이는 있으나 빠른 속도로 부유화는 진행되고 확산되고 있다. 그 과정에서 오래된 인류의 꿈의 하나인 절대빈곤 문제는 점차 해소되고 있다.

메가 경쟁(mega-competition)

국가 간, 지역 간, 기업 간, 개인 간 세계경쟁이 격화되고 있는 시대이다. 세계가 빠르게 작아지면서 과학기술경쟁과 시장확대경쟁이 격화되고 있다. 경쟁에서 승리하면 그 보상이 과거와는 비교할 수 없을 정도로 크다. 세계화시대라 지구적 규모가 되기 때문이다. 또한 비약적으로 도약할 수 있는 기회가 되기도 한다. 하지만 반대로 실패하면 큰 추락을 피할 수 없다. 성공의 이익도 실패의 비용도 모두 커지는 것이다. 따라서 개인도, 기업도, 국가도 모두 뛰고 있다. 개개인들도 각자의 세계경쟁력을 높이기 위해 끊임없이 새로운 교육과 향상훈련을 받고 있다. 중앙정부, 지방정부, 기업과 학교 등 모든 조직들도 자신들의 세계경쟁력을 높이기 위해 끊임없이 지속적인 구조조정structural adjustment을 필요로 한다. 세계경쟁이 요구하는 '평생학습과 상시적 구조조정'을 제대로 해내지 못하는 나라에선 세계화는 성장의 둔화, 분배의 악화를 결과하게 된다. 뿐만 아니라 과학기술의 발달과 세계경영의 여건변화속도가 빨라 경쟁 자체가 가속화되고 있다. 따라서 평생학습의 속도와 구조조정의 속도도 문제가되는 시대이다.

위험사회(risk society)

금융위기와 안보위기의 국제적 확산이 격화되는 시대이다. 세계가 빠르게 작아지면서 세계적 금융위기와 비전통적 안보위기의 국제확산이 보다 쉬워지고 있다. 세계화가 되면서 국경을 넘어 '사람과 상품과 정보'만 이동하는 것이 아니라 '돈과 위험'도 함께 이동한다. 세계금융시장은 급속도로 그 규모가 커지고 있고, 국가 간 자본이동의 크기와 속도도 빠르게 증대하고 있다. 이 때문에 시장이 더욱 불안정하고 시장관리가 더욱 어려워지고 있다. 특히 무역투자 등의 실물거래와 아무 관계 없는 돈의 흐름이커지는 소위 디커플링decoupling(탈동조화) 현상으로 이제는 예측 불허의 돈의 독자적 흐름이 실물에 큰 영향을 주는 불안의 시대로 들어가고 있다. 동시에 테러, 마약, 질병, 핵 확산, 종교분쟁, 인종분쟁 등 비전통적 안보위기가 국경을 쉽게 넘나들며 전파되고확산될 위험이 커지고 있다.

뿐만 아니라 앞으로 산업화시대의 평생고용론lifetime employment과

20세기적 복지국가론은 사실상 불가능한 시대로 들어가고 있다. 그래서 개인은 기업으로부터의 안정된 직장보장이나 정부로부터의 충분한 사회보장을 받기가 더욱 어려워진다. 따라서 개인은 평생학습강화 등으로 자신의 고용가능성employability을 높이지 않으면 비정규고용, 실업 등으로 내몰리게 될 위험이 더 높아진다. 한마디로 위험사회risk society가 열리고 있다.

생태위기(ecological crisis)

지구온난화로 대표되는 급격한 지구환경 변화의 시대이다. 이와 더불어 지구촌 인구의 급증, 산업화의 가속화, 에너지와 자원의 부족, 식량문제 악화 등의 문제도 점차 격화되고 있다. 21세기 세계가 빠르게 하나로 작아지면서 지구자원의 생태적 한계가 더욱 드러나고 있다. 특히 중국, 인도, 브라질 등의 거대인구의 신흥산업화국가가 등장하여 21세기적 자원제약적 환경 속에서 20세기적 산업화를 실행하고 있다. 즉 자원과 에너지의 과다소비형 산업화의 방식을 걷고 있기 때문에 지구환경과 자원의 문제는 더욱더 심각해지고 있다.

새로운 통치구조(new governance)의 시대

새로운 통치구조가 요구되는 시대이다. 세계의 수준에서도, 개별국가의 수준에서도 새로운 통치구조가 요구되는 시대이다. 세계경제는 빠른 속도로 단일시장 '단일구조'로 편입되어가고 있

다. 그런데 세계정치는 아직 국민국가nation-state 중심의 '복수구조'
이다. 따라서 경제와 사회의 세계화가 가져오는 문제들을 효과적
으로 대응, 해결하는 세계적 차원의 정치구조가 없는 셈이다. 즉
세계화에 수반되는 금융위기, 안보위기, 환경위기 등의 문제를
지구촌(세계이익)의 관점에서 효과적으로 다룰 정치구조, 즉 지구
적 차원의 효과적 세계통치구조effective global governance가 없다는 의미
다. 세계정치는 아직도 개별국가, 즉 국민국가 단위의 국가이익
이 주도하고 있기 때문이다.

개별국가 차원에서도 통치구조state governance는 새로운 도전을 맞
고 있다. 즉 한편으로는 세계화의 흐름을 적극 활용하여 자국의
발전과 도약을 극대화하기 위해 개혁과 개방을 보다 적극적으로
추진하여야 한다. 동시에 다른 한편으로는 개혁과 개방이 가져올
고용불안과 분배악화, 사회갈등의 격화 등의 가능성을 줄여나가
야 한다. 이러한 과제들을 효과적으로 풀어나갈 통치구조의 개혁
이 필요하다.

그러면 이상의 5가지 구조적 문제를 갖는 세계화의 진전은 선진
화를 추구하는 우리들에게 어떠한 정책적 함의를 주고 있는가?

<h1>8장
세계화시대의 정책적 함의</h1>

구조조정의 상시화

우선 환경의 변화가 빠르기 때문에 모든 개인과 조직이 새로운 환경에 맞게 구조조정structural adjustment을 상시화해야 한다. 개인이건 조직이건 끊임없는 자기변화, 즉 '개혁의 상시화'가 필요하다. 개인은 평생학습life-long learning과 평생훈련의 길로 나가야 하고 정부, 기업, 학교 등 모든 조직은 상시구조조정 체제로 나가야 한다. 그래야 도약과 발전을 기대할 수 있다.

열린 사고와 유연조직

그러기 위해선 우리의 사고가 항상 열려 있어야 하고 창조적이어야 한다. 생각이 비창조적이거나 경직적이어서는 환경변화에 올바로 대응할 수 없다. 개인뿐만 아니라 정부, 기업, 학교 등 모든 조직도 항상 변화에 열려 있어야 하고 항상 변화에 유연하게 대응하여야 한다. 이를 위해 모든 조직은 현장 중심으로 분권화

되어 있어야 한다. 아니, 현장밀착형으로 다주체화多主體化되어야
한다. 닫힌 조직, 경직적인 조직, 그리고 거대한 중앙집권적 조직
은 21세기에 성공할 수 있는 조직이 아니다.

관계성과 공조 강화

자기변화에도 능해야 하지만 동시에 이웃과의 관계성을 중시
하여야 한다. 세계가 빠르게 작아지고 하나가 되기 때문에 국가
와 국가와의 관계성, 지역과 지역과의 관계성은 물론이고, 한 나
라 안에서도 나와 이웃과의 관계성이 과거보다 더욱 긴밀해지고
상호작용적이며 상호의존적이 되고 있다.

우선 중요한 것이 다른 나라와 함께 협력하고 공조할 수 있는
마음과 능력coordinating capacity을 기르는 일이다. 세계화시대에는 국민
국가 단위에서 자기 혼자 해결할 수 있는 문제가 크게 줄어들기
때문이다. 기후변화, 국제테러, 금융위기 등 모든 문제가 일국주
의로 풀 수 없는 과제들이다. 따라서 다른 나라와 얼마나 잘 협력
하고 공조할 수 있는가가 대단히 중요해진다. 다음으로 우리는
먼 이웃나라뿐 아니라 가까운 이웃의 어려운 삶의 문제에 보다
많은 관심을 가져야 한다.

세계화로 인한 상호관계성의 증대는 우리와 이웃 간의 공동운
명체적 성격을 크게 강화하고 있다. 더 나아가 인간과 자연과의
관계에서도 마찬가지이다. 과거보다 자연의 유한성이 커지면서
자연과 생태에 대한 보다 적극적 관심이 요구된다.

신新정체성(new identity)의 창조

세계화, 정보화의 급격한 변화 속에서 개인이건 조직이건 자기정체성을 새롭게 창조하여야 한다. 기술조건과 생활환경의 변화가 너무 급하기 때문에 기존의 자기정체성에 혼란이 생기기 쉽다. 개인의 자기정체성에 혼란이 오면 그가 속한 공동체도 해체되기 시작한다. 그래서 내가 누구인지, 내가 누구여야 하는지를 새로운 시대에 맞게 바로 세워야 한다.

세계화는 불가피하게 다문화·다인종·다종교세계를 열어나가고 있기 때문에 21세기는 기본적으로 '다정체성의 세계'라고 할 수 있다. 그래서 지금까지의 단일문화, 단일종족, 단일종교에 익숙한 사람들이나 집단에게 정체성의 위기와 혼란이 오는 것은 당연한 일일 수 있다. 그러나 우리는 더 이상 자기정체성을 지킨다고 지금까지의 단일정체성만을 고집할 필요는 없다. 우리는 세계화시대에 걸맞게 기본적으로 다정체성을 받아들여야 한다. 그러나 다정체성 안에도 사람마다, 나라마다, 문화마다 자기들에 알맞은 정체성의 구조가 있을 수 있다. 자국문화(자국사상)와 이국문화(이국사상)를 어떻게 결합하고 융합하는가는 사람마다 나라마다 시대마다 다를 수 있기 때문이다. 따라서 여기서 주장하는 것은 어느 나라든 자기들에게 알맞은 '다정체성의 구조', 즉 새로운 자기정체성을 창조해내야 한다는 말이다. 결국 자기 것과 남의 것을 어떻게 결합하고 융합하여 새로운 자기 것을 창조해낼 것인가가 문제인 것이다.

지금까지 21세기 세계화시대는 어떠한 구조변화 속에 있으며 그러한 구조변화가 우리에게 제기하는 정책적 과제는 어떠한 것들이 있는지를 살펴보았다. 그러면 우리에게 요구되는 이러한 변화의 과제들을 풀어감에 있어 과연 우리 민족은 어떠한 특장特長을 가지고 있는가? 그리고 그러한 장점을 어떻게 살리어 '21세기 세계화시대의 선진화'가 요구하는 변화를 성공적으로 이루어낼 것인가?

9장
우리 민족의 3대 특장

우리 민족에게는 많은 특장이 있으나 특히 다음의 3가지 장점을 가지고 있다. 이 3가지 장점들을 잘 살려 21세기 세계화시대에 적극 대응하면 대한민국의 선진화는 반드시 성공시킬 수 있을 것이다.

회통會通의 사상

회통사상은 기본적으로 세상을 아我와 비아非我의 적대적 투쟁으로서가 아니라 상의상생相依相生의 관계로, 즉 상호의존과 상호작용의 관계로 본다. 개인이나 민족이나 사상의 차이를 존중하면서도 그 사상의 차이를 도그마화하고 절대화하지 않는다. 그러면서 양측 모두에게 통하는 보편적 통합적 가치가 있다고 생각하고, 그러한 보편적 통합적 가치를 찾기 위한 성찰과 소통을 강조한다. 회통사상은 '불교의 연기적緣起的 세계관'에서 영향을 받은 사상이라고 보여진다. 세상의 모든 차이를 존중하면서도 동시에 이를 하나로 묶어내는 사상이다. 이미 앞에서 본 바와 같이 세계화의 시대는 관계성이 중요해지는 시대이다. 따라서 개체를 절대화하는 사상보다 개체 간의 관계성을 중시하는, 그리고 개체를 뛰어넘는 통합의 가치를 중시하는 '회통의 사상'은 세계화시대에 특히 필요한 사상이다. 그리고 개인이나 개별국가의 발전은 물론이고 나아가 세계발전에도 크게 기여할 수 있는 사상이라고 볼 수 있다. 회통의 사상을 가져야 다른 나라와 더욱 잘 대화하고 더욱 잘 협력하고 공조할 수 있다. 또한 회통의 사상을 가져야 자국 내 어려운 이웃에 대해 이해와 나눔과 사랑이 보다 커질 수 있다. 더 나아가 인간과 자연과의 관계의 상호의존에 대한 이해와 관심도 보다 커질 수 있다.

정명正名의 철학

정명의 철학이란, 이름에 걸맞은 실질을 갖추어야 한다는 의미의, 유교적 전통에서 시작된 철학이다. 예컨대 임금은 임금다워야 하고 신하는 신하다워야 하며, 부모는 부모다워야 하고 자식은 자식다워야 한다는 철학이다. 즉 군군신신君君臣臣 부부자자父父子子이다. 각자가 이름에 걸맞는 윤리와 도덕과 질서를 가져야 한다는 것이다. 그래서 자기정체성을 세울 수 있어야 하고, 이렇게 각자가 올바로 자기정체성을 세울 때 그들이 속한 공동체도 윤리와 질서를 가지고 공동체적 통합성과 자기정체성을 지킬 수 있다고 본다. 동시에 정명철학은 대의명분과 원칙을 소중히 한다. 단기적 이익이나 편의보다 장기적 명분과 의리, 그리고 원칙을 중시한다. 무엇이 이익이 되는가보다 무엇이 옳은 가를 중시한다. 이 가치는 특히 세계화시대의 선진화를 위하여 대단히 중요한 가치이다. 세계화는 분명 물질의 풍요를 가져오는데, 이것에 걸맞은 정신의 성숙이 없으면 선진화는 실패할 수 있다. 그러한 의미에서 물질적 편의보다 정신적 가치와 원칙을 중시하는 정명철학은 세계화시대 선진화의 성공을 위하여 중요한 철학이 된다.

또한 앞에서 보았듯이 세계화시대는 개인이든 공동체든 자기정체성의 위기가 일반화되는 시대이다. 따라서 정명철학을 통하여 우리가 각자의 자기정체성을 확실히 세우고 지켜나가면 그것이 공동체가 자기정체성을 세우고 지켜나가는 데 큰 계기가 된다. 또한 그 결과로 개인의 발전과 공동체의 선진화 모두에게 큰 기여가 된다.

역동의 문화

역동의 문화란 단절과 변화에 능하고 새로운 만남과 어울림에 능한 문화를 의미한다. 우리 민족의 역동성은 기마민족의 전통과 우리 전래의 풍류도風流道에서 비롯된 것 같으나, 근세에 이르러서는 기독교 특유의 활동성과 적극성이 크게 기여한 것 같다. 우리 민족은 세계의 어느 민족보다도 해외개척(이민, 유학, 선교 등)에서의 역동성이 높다. 새로운 만남과 어울림에 대하여 적극적이다.

우리의 역사가 단절이 많아서인지, 단절의 고통을 비교적 쉽게 극복하고 새로운 변화에 보다 적극적이고 수용적이다.

주지하듯이 세계화시대는 문명사적 변화의 시대이다. 따라서 변화의 능력인 역동성이 대단히 중요한 가치가 되는 시대이다. 우리 민족에게 있는 이러한 역동성의 가치는 세계화시대의 선진화를 위하여 크게 기여하는 자산이 될 것이다. 위의 3가지 장점은 모두가 동시에 작동하여 그 '융합의 시너지 효과'가 나타날 때 보다 큰 힘을 발휘할 것이다. 3가지 특징이 각각 따로따로 작동하면 장점이 단점으로 변할 수도 있다. 예컨대 역동성이 홀로 작동하면 소위 과도한 '쏠림현상'으로 나타날 수도 있다. 빨리 더워지고 빨리 식는 소위 '냄비근성'이 될 수도 있다. 따라서 역동성은 반드시 정명철학과 결합되어, 변화 속에서도 자기정체성과 원칙을 지키려는 노력이 함께 가야 한다.

또한 정명철학도 홀로만 작동하면 소위 도그마가 되기 쉽고 변화를 거부하는 '폐쇄적 경직성'을 가지게 된다. 따라서 반드시 회통사상을 통하여 자기절대화 내지 도그마화를 거부하여야 하고, 동시에 역동성과 결합하여 변화를 적극 수용하는 방향으로 나아가면서 정명을 지켜야 한다. 그래야 정명의 장점이 빛날 수 있다.

끝으로, 회통사상도 홀로만 작동하면 '무원칙의 소극주의', '편의적 보신주의'에 빠질 위험이 있다. 따라서 정명철학과 결합하여 대의와 원칙을 세우려 노력하여야 하고 역동문화와 결합하여 현실타파의 적극주의, 개혁주의로 나가야 한다. 그래야 회통 사상의 본래의 가치가 살아난다.

이렇게 위의 3가지 특장이 모두 함께 어울려 잘 조화되어 나타나면 우리 민족의 장점은 세계화시대 큰 재산이 될 수 있다. 그래서 우리는 '정명을 통하여' 자존과 원칙과 자기정체성을 지키면서, '회통을 통하여' 한 단계 높은 통합의 가치를 향해 변화를 이끌어낼 수 있고, '역동을 통하여' 그 변화가 대한민국의 선진화를 결과할 수 있도록 만들 수 있을 것이다.

10장

선진화 5대 전략

앞으로 우리가 어떠한 전략을 가지고 사회의 여러 부문(국가 시장 시민사회)을 어떤 방향으로 변화, 개혁시켜야 대한민국의 선진화가 성공할 것인가? 5가지 전략과 방향을 제시하여 보고자 한다.

(1) 세계화전략 – 발신형發信型 세계화

① 우선 우리 모두가 세계에 대하여 '열린 마음'을 가지고 '세계화 능력(globalization capacity)'을 높여야 한다. 우선 세계와 적극 교류하고 의사소통하고 새로운 미래를 함께 창조해보겠다는 마음을 가져야 한다. 열린 창조적 세계화의 마음을 가져야 한다. 이러한 열린 창조적 마음과 더불어 세계와 의사소통할 수 있는 능력, 함께 협력하고 공조할 수 있는 능력을 키워야 한다. 이것을 '세계화 능력'이라고 부른다. 외국어능력, 정보화능력 그리고 소통과 이해능력, 협력과 공조능력 등을 높여야 한다. 이 모두를 학교교육,

가정교육, 사회교육을 통하여 키우고 또 키워야 한다.

② 다음은 세계문명표준global standards of excellence을 벤치마킹하려고 노력하여야 한다. 선진국의 조직, 제도, 교육, 사상, 문화 등을 적극적으로 배워야 한다. 그래서 세계최고수준world class의 제도, 조직, 교육, 사상, 문화를 우리 것으로 만들어야 한다. 우리나라의 정부, 기업, 학교, NGO 등 모든 조직과 제도를 세계최고수준에 맞추어 바꾸어 나가야 한다. 물론 세계문명표준을 벤치마킹할 때는 무조건 100% 모방하려 해서는 성공할 수 없다. 바람직하지도 않다. 우리의 문화와 전통의 장점과 조화시키면서 우리 식으로 창조적으로 도입하여야 한다. 한마디로 '창조적 세계화creative globalization'가 필요하다.

③ 우리의 세계화전략은 제1의 '창조적 세계화' 단계를 지난 후 반드시 '발신형發信型 세계화'의 단계로 나가야 한다. 즉 우리의 전통과 문화의 장점과 결합하면서 세계표준을 배운 다음에는, 반드시 한 단계 높은 수준의 새로운 세계표준을 만들어 이를, 세계를 향하여 발신할 목표와 의지를 가지고 노력해야 한다. 즉 단순히 세계문명표준, 세계문화표준을 배우는 데 그치지 않고 반드시 새로운 세계문명표준, 세계문화표준을 만들어 세계의 발전에 적극적으로 기여할 꿈을 가지고 그러한 노력을 하여야 한다. 한마디로 '수신형受信型 세계화'가 아니라 '발신형 세계화'를 목표로 하여야 한다.

④ 세계화는 개인과 국가발전의 중요한 계기를 제공한다. 새로

운 지식과 기술과 정보가 들어오고 새로운 해외시장이 열리며 경제성장과 발전을 위한 중요한 도약의 기회가 열린다. 그러나 세계화는 불가피하게 국내외 경쟁의 격화를 수반하기 때문에 실업 등 구조조정의 고통, 분배구조의 악화 등 경제사회적 갈등과 분열이 높아질 수 있다. 그래서 세계화가 '소수를 위한 세계화'로 끝나지 않고 가능한 한 다수가 참여하는 '다수를 위한 세계화'가 되도록 노력해야 한다. 다시 말해 '민주적 세계화' 내지 '사회통합형 세계화'를 하여야 한다. 이를 위하여 세계화전략 중 경제성장전략이 중산층과 서민의 생산적 참여를 극대화하는 방향으로 진행되어야 한다. 동시에 사회적 약자에 대한 적절한 사회안전망의 구축이 필수적이 될 것이다. 또한 그래야 '지속가능한 세계화'가 될 것이다.

⑤ 세계화를 향한 우리의 마음의 준비, 그리고 세계화를 위해 필요한 내부의 국정개혁(예컨대 공공부문 개혁, 교육개혁, 노동개혁 등등)을 한 다음에는, 반드시 우리 나름의 '대한민국의 세계전략'을 세워야 한다. 우리가 생각하는 '국가이상으로서의 선진화'에 성공하기 위해서는, 우리의 국가이익이 무엇인지를 확정하고 이를 실현하기 위해 세계를 향한 우리의 전략이 반드시 있어야 한다. 해방 후 지난 60여 년을 돌이켜보면 우리 대한민국의 세계전략은 대단히 취약하였다. 외교안보의 경우는 기본적으로 냉전체제 하에서 미국의 세계전략에 편승하여 왔다. 독자적인 세계전략을 세우기도 어려웠고 어떻게 보면 필요하지도 않았다. 경제통상

도 제2차 세계대전 이후 진행되어 온 세계적 자유무역체제의 발전의 물결을 타면 될 뿐이고, 독자적 전략을 세울 여지도 능력도 별로 없었다. 교육이나 문화의 경우는 세계전략이라는 개념 자체가 생소하였다. 그래서 지난 60여 년간 우리는 독자의 세계전략이 없었다고 해도 과언이 아니다.

그러나 이제는 더 이상 그러할 수 없다. 국제관계도 이제는 냉전이라는 양극체제의 시대가 끝났다. 다극체제의 시대로 들어가고 있다. 소수의 강대국들이 자국의 이익을 중심으로 새로운 세계질서의 재편을 적극적으로 모색하고 있다. 경제통상 분야에서도 WTO 체제의 진전이 부진한 가운데, 개별 국가들 간의 FTA 전략과 지역별 경제협력체 전략이 보다 중요한 의미를 가지게 되고 있다. 이제는 대한민국도 자기주도적인 독자적 세계전략을 세워야 하는 시점에 왔다.

이 세계전략의 문제는 대단히 중요한 문제이다. 그러나 이에 대한 본격적 논의는 이 글의 주제를 벗어나기에 다른 기회로 미루기로 한다. 다만 여기서는 대한민국의 선진화를 위해 기본이 되는 국가이익 중 가장 중요한 3가지, 즉 (가) 국가안보 (나) 경제번영 (다) 문화창달을 중심으로 그의 실현을 위한 세계전략 중 그 핵심이 되어야 할 내용 하나씩만 간략히 언급하도록 한다.

⑥ 우리의 세계전략은 첫째, 동북아의 ‘단일지역패권’을 막는 ‘평화전략’을 가져야 한다.

동북아 내지 동아시아에 단일지역패권이 등장하면 우리의 선진화전략은 크게 제한을 받게 된다. 지난 역사의 교훈을 보면 쉽게 그 어려움을 알 수 있다. 우리는 역사상 이민족과 격렬한 무력충돌을 200회 이상 하였다. 전국이 전화에 휩쓸린 경우만도 20회 정도이다. 이러한 충돌은 항상 동북아에 단일지역패권이 등장하거나 혹은 두 나라가 지역패권을 경쟁할 때 일어났다. 따라서 우리는 반드시 이 지역에 단일지역패권의 등장도 막아야 하고 지역패권의 경쟁도 막아야 한다. 이것이 대한민국의 선진화를 위한 필수 불가결 전제조건의 하나이다.

이를 위해선 우선 자강自强전략이 필요하다. 상당수준의 군사력과 경제력 확보는 국가안보를 위하여 필수적이다. 적어도 상대가 상당한 피해를 감수하지 않고는 공격을 감행할 수 없다는 정도의 강력한 자강전략이 우리에게 필요하다.

동맹전략도 중요하다. 이 지역에 단일지역패권의 등장을 막는 것을 공동목표로 한 동맹국이 필요하다. 우리나라 말고 이 지역의 단일패권 등장에 반대하는 나라는 미국이다. 왜냐하면 이 지역에서 특정국가가 지역패권에 성공하면 곧 미국과 세계패권을 경쟁할 것이기 때문이다. 동북아시아 지역에서 단일지역패권의 등장에 반대한다는 의미에서 우리나라와 미국의 국익은 일치한다. 우리에게는 미국이 가장 바람직한 동맹상대국이다.

동북아 단일지역 패권을 막기 위한 또 하나의 전략은 균세均勢이다. 세력균형전략이 필요한 것이다. 이를 위해 다양한 형태의 다자간 평화안보체제를 구축하여야 한다. 순서는 동북아 다자안보에서 출발하여 한 축은 동남아시아를 포함하는 동아시아 안보 협력으로, 다른 한 축은 반드시 미국을 포함한 아시아 및 태평양 지역의 다자안보로 발전시켜 나가야 한다.

마지막으로 사상전략이다. 이웃 4강의 각국에 있는 자유주의적 국제주의자liberal internationalist들을 지원하고 이들과 연대하는 노력을 하여야 한다. 4강의 어느 나라도 동북아시아에서 패권을 추구하지 않도록 하려면 그들 나라의 지도자와 국민 다수가 반패권의 자유주의적 국제주의자들이 되어야 한다. 이를 위하여 정부뿐 아니라 학자 등 전문가, 그리고 시민사회 모두가 국경을 넘나드는 노력을 하여야 한다.

⑦ 대한민국을 세계적 투자허브global investment-hub로 만드는 '발전전략'을 가져야 한다.

선진화를 위한 세계전략의 하나는 대한민국을 '세계투자의 허브'로 만드는 것이다. 이를 위해서는 세계 business R&D투자의 2/3를 하고 있는 약 700개의 거대다국적기업multi-national corporation들이 대한민국으로의 투자러시investment rush가 일어나도록 하여야 한다. 이를 위해서는 그들이 투자지역을 결정할 때 무엇을 중요시하는가를 분석하여야 한다. 결국 두 가지가 가장 중요하다. 하나는 그 지역의 주민들이 가지고 있는 '교육경쟁력'이다. 그 지역에 세계적 수준의 우수한 창조적 인재들이 많은가 하는 것이다. 다국적 기업들은 세계적 인재global talent들을 찾아다니고 있다. 다른 하나는 그 지역의 '도시경쟁력'이다. 즉 공공부문의 서비스, 물적 인프라 등이 기업하기 편한가, 또한 문화의 개방성과 특이성 등으로 그 지역에 외국인들이 살기가 재미있는가이다. 따라서 이 두 가지, 즉 교육경쟁력과 도시경쟁력을 높여 대한민국을 세계적 투자허브로 만드는 것이 우리의 선진화를 위한 세계전략의 하나가 되어야 한다.

이와 함께 반드시 주목할 것은 세계화시대 흐름의 하나인 열린 지역주의open regionalism의 대두이다. 21세기 세계화시대의 경제발전을 위한 핵심전략의 하나는 시장확대이다. 거대시장에의 참여가 경쟁을 유발하고 특화와 전문화의 수준을 높여서 국민경제의 생산성과 국제경쟁력을 높인다. 유럽연합(EU)의 전략의 하나가 바로 유럽 전체를 하나의 거대단일시장으로 만드는 데 있다. 그것이 세계화시대 유럽경제의 승리를 가져오기 때문이다. 따라서 우리의 선진화를 위한 세계전략 속에 반드시 '지역경제 공동체전략'이 들어가야 한다. 이웃나라들과 상호개방화를 위한 공동계획을 세우고 적극 앞장서야 한다. 그리하여 우선 한·중·일 경제공동체를 만들고 더 나아가 동남아의 Asian까지 확대하여 '동아시아 경제공동체'를 만들어 나가면서 동아시아의 공동번영전략을 함께 논의해야 한다. 동시에 미국과 일본을 포함한 '아시아 태평양 경제공동체'도 만들어 아시아 태평양 지역의 공동번영전략도 함께 논의해 나가야 한다. 궁극적으로 21세기에는 우리는 유럽연합과 같은 아시아연합(AU), 더 나아가 아시아태평양연합(APU)을 만드는 것을 목표로 하여야 한다.

⑧ 대한민국의 선진화를 위해서는 아시아와 태평양의 마음을 하나로 묶는 '문화전략'을 가져야 한다.

구체적으로 동아시아 문화전략을 시작하여야 한다. 유교문화와 대승불교를 기반으로 하여 중국, 일본, 한국, 대만이 함께하는 '동북아 문화공동체'를 만들어야 한다. 그리고 더 나아가 소승불교까지 포함시켜 베트남, 타이, 미얀마 등 일부 동남아시아국까지 함께하는 '동아시아 문화공동체'를 만들어 나가는 것이 중요하다. 이렇게 하여 동아시아의 정신적, 문화적, 정서적 연대를 창출하는 것이 중요하다. 그 다음에는 이를 기초로 힌두교, 이슬람교, 그리고 가톨릭과 기독교와 적극적으로 소통해 아시아와 태평양(북미와 남미)의 마음과 정신도 함께 묶어나가는 노력을 하여야 한다.

이미 앞에서 주장하였지만 우리나라 문화와 사상 속에서는 회통會通, 정명正名, 역동의 장점을 볼 수 있다. 각국의 문화와 사상의 고유 가치와 역할을 존중하는 정명의 사상과 동시에 이 모든 상이함을 하나로 묶어내는 회통의 정신이 중요하다. 특히 회통의 정신이 있어야 여러 나라 국민들 사이의 정신적, 감성적 연대를 만들어낼 수 있고 그 결과로 지역문화공동체를 만들어낼 수 있다. 그리고 역동성이 있어야 이 문화공동체를 만드는 과정을 앞장서 주도할 수 있다.

(2) 자유화전략

① 정치, 경제, 사회, 문화 등 모든 부문에서 '개인의 자유와

창의'가 최대한 존중되고 확대되는 방향으로 제도와 정책을 바꾸어 나가야 한다. 역사발전의 원동력은 개개인의 자유와 창조성이라는 사실을 잊어서는 안 된다. 그래서 가능한 한 개인의 자유와 창의가 극대화되는 방향으로 모든 제도와 정책을 바꾸어 나가야 한다. 특히 중요한 것이 '사상과 표현의 자유'를 보장하는 것이다. 왜냐하면 이것이 바로 인간의 모든 창조성의 기초가 되기 때문이다. 또한 개개인의 창조성을 극대화하기 위하여 중요한 것이 자유의 보장과 더불어 모든 사람에게 '기회의 평등'을 보장하는 것이다. 자신의 능력을 최대한 발휘할 수 있도록 기회를 평등하게 보장하는 것이 개인과 공동체의 발전을 함께 극대화하는 길이다. 다만 경계할 것은 우리 사회 일각에 남아 있는 '결과평등주의'이다. 이것은 발전을 막는다. 인간은 본래 남과 달라지고자 하는 욕망이 있고 그것이 모든 발전의 계기가 되고 창조성의 모태가 되기 때문이다. 따라서 기회평등주의는 옳으나 결과평등주의를 주장하면 창의도, 자유도 없고 따라서 발전도, 선진화도 있을 수 없다.

② 개인의 창의와 자유의 극대화를 위하여 결정적으로 중요한 것은 '법치주의rule of law'를 세우는 일이다. 법치주의란 본래가 두 가지 기능을 가진다. 하나는 국민 개개인의 자유와 권리를 보호하기 위하여 권력의 자의적 행사를 견제하고 통제하는 기능이다. 다른 하나는 올바른 권력의 행사에 정당성legitimacy을 부여하는 기능이다. 전자는 권력에 대한 통제로, 후자는 권력의 강화로 나타

난다. 이 두 가지 기능이 모두 잘 작동할 때 법치주의가 성립하고 자유화는 성공한다. 한마디로 권력이 올바르게 강할 때 자유화가 성공한다는 말이다. 과도한 권력도 허약한 권력도 모두 자유화에는 기여하지 못한다. 우리 사회에서 권위주의적 잔재도 없애야 하지만 공권력이 데모대에 얻어맞는 현상도 없애야 한다. 그래야 법치가 서고 자유화가 성공한다.

자유화를 위하여 우선 정치적으로는 삼권분립, 사법부의 독립, 공무원의 정치적 중립, 언론의 자유 등이 가장 중요하다. 그리고 경제적으로는 '사적재산권의 보호'와 '계약과 거래의 자유' 등 '사적자치의 원칙'이 확실하게 보장되어야 한다.

법치주의의 정착을 위해서는 철저한 '입법개혁' '행정개혁' 그리고 '사법개혁'이 있어야 한다. 우선 '지킬 수 있는 법'과 '공정하고 효율적인 법'을 만드는 '입법개혁'부터 시작하여야 한다. 현실적으로 지킬 수 없는 법, 불공정하며 비효율적인 법을 무책임하게 양산해놓고 법집행을 임의로 하면 법치라고 할 수 없다. 다음은 모든 법의 집행을 공평무사하게 하며, 행정명령권의 남발 등 행정의 자의를 최소화하는 '행정개혁'을 해야 한다. 아무리 공평하고 효율적인 법을 만들었다고 해도 그 집행이 엄정하지 못하고 행정적 편의와 자의가 작동하면 그것은 법치가 아니다. 끝으로 공정한 권리보호와 효율적인 사법구제를 보장하는 '사법개혁'까지 해내야 한다. 아무리 법을 잘 만들고 집행한다고 하여도 억울한 사람이 많으면 법치가 아니다. 이상과 같이 입법, 행정,

사법개혁이 제대로 되어야 비로소 법치주의가 정착되고 자유화의 제도화가 시작된다고 할 수 있다.

③ 자유화를 위해서는 사회경제적 규제 중에서 '질서적 규제'만 남겨두고 나머지 모든 규제는 확실하게 해체하는 '탈脫규제'를 원칙으로 해야 한다. 남겨두어야 할 질서적 규제에는 3가지가 있다. 하나는 모든 시장의 자유공정경쟁을 보장하기 위한 질서적 규제, 둘째는 자연 및 환경보호를 위한 질서적 규제, 셋째는 사회적 약자 보호를 위한 질서적 규제이다. 이상의 3가지 이외의 일체의 규제는 탈규제를 원칙으로 해야 하고 국민의 사회경제활동은 원칙적으로 사적자치에 기초한 시장질서라는 '자생적 질서spontaneous order'에 맡겨야 한다.

또한 '질서적 규제'의 경우에도 규제의 효과를 수시로 평가하고 규제기관을 효과적으로 감시감독하여 소위 규제실패regulation failure가 일어나지 않도록 하여야 한다.

④ 자유화는 결국 '큰 시장과 작은 정부' 즉 작고 효율적이면서 똑똑한 정부, 환언하면 강소強小정부를 수반하게 된다. 이를 위해 우선 위임과 분권을 강화하여 민간이 가능한 것은 모두 민간에, 지방정부가 가능한 것은 모두 지방정부에 맡기는 공공부문의 개혁을 하여야 한다. 이는 결국 대부대국大府大局으로의 과감한 정부부처의 통폐합과 공공부문의 대대적 민영화, 그리고 철저한 지방분권의 확대로 나타날 것이다.

이와 동시에 중앙정부는 전략기능, 기획기능, 그리고 질서기능과 조정기능에 국한하게 된다. 특히 우리나라에서는 중장기 전략기획기능의 강화가 필요하다. 과거 산업화시대에는 경제기획원Economic Planning Board과 한국개발원Korea Development Institute이 국가 전략기획기능을 맡았는데, 오늘날과 같이 국가전략기능이 더 필요한 세계화시대에 그 일을 맡아 하는 국가기관이 없다는 것은 큰 문제이다. 끝으로 자유화를 위해선 정부정책의 투명성과 공무원의 책무성 강화를 위한 정책실명제의 도입 등도 뒤따라야 한다.

⑤ 자유화가 가장 시급한 부문은 두 부문이다. 하나는 경제부문이고 다른 하나는 교육부문이다. 경제부문에서 특히 서비스부문(금융, 의료, 건설, 복지, 법률, 회계 등)의 규제가 큰 문제이다. 이 부분의 과다규제가 서비스부문의 국제경쟁력은 물론이고 제조업부문의 국제경쟁력까지 크게 낮추고 있다. 이 부문의 자유화가 앞으로 경제적 선진화 성패를 좌우하게 될 것이다. 다음으로 문제가 되는 것은 교육부문이다.

산업화시대의 유산인 '관치경제' 못지않게, 아니 그 이상으로 오늘날 국가적 비효율을 낳고 있는 부문이 '관치교육'이다. 비록 관치경제를 한다 해도 경제의 경우에는 치열한 세계경쟁에 노출되어 있기 때문에 경제의 구조적 비효율이나 불공정이 오래 지속되기 어렵다. 세계경쟁 자체가 자유화의 압력으로 작용하기 때문이다. 그러나 교육의 경우는 세계경쟁에 직접 노출되지 않기 때문에 관치교육의 폐해가 오래가고 덜 드러나며 고치기도 대단히 어렵다.

학교선택권과 학생선발권의 제한, 그리고 학교 및 교사평가의 거부 등 교육의 자율성과 책무성의 부족이 가장 근본적인 문제이다. 여기에 각종 교육규제가 교육부문에서 창의와 혁신을 제도적으로 막고 있다. 그래서 우리나라의 경우 국민 다수의 높은 교육열에도 불구하고 아직 세계일류의 교육을 만들어내지 못하고 있다. 서울대학도 우리나라에서는 일등이라고 하나 세계에선 63위에 불과하다. 북경대학이 14위, 동경과 싱가포르 국립대학이 19위를 하고 있는데 우리나라 최고대학이 63위라는 것은 부끄러운 일이다. 물론 이 순위가 절대적은 아니지만 우리나라 대학교육의 국제수준을 보여주는 하나의 지표가 됨은 확실하다. 요컨대 관치교육, 특히 '평등주의적 관치교육'이 우리나라의 공교육의 파탄, 교실붕괴, 교육이민, 대졸실업자의 양산 등을 결과하고 있다. 대한민국의 선진화를 위해선 경제의 자유화 못지않게 교육의 자유화가 반드시 이루어져야 한다.

⑥ 끝으로 중요한 것이 자유화를 위해선 '탈규제와 관치청산'이라는 '대내자유화' 못지않게 '개방화'라는 '대외자유화'가 중요하다는 사실이다. 대외자유화를 통하여 세계적 문명표준 내지 문화표준 하에서 우리의 기업과 학교와 정부가 각각 '외국의 기업'과 '외국의 학교' 그리고 '외국의 정부'와 경쟁해야 한다. 세계경쟁을 통해 배워야 자기 자신의 장점과 단점을 동시에 알 수 있다. 그래서 다음 단계를 준비할 수 있는 것이다. 그래야 우리 자신을 혁신하고 선진화할 수 있다.

대외자유화와 관련하여 항상 문제가 되는 것은 농업부문이다. 개방화에 따른 피해지원과 향후 정책비로 김영삼 정부 때 약 57조 원이, 그리고 김대중 정부 때 약 45조 원이 농촌지원에 쓰였다. 또한 노무현 정부는 앞으로 2013년까지 약 119조 원의 지원을 계획하기도 했다. 그 동안의 성과를 보면 물론 일부는 농업의 생산적 구조조정을 위하여 사용되기도 했다. 그러나 많은 부분이 소비적 부문에서 나누어 먹기 식으로 배분되었다. 이제는 결단을 하여야 한다. 더 이상 이런 식의 나누어 먹기 식 농정은 안 된다. '생산적 구조조정'이 필요하고, 앞으로 세계경쟁이 가능한 부분과 그렇지 않은 부분을 확실하게 나누어야 한다. 전자는 구조조정을 대폭 지원하고 후자는 확실히 포기해야 한다. 그 대신 후자에게는 직업훈련지원, 창업지원, 다른 부문으로의 취업지원을 해야 한다.

(3) 분권화 · 다주체화多主體化 전략

① 모든 중앙집권적 조직구조는 크게 축소하여야 한다. 그래서 모든 '돈과 권한'을 현장중심으로 분권화해야 한다. 우선 정부행정조직부터 철저히 분권화해야 한다. 그리고 모든 기업조직과 학교조직도 보다 현장중심으로 분권화해야 한다. 세계화시대는 변화에 능한 사람과 조직만이 성공한다. 중앙집권적 조직과 제도는 변화와 개혁에 더딜 수밖에 없다. 그런데 여기서 이야기하는 분권화는 단순한 분권화가 아니라 사실은 다주체화이다. 중앙집권

의 단일 주체를 깨고 수많은 자기완결적·자기책임적 다주체를 만들어야 한다(기업의 경우는 분사화까지 나가야 한다)는 주장이다. 그래야 자기권한과 자기책임 하에 환경변화(수요변화 포함)에 빠르게 대응하면서 자기변화를 모색해 나갈 수 있다. 이렇게 다주체화를 추진하면 중앙조직은 단지 네트워크의 중심에 서서 필요한 최소한의 기획과 소통과 조정만을 하게 된다. 다시 강조하지만 세계화시대는 '변화와 속도'가 강조되는 시대이기 때문에 신속한 변화가 생명이다. 그런데 중앙집권의 거대조직은 신속한 변화를 할 수 없다. 그래서 분권화와 분사화, 즉 다주체화는 세계화시대의 시대정신이다.

② 다주체화와 관련하여 특히 중요한 것이 지방자치제도의 개혁이다. 이것이 없이는 세계화시대 선진화에 성공하기 어렵다. 한마디로 세계화시대 국가발전과 지방발전의 전략은 수개의 '경제적 강소국'을 만드는 방식으로 나가야 한다. 다시 말해 '경제적 연방제'(정치적 독립은 아니지만 경제사회정책에 관한 한 사실상 독자적 운영이 가능한)를 만드는 전략이 필요하다. 왜냐하면 세계화시대는 국제경쟁이 도시와 지역단위로 발생하기 때문에 '도시와 지역의 경쟁력'이 중요해지는 시대이고, 인구 규모가 크지 않아 변화에 능한 '강소국强小國'이 성공하는 시대이기 때문이다.

세계화시대에는 '지역과 도시의 경쟁력'이 중요해진다. 외국인 직접투자FDI 등의 경제활동이 집중되는 도시나 지역을 보면 그 지역의 인적 자원의 질과 그 도시의 국제경쟁력(공공서비스의 질,

주거문화의 매력 등)이 결정적 역할을 한다. 인적 자원의 질과 국제경쟁력이 높은 곳에 투자와 경제활동이 왕성하게 일어난다. 따라서 지방의 발전을 위해선 우선 그 지역의 교육경쟁력과 그 도시의 국제경쟁력을 높여야 한다. 그리고 이를 위해선 지방에 수개의 적정 인구 규모의 '경제적 연방제', 즉 수개의 강소국을 만드는 전략을 추진하여야 한다.

주지하듯이 21세기는 강소국이 성공하는 시대이다. 경제적으로 성공하고 있는 나라들의 인구규모를 보면 아일랜드 400만, 싱가포르 450만, 핀란드 500만, 덴마크 500만, 노르웨이 500만, 스위스 700만, 오스트리아 800만, 스웨덴 900만, 벨기에 1,000만, 네덜란드 1,600만이다. 대부분의 성공한 강소국의 인구규모가 500만~1,000만 정도의 수준이 가장 많고 크더라도 1,500만 수준이다. 이런 나라들은 규모가 상대적으로 작기 때문에 세계의 안보, 기술, 통상, 경영환경의 변화에 빠르게 적응하면서 필요한 자기개혁을 성공해냈던 나라들이다. 우리나라의 경우 대한민국(4,800만)에는 전국적으로 이러한 강소국을 최소한 4~6개 정도는 만들 수 있다고 본다. 그렇게 하려면 중앙의 돈과 권력의 집중을 지방으로 철저히 하방(下放)하여야 한다(대부분의 세금을 지방세로 전환하는 것까지 생각해보아야 한다). 그리하여 지방이 자기 돈과 자기권한을 가지고 독자적이고 자생적인 자기발전계획을 짤 수 있어야 한다. 유럽의 강소국을 모델로 각 지역이 나름의 발전전략을 만들고 추진하여야 진정으로 지방이 자생적 발전을 할 수 있고 그 결과로 나라 전체가 균형적으로 발전할 수 있다. 이와 유사한 발상 아래서 일본에선 이미 전국에 12개 정도의 강소국을 만드는 도주제道州制의 도입을 국가정책으로 결정하고 총리실 내에 추진위원회를 만들어 앞으로 10년 이내에 끝내겠다는 의지를 가지고 그 구상의 실천에 착수하였다.

우리 사회에 '균형발전'이라는 말이 유행하고 있으나 실은 균형발전이란 말은 허구이다. 사실은 '균형발전'이 아니라 '발전균형'이 옳은 말이다. 중앙정부가 모든 돈과 권력을 틀어쥐고 앉아서 균형을 목표로 한다고 지방에 몇 개의 정부기관을 이전하고 공장을 몇 개 보내는 식의 균형발전정책으로는 지방의 균형도 발전도 이룰 수 없다. 그래서 중앙집권구조를 혁파하지 않으면서 실속 없이 말하는, 소위 구두선口頭禪하듯이 '균형발전'을 이야기하는 것은 한마디로 포퓰리즘이다. 우선 철저한 지방분권부터 시작하여야 한다. 아니, 단순한 지방분권의 단계를 넘어 '지방주권의 시대'를 열어야 한다. 사실상의 '경제적 연방제' 시대를 열어야 한다. 그래서 경제적 연방제 하의 지방강소국들이 각자 나름의 발전전략을 세워 실천한 결과로, 각각의 강소국들이 발전하고 그 종합된 결과로 나라 전체 발전의 균형과 조화가 이루어지는 것이 정도이고 그것이 바로 '발전균형'이다.

(4) 자존自尊 정신과 공동체 강화

① 세계화시대, 변화의 시대 가장 중요한 것이 자존과 자긍의

정신을 지키고 강화하는 일이다. 한 사람의 인간으로서, 또는 한 가족의 구성원으로서, 또는 자기가 속한 사회와 국가의 일원으로서, 자기 자신과 자기가 속한 공동체에 대한 '자존과 자긍'의 정신을 반드시 가져야 한다. 그것 없이는 어떠한 세계화, 자유화, 분권화도 선진화로의 길이 되지 못한다. 자기 자신과 자기 나라에 대한 자존과 자긍의 정신 없이는 다른 나라에 대한 존경과 사랑도 상호협력과 공조도 불가능하다. 개인이든 국가든 자존과 자긍의 포기는 21세기 세계화시대에 발전이 아니라 퇴보로 가는 지름길이다.

② 개인, 국가, 민족에 대한 자존과 자긍을 세우기 위하여 우리나라에서는 두 가지가 시급하다.

첫째는 '대한민국의 역사관'을 바로 세우는 일이다. 1980년대 수정주의란 이름의 좌파적 역사관이 우리나라에 들어와 1948년 이후의 대한민국 역사를 전면 부정하고 공격하는 잘못된 풍조가 우리 사회에 팽배하여 왔다. 대한민국을 정의가 실패한 나라라고 주장하면서 학교에서 공공연히 역사적 사실과 다른 내용을 친북적 좌파이념 확산을 목적으로 가르치고 있다. 예컨대 대한민국의 건국이 조국분단의 시작이라는 주장이다. 주지하듯이 우리나라의 분단은 1945년 9월 20일, 북에 단독 적색정권 수립을 지시한 스탈린의 특별지령에 의해서 시작되었다. 그런데 남에선 그것도 모르고 여운형 선생의 좌우합작 노력, 김구 선생의 남북협상 노력 등이 지속되었던 것이 역사적 사실이다. 따라서 남에게 분단의 책임을 묻는 것은 잘못인데도 이를 공공연히 학교에서 일부 선생들이 가르치고 있다. 대한민국을 부정하는 이러한 좌파적 역사교육을 이대로 두고 대한민국의 미래의 꿈인 선진화를 논할 수 없다. 어느 나라 역사든 명과 암이 있다. 따라서 어두운 면을 극복하고 밝은 면을 계승하려는 '발전적 계승의 균형사관'이 필요하다. 그런데 무조건 과거의 역사를 부정하고 청산하려 드는 자기학대적 역사관을 이대로 두고는 개인으로서 국가로서 우리의 자존과 자긍을 세울 수 없다. 나아가 대한민국의 선진화는 성공할 수 없다. 과거를 부정하면서 희망찬 미래의 비전을 세울 수 없기 때문이다.

둘째는 대한민국의 헌법을 학습하고 사랑하는 운동을 펼쳐야 한다. 대한민국의 헌법은 우리나라의 기본가치이고 규범이다. 또한 헌법은 바람직한 국가와 사회의 구성원리와 작동원리에 대한 국민 모두의 합의이다. 우리는 그 동안 이러한 헌법의 가치와 중요성을 깊이 이해하지 못해왔다. 헌법을 헌법학자의 관심사나 연구대상 정도로 생각해왔다. 이래서는 안 된다. 국민 모두가 우리나라가 지향하는 기본가치와 규범을 배우고 생활화하고 존중하고 사랑하는 풍토를 만들어야 한다. 그래서 풀기 어려운 정치, 경제, 사회적 문제가 등장하면 우리 헌법의 기본가치와 정신으로 돌아가 그 답을 찾아가야 한다. 그래야 비로소 선진국이고 선진국민이라 할 수 있다. 그런데 좌파적 역사관의 영향으로 대한민국의 헌법을 경시하는 풍조가 우리 사회 일각에 있다. 이것을 크게 고쳐야 한다. 대한민국의 헌법을 존중하고 사랑하지 않으면 대한민국의 선진화를 이루어낼 수 없다.

③ 다음으로 중요한 것은 공동체를 강화하는 것이다. 세계화, 자유화, 그리고 분권화(다주체화)는 불가피하게 개인의 존엄과 가치, 개인의 창의와 선택을 중시하고 강조하는 개혁방향이다. 그 과정에서 불가피하게 공동체적 가치 내지 연대가 상대적으로 약화될 위험이 있다. 그러나 다시 강조하지만 인간은 본래가 개체적이면서도 관계적 존재 즉, 공동체적 존재이다. 따라서 인간의 완성과 행복은 자기가 속한 공동체를 약화시켜서는 이루어낼 수 없다. 따라서 선진화를 위한 노력에는 반드시 공동체를 강화하는 노력이 함께해야 한다. 우선 '가족공동체'의 가치와 연대를 강화해야 한다. 다음은 '이웃공동체', 그리고 '국민공동체', 그리고 더 나아가 '지구촌공동체'의 순으로 공동체의 가치와 연대를 강화하여 나가야 한다. 이러한 방향으로의 노력이 바로 올바른 선진화의 길이다.

④ 이웃공동체 내지 사회공동체를 강화하기 위하여, 특히 중요한 것이 올바른 '노동철학과 직업윤리'를 세우는 일이다. 이웃공동체나 사회공동체를 강화한다면 많은 사람들이 자원봉사, 헌금과 헌혈, 이웃 나눔과 이웃사랑운동 등을 생각하는 경향이 있다. 이러한 노력들은 물론 대단히 중요한 일들이다. 그러나 보다 근원적인 것은 이웃공동체나 사회공동체의 존중과 강화는 공동체 구성원들이 올바른 노동철학과 직업윤리를 가지는 데서 출발하

여야 한다. 즉 자신이 하는 노동, 자신의 직업이 이웃이나 사회의 다른 사람들의 삶과 어떻게 연결되어 있는지를 올바로 이해하는 데서 출발하여야 한다. 그리고 이러한 올바른 노동철학과 직업윤리는 '사회적 분업노동의 가치와 그 중요성'을 정확하게 이해하는 데서 시작된다.

나의 직업노동과 이웃의 직업노동은 거미줄 같은 관계로 서로 연결되어 있다. 이들이 상의상보相依相補의 관계로 긴밀히 연결되어 거대한 사회적 분업관계를 만들고 있고 이 사회적 분업노동 위에서 인간의 경제 사회적 생활이 가능하고 물질적 풍요가 생산된다. 그래서 나의 노동은 사회적 분업을 통하여 이웃의 삶의 질에 직접적 영향을 준다. 따라서 자신의 직업노동에 정성과 열의를 다하는 것이 바로 이웃공동체와 사회공동체를 건강하고 윤택하게 만드는 지름길이다. 그러므로 결국 우리가 '국가 이상으로 하는 선진국'이란 국민 각자가 자신의 직업노동에 최선(정직과 성실 그리고 열정)의 노력을 다하는 직업윤리와 노동철학이 바로 서고 이들이 만개하는 사회라고 할 수 있다. 그러한 사회가 바로 본인의 행복과 보람을, 그리고 이웃의 건강과 풍요를 함께 가져오는 사회가 되기 때문이다.

⑤ 어느 사회이든 사회 경제적 약자가 존재한다. 특히 문명사적 변화와 구조조정이 대단히 빠르게 진행되는 시대인 세계화시대에는 사회 경제적 약자가 다량 발생할 수 있다. 그래서 시대가 요구하는 변화와 개혁에 뒤처진 그룹이 등장할 수 있다. 이들 문

제에 대한 공동체자유주의적 대응책은 무엇일까? 두 가지를 해야 한다.

첫째는 우선 공동체의 입장에서 공정하고 효율적인 사회안전망fair and effective social safety net을 구축하여야 한다. 문명사회라면 교육, 보건, 주택, 문화 등에서 사회적 최저한social minimum이 모든 사람들에게 반드시 보장되어야 한다. 같은 공동체의 구성원으로서 함께 사는 이웃에 대한 최소한의 예의이다.

둘째는 자유주의적 입장에서 사회적 약자의 자구능력self-reliance capacity을 높이는 노력을 하여야 한다. 즉 그들에게 자신의 시장능력(직업능력, 기업능력)을 키우고 발휘할 '기회와 유인'을 제공하여야 한다. 교육지원과 취업지원, 그리고 자영업 지원 등을 생각할 수 있다. 세계화시대에는 자유와 경쟁을 향해 나아가면서도 사회 경제적 약자의 문제, 증대하는 빈부격차의 문제 등에 어떻게 공정하고 효율적으로 대응하여 공동체적 가치와 유대를 강화하여 나갈 것인가가 대단히 중요한 국가과제가 된다. 그래서 선진과 화합, 경제발전과 사회통합 모두에 성공하여야 세계화시대 진정한 승자, 즉 선진 성공국가가 된다.

(5) 국가 및 사회리더십 개혁

① 역사란 생각이 만들고 사람이 만드는 것이다. 따라서 대한민국의 선진화라는 새로운 역사도 반드시 선진적 생각과 선진적 리더십이 있어야 가능하다. 국가 및 사회리더십이 선진적이지 못

하면 새로운 선진화의 역사는 창조될 수 없다. 그러면 선진적 리더십이란 과연 무엇인가? 적어도 선진리더십은 다음의 4가지 덕목과 자질을 갖추어야 한다고 생각한다.

첫째, 우선 '선공후사先公後私'해야 한다.

무엇보다 먼저 리더는 국익과 공익, 공동선을 앞세우고 개인적 이해는 뒤로 돌리는 마음이 있어야 한다. 왜냐하면 지도자는 사인이 아니라 공인이기 때문이다. 지도자는 개인사업을 하는 사람이 아니라 공동체를 끌고 나가는 사람이다. 따라서 선진화라는 공동선을 목표로 헌신할 의지에 불타야지, 개인의 사적 이해를 먼저 고려하는 생각은 결코 해서는 아니 된다. 그러면 선공은 어떻게 하는 것인가?

선공을 하려면 두 가지를 하여야 한다. 하나는 '백성의 마음'으로 공무를 처리하여야 하고 다른 하나는 '역사의 눈으로', 즉 역사의식을 가지고 공무에 임하여야 한다. 백성의 마음이란 백성의 입장에서 백성을 보다 편안하게 하는 것, 즉 안민安民을 목표로 공무를 처리해야 함을 의미한다. 자기의 편안함이 아니라 백성의 편안함, 즉 국민의 편안함이 목표여야 한다. 그리고 역사의식이란 오늘의 나의 행동이 역사적으로 어떠한 의미를 가지는지, 어떠한 평가를 받을지, 이런 것들을 생각하면서 행동하라는 것이다. 역사의 자랑이 될 것인지 역사의 부끄러움이 될 것인지를 생각하면서 행동하라는 것이다. 이 둘을 하는 것이 바로 성공하는 것이 된다.

둘째는 '정직과 용기'가 있어야 한다.

지도자는 사적으로도 정직하고 용기가 있어야 하지만, 특히 공적으로 정직하고 용기가 있어야 한다. 사적 정직과 용기보다 '공적 정직과 용기'가 더 중요하다고 본다. 그러면 공적으로 정직하다는 것은 무엇을 의미하는가? 그것은 한마디로 국가정책에 대해 정직하여야 함을 의미한다. 국가정책을 가지고 국민을 속여서는 안 된다. 세계의 변화를 있는 그대로 국민들에게 전하는 정직성이 있어야 한다. 당면 국가과제의 어려움을 있는 그대로 국민들에게 전하는 정직성이 있어야 한다. 그러면 공적인 용기란 무엇인가? 그것은 지도자로서의 국정운영에 있어 자신의 어려움을 고백하는 용기이다. 자신의 실수를 고백하는 용기이다. 국민의 도움을 호소하는 용기이다. 이러한 의미의 정직과 용기가 절대적으로 필요하다.

그러하지 않고 국민이 듣기 좋아하는 말만 하고 세상변화가 너무 빨라 국가운영에 어려움이 많은데도 불구하고 전혀 문제가 없다는 식으로, 곧 모든 것이 잘될 것이라는 식의 이야기만 하는 지도자는 진정으로 정직하지 못하고 용기가 없는 지도자이다. 이러한 포퓰리즘에 빠진 선동적 지도자가 가장 유해한 지도자이다. 이러한 선동적 지도자를 가지고는 선진화의 길은 결코 열 수 없다.

셋째는 '비전과 정책역량'이 있어야 한다.

선진적 지도자는 국가선진화에 대한 뚜렷한 비전과 정책능력을 갖추고 있어야 한다. 전문기술 관료들에게 정책기술은 빌릴 수 있지만 지도자의 비전과 철학은 빌릴 수 없다. 자기의 소신이 없으면 몸을 던져 정책추진이 안 된다. 그러면 선진화를 열 수 있는 변화와 개혁은 물 건너간다.

많은 정치 지도자들이 착각하는 것이 하나 있다. 즉 비전과 정책을 지식의 문제로 보는 것이다. 따라서 필요할 때 전문가들에게 빌리면 된다고 생각하는 경향이 있다. 그리고 본인은 권력투쟁에서만 승리하면 성공한 지도자가 될 수 있다고 생각하는 경향이 있다. 이것은 실패하는 지도자가 되는 첩경이다.

이제 국가경영을 더 이상 주먹구구식으로 하는 시대가 아니다. 비전과 정책이 없이는 국가경영이 결코 성공할 수 없는 시대이다. 그런데 비전과 정책은 지식과 정보가 아니라 신념이고 사상이고 소신이다. 지도자의 비전과 정책은 오랜 연구와 사색을 통하여 자기 스스로 체득하고 자기의 사상과 철학이 되어야 진정한 비전과 정책으로서의 힘을 가지게 된다. 그 비전과 정책을 자기 스스로 확신하여야 국민들을 설득하며 자신의 몸을 던질 수 있다. 또한 지도자가 그 정도의 확신을 가질 때에만 비로소 그 비전과 정책은 성공할 수 있는 법이다. 선진화를 위한 일련의 변화와 개혁을 성공시키려면 지도자가 반드시 선진화에 대한 확고한 비전과 정책능력을 가지고 있어야 한다.

넷째는 '국제적 감각과 경륜' 이 있어야 한다.

세계화시대에는 국가경영도 기업경영도 학교경영도 모두 우물 안 개구리 식으로 할 수 없다. 호호탕탕 흐르는 세계의 흐름을 숙지하고 대응할 수 있는 안목과 능력과 경험이 있어야 한다. 특히 중요한 것이 세계화와 정보화의 흐름이다. 이 둘의 변화가 주는 국가안보상의 문제, 경제발전상의 문제, 사회통합의 문제, 문화정체성의 문제 등등에 대하여 깊은 이해를 가지고 있어야 한다. 그리고 많은 나라들이 이러한 변화에 어떻게 대응하고 있는지 숙지하고 있어야 한다. 그리고 그들 나라의 지도자나 전문가들과 지구촌의 문제를 함께 논의할 수 있는 안목과 경륜을 갖추어야 한다. 그래야 21세기 선진지도자가 될 수 있다. 이러한 의미에서 정부는 물론이고 기업, 학교, 종교단체, NGO 등 모든 국가 및 사회조직의 리더십들이 모두 출중한 국제적 감각과 경륜을 가져야 한다. 그래야 우리사회가 세계화되고 자유화되고 나아가 선진화될 수 있을 것이다.

② 이상의 4가지 덕목과 자질을 가진 선진리더십을 길러내는 제도적, 정책적 노력이 시급하다. 우선 우리 사회 일각에 팽배해 있는, 아무나 지도자가 되고 아무렇게나 해도 지도자가 될 수 있다는 생각을 고쳐나가야 한다. 우리 사회가 지도자는 아무나 되거나 아무렇게나 되어서는 큰일난다는 생각을 하도록 되어야 한다. 지도자는 각고의 노력을 통하여 선공후사의 마음을 기르고 정직과 용기의 덕을 쌓고 국가비전과 정책능력, 그리고 국제적 경륜을 축적하여 나가야 함을 가르쳐야 한다.

이를 위하여 우선 초등학교부터 교과과정을 바꾸어야 한다. 지도자의 길과 덕목을 가르치는 동양유학의 사서(논어, 맹자, 대학, 중용)의 주요한 핵심사항을 뽑아 반드시 가르치기 시작하여야 한다. 특히 우리나라에도 이율곡, 정약용 선생들이 주장하신 안민론安民論과 목민론牧民論 등 뛰어난 지도자학이 있다. 이것도 반드시 가르쳐야 한다. 물론 서구의 지도자학도 가르쳐야 하고, 특히 동서양의 뛰어난 지도자(정치, 경제, 사회, 문화 방면의 지도자들)의 역사적 삶과 그들의 사상과 가치관도 가르쳐야 한다. 정부 및 기업의 각종 교육훈련 프로그램, 시민단체, 문화단체, 종교단체의 교육프로그램 등에도 지도학을 반드시 넣어야 한다. 그리고 정부도 이를 촉진하기 위한 재정적, 제도적 인센티브를 준비하여야 한다. 물론 대학에도 지도자학을 전공하는 학과를 두어야 하고 지도자학을 전문으로 가르치는 전문대학원을 만들 필요도 크다.

③ 선진리더십은 반드시 이론과 실무를 겸하여야 한다. 우리나라는 전통적으로 이론에는 밝으나 현장지식과 실천에 약한 선비들이 많았고, 반대로 현장에는 강하나 이론과 개혁의지에는 약한 관료들이 많았다. 선진화의 성공을 위해서는 이론과 실무에 모두 강한 리더십이 나와야 한다. 이율곡 선생께서 우리나라에 특히 부족하다고 한탄하신 경장更張세력, 즉 개혁세력이 앞으로는 많이 나와야 한다. 이론에 밝고 개혁의지에 불타면서도 현장지식과 실천에 강한 인재들이 많이 나와야 한다. 이러한 인재들은 미국의 경우에는 부르킹스 연구소the Brookings Institution와 같은 민간정책연구소나 하버드의 케네디 스쿨J. F. Kennedy School과 같은 국가정책대학원에서 길러내고 있다. 불행히 우리는 그러한 문제의식도, 걸맞는

제도도 없다. 이들의 예가 타산지석이 되어야 한다.

④ 세계화시대 선진화를 이끌어갈 선진지도자들의 역할은 다음과 같아야 한다. 무엇보다 먼저 21세기 세계화라는 시대적 변화를 정확히 읽고 그 변화의 내용과 의미를 국민들에게 솔직하고 정직하게 알려야 한다. 세계화시대는 결국 국민 한 사람 한 사람이 철저히 대비하고 준비하지 않고는 성공할 수 없는 시대임을 알려야 한다. 국민 각자가, 그리고 모두가 뛰어야 성공할 수 있는 시대임을 알려야 한다. 국가가 많은 것을 대신하거나 도울 수 있는 시대가 아님을 솔직히 알려야 한다. 그리고 세계화시대에 국민성공을 위하여 국민 각자가, 스스로 해야 할 일과 정부가 도울 수 있는 일의 한계를 정확히 알려주어야 한다. 세계경쟁에서 이기기 위하여 우리 사회가 키워야 할 장점과 버려야 할 단점도 정직하게 알려주어야 한다.

국가나 사회지도자들이 이러한 노력을 솔직하고 진지하게 하지 않는 것은 국민을 버리는 기민棄民이다. 시대의 변화를 정확히 알리지 않고, 정부가 할 수 없는 일을 할 수 있다고 호언하고, 국민 각자가 준비하여야 할 일을 준비하지 아니해도 된다고 장담하면 이는 국민을 속이고 국민을 버리는 일이다. 국민실패로 몰고 가는 지름길이다.

따라서 세계화시대에는 무엇보다 국민 스스로가 시대의 변화를 정확히 파악하고 대비하도록 노력해야 한다. 세계화시대에 성공하려면 국민 한 사람 한 사람의 자구노력, 자조노력이 가장 중요하다는 말이다. 국가 및 사회지도자들은 이 점을 많이 강조해야 하고, 그리고 정부는 국민 각자의 이러한 자구노력들이 성공하도록 돕는 최선의 방안이 무엇인가 고민하여야 한다.

⑤ 그러면 과연 정부는 이러한 국민 각자의 자구노력, 자조노력의 성공을 돕기 위해 과연 무엇을 해야 할 것인가?

첫째, 우선 정부는 장기국가전략long-term grand national strategy을 세워야 한다. 국가의 장기목표, 예상되는 대내외 환경변화, 전략적 목표와 추진정책, 각 분야에서의 선택과 집중 등을 세워서 국민들에게 알려주어야 한다. 그래서 국민들이 미래에 대해 어느 정도의 안정적 예측을 가지고, 각자 자기계획을 세울 수 있도록 도와야 한다.

둘째, 다음은 정부가 자기개혁에 앞장서야 한다. 선진화를 위한, 기업과 학교 등 민간부문의 개혁을 이야기하기 전에 자신들이 속한 공공부문의 개혁으로 솔선수범을 보여야 한다. 작지만 유능한 정부, 공기업의 민영화, 철저한 분권화, 경제적 연방제의 도입 등을 위한 결단을 보여야 한다. 이러한 정부부문의 개혁은 사실 하나하나가 대단히 어려운 과제들이다. 그러나 정부는 각 분야의 개혁의 어려움을 국민들에게 그대로 보여주어야 한다. 그리고 그 어려움을 극복하는 결단도 함께 보여주어야 한다. 그리하여 정부 스스로가 선진화 개혁의 모범을 보여야 한다. 그래야 기업, 학교 등 민간부문의 선진화개혁이 뒤따라올 수 있다.

셋째, 그 다음에는 정부가 민간과 함께 민관협치民官協治, 선진화를 위한 각 분야의 세계화, 자유화, 분권화(다주체화), 그리고 공동체강화를 위한 각종 제도개혁을 강력하게 추진하여야 한다. 기본원칙을 확실히 지키며 일관성 있게 추진하여야 한다. 이것이 바로 21세기 선진화시대 대한민국의 정부와 대한민국의 공직자들이 맡은 시대적 사명이고 보람이다. 그리고 이들 선진화개혁을 잘 해내는 것이 바로 세계화시대에 대비하여 국민 한 사람 한 사람이 각자 자신의 경쟁력을 높이려는 자구자조 노력을 가장 잘 도와주는 길이 된다.

21세기 세계화시대는 국민 한 사람 한 사람이 성공해야 나라가 성공하는 '국민성공의 시대' 이다. 따라서 세계화시대 우리의 선진화도 결국은 국민 한 사람 한 사람이 자존과 자긍의 정신을 가지고 세계를 향하여 마음껏 뛰면서 자신의 능력과 역량을 최대한 발휘할 수 있도록 만드는 길이 성공의 길이다. 그리고 그 과정에서 가능한 한, 한 사람도 낙오자도 생기지 않도록, 그래서 모든 국민이 함께 성공할 수 있도록 만드는 것이 21세기 선진화시대 국가 및 사회지도자들의 역할이고 사명이다.

11장

선진화 주체세력:
국민통합과 3대 주체

어느 역사이든지 새로운 역사를 창조할 때에는 새로운 역사의 주체가 등장하는 법이다. 우리나라가 앞으로 선진화에 성공하기 위해서는 선진화의 주체, 즉 선진화를 이루어 나갈 역사적 주체가 형성되어야 한다. 그러면 누가 선진화의 주체가 될 것인가? 아니, 누가 되어야 하는가?

(1) 국민통합: 개혁적 보수와 합리적 진보

우리나라 선진화 주체세력의 형성은 지난 60년의 '산업화세력'과 '민주화세력'이 서로 소통하고 화합하고, 나아가 함께 손을 잡는 데서부터 시작되어야 한다. 그리고 선진화를 위하여 힘을 합쳐 앞으로 나아가는 데서 시작되어야 한다. 이것은 이념적으로는, 선진화 주체는 '개혁적 보수'(신보수)와 '합리적 진보'(신진보)로 구성되어야 함을 의미한다. 시대에 맞지 않는 반(反)선진

화 세력인 수구적 보수(구보수)와 수구적 진보(구진보)를 제외하고
는 모두가 대동단결하여야 한다. 보수든 진보든 수구는 이 시대
에 맞지 않는다. 이제는 신보수와 신진보만이 역사발전에 기여할
수 있다. 왜냐하면 앞에서도 강조하였지만 21세기 세계화시대는
끊임없는 변화와 개혁이 요구되는 시대이기 때문이다.

그러면 신보수란 무엇이고 신진보란 무엇인가? 신보수는 '자
유주의', '시장경제', '성장주의', '법치주의', '대의민주주의',
'세계주의' 등의 가치를 중시한다. 동시에 신보수는 시대가 요구
하는 변화는 점진적 지속적 개선continuous improvement의 방식이 옳다고
주장한다. 반면에 신진보는 '사회정의', '국가주도', '분배 및 복
지중시', '법률주의', '참여민주주의', '민족주의' 등의 가치를
중시한다. 동시에 신진보는 시대가 요구하는 변화는 보다 급진적
개혁radical reform을 통해야 성공할 수 있다고 본다.

그러면 어느 주장이 옳은가? 결론부터 이야기하면 선진화를
위해선 양자택일이 아니다. 둘 다 필요하다고 본다. 그렇다고 기
하학적 중간을 선택하는 '중간주의'나 원칙 없는 '절충주의'를
주장하는 것은 아니다. 신보수와 신진보를 일정한 원칙을 가지고
합리적으로 통합하고 융합하는 것이 가장 바람직하다. 어떤 원칙
을 가지고 어떠한 식으로 통합하고 융합하는 것이 가장 바람직한
가는 때와 장소에 따라 다르다. 때와 장소에 가장 잘 맞는 것을
동양에서는 시중時中이라고 하였고 그러한 선택을 집중, 혹은 중
용이라고 하였다.

21세기 세계화시대의 선진화를 목표로 한다면 우리는 무엇보다 먼저 '자유, 시장, 세계' 등의 신보수적 가치를 중시하여야 한다. 그것이 국가전략의 기본원칙이 되어야 한다. 그래야 발전할 수 있는 시대가 21세기 세계화시대이기 때문이다. 그러나 신보수적 가치만이 일방적으로 중시되면 반드시 '공동체의 약화', '정체성의 분열' 등이 오는 것을 우리는 앞에서 여러 차례 지적하였다. 따라서 '사회정의, 국가, 민족'의 가치도 외면해서는 안 된다.

21세기는 분명 신보수적 가치를 강화하는 것이 국가발전의 주요전략이 되는 시대이지만, 그렇다고 신진보적 가치가 무시되어도 좋은 시대는 결코 아니다. 신보수적 가치를 기본으로 하면서도 신진보적 가치가 반드시 보완되고 보강되어야 지속가능한 발전이 가능한 시대이다.

한마디로 신보수를 '기본원리'로, 신진보를 '보강원리'로 하여야 선진화가 가능하다. 그것이 21세기 세계화시대의 시대적 특징이고 요구이다. 앞에서 우리가 '공동체자유주의'를 주장할 때 자유주의를 기본으로 하지만 반드시 공동체에 대한 존중과 배려, 그리고 책임이 보완되고 보강되어야 한다는 주장과 기본적으로 그 축을 같이하는 것이다.

그러면 변화의 방식에서는 신보수와 신진보 어느 쪽이 옳은가? 지속적 개선과 급진적 개혁 어느 쪽이 필요한가? 그것은 변화의 과제에 따라 결론이 달라진다고 보아야 한다. 신진보적 개혁이 필요한 과제도 신보수적 개선이 필요한 과제도 있다. 기득

권이 강하고 대화를 통해 해결이 어려운 정책과제, 그러나 제도
만 바뀌면 새로운 관행과 의식의 형성이 비교적 쉬운 정책과제
(예컨대 정부개혁)는 급진적 개혁이 필요하다. 반면에 대화와 설득
으로 변화가 가능하고, 또한 반드시 그러한 설득과정을 밟아야만
새로운 관행과 의식의 형성이 가능한 정책과제(예컨대 교육개혁)
는 지속적 개선의 방식이 옳다. 이와 같이 변화가 요구되는 정책
과제의 성격에 따라 신보수적 방식이 옳은 경우도 있고 신진보적
방식이 옳은 경우도 있다.

이상에서 본 바와 같이 신보수와 신진보는 국가발전에 모두 필
요한 사상이고 가치관들이다. 그런데 우리나라는 지난 10년간 보
수와 진보 간의 이념적 대립이 극심하였다. 그 주된 이유는 우리
사회 보수 중 일부인 구舊보수가 산업화시대 형성된 기득권과 관
행에 안주하면서 세계화시대가 요구하는 변화와 개혁을 거부했
기 때문이다.

우리의 구보수는 현실과 기득권에 안주하여 자유주의, 시장주
의, 법치주의, 세계주의라는 21세기 세계화시대가 요구하는 보수
적 개혁까지도 거부하려 했다. 자유시장경쟁을 거부하고 독과점
을 지키려 하고 부패구조의 청산에 저항하려 했으며 세계화를 위
한 21세기적 세계문명표준(예컨대 투명성, 책무성 등)의 도입에 반
대하여 왔다. 또한 우리 사회 진보의 일부인 구舊진보는 자신들의
진보적 가치를 21세기적 현실 속에서 제대로 살리려는 진지한 정
책적 고민 없이, 이미 실패한 지 오래인 북의 주체사상이나 19~

20세기적 국가사회주의state socialism 모델을 들고 나와 자유주의와 시장주의와 법치주의를 거부하고 세계화를 공격하는 시대착오적인 모습을 보였다. 둘 다 시대에 전혀 맞지 않는 한심한 수구적 태도를 보였다.

이제 이러한 구보수와 구진보가 갈등하던 시대는 빨리 끝내야 한다. 더 이상 시대착오적이며 시대역행적인 허구의 시대는 빨리 끝내야 한다. 그리고 보수는 21세기가 '자유, 시장, 세계' 등 보수적 가치가 중요해지는 시대임을 자각하고 그 보수적 가치를 우리 사회에 보다 확산시키고 발전시키기 위하여 스스로 필요한 자기개혁에 앞장서야 한다. 보수가 더 이상 이익추구집단이 아니라 가치추구집단이 되어야 한다. 그리하여 '21세기 개혁적 신보수'로 거듭나야 한다. 동시에 진보도 21세기 세계화시대와 조화할 수 있는 새로운 '평등·복지·환경 프로그램' 등을 개발하여야 한다. 구舊이념의 허구에서 빨리 벗어나 합리적 내용의 진보적 가치와 정책을 개발하여야 한다. 그리하여 '21세기 합리적 신진보'로 거듭나야 한다. 이렇게 개혁적 신보수와 합리적 신진보가 나타나 서로 대화하고 소통하면서 21세기 세계화시대에 대한민국의 선진화를 위하여 서로 힘을 합쳐나가야 한다.

이러한 과정에서 신보수는 과거 60~70년대 산업화의 선善경험(근면, 자조, 절약, 개척, 하면 된다 등)을 물려받아야 하고, 신진보는 과거 80~90년대 민주화의 선善경험(사회정의, 인권존중, 약자보호 등)을 물려받아야 한다. 그리고 신보수와 신진보가 함께 노력하여 산업화시대와 민주화시대의 경험 중에서 악惡경험(독재와 부패, 권위주의와 관료지배, 독선과 선동, 법치와 기초질서 무시 등)을 버려나가면서, 새로운 국민통합을 이루고 국가발전의 동력을 다시 살려 한반도의 선진화시대를 열어나가야 한다.

이와 같은 산업화세력과 민주화세력의 화합, 신보수와 신진보의 화합과 협력은 21세기 국가도약을 위한 필수적 전제이다. 이제는 냉전종식을 계기로 20세기적 의미의 구진보와 구보수의 시대, 즉 20세기적 좌와 우의 시대는 끝났다. 21세기 세계화시대의 선진화를 위해 앞으로는 진보적 가치와 정책, 보수적 가치와 정책을 모두 조화롭게 잘 활용해야 하는 시대이다. 앞으로 21세기적 합리적 진보는 북의 주체사상이나 과거 19~20세기적 구좌파가 지향하던 국가주의, 집단주의를 버리고 '공동체주의'로 나가야 한다. 그리고 21세기적 개혁적 보수는 과거 20세기적 구우파가 지지하던 관료독재, 권위주의를 버리고 '자유주의'로 나가야 한다. 공동체주의가 21세기적 신진보를 의미한다면 자유주의는 21세기적 신보수를 의미한다. 그래서 자유주의를 기본으로 하되 공동체주의와의 조화적 결합을 도모하는 '공동체자유주의'야말로 21세기 선진화 세력의 기본철학이 되어야 한다.

다음은 선진화를 추진할 주체세력에 대하여 생각해보도록 하자. 선진화의 주체는 크게 3부분으로 나누어볼 수 있다. 첫째는 '선진화 정치세력'이고 둘째는 '선진화 정책세력'이고 셋째는 '선진화 국민운동'이다.

(2) 선진화 정치세력

　지금까지 우리나라의 정당은 여야를 막론하고 대부분이 정치적 이념과 이상을 중심으로 그 이념과 이상을 실현시키기 위하여 모인 근대적 의미의 정당, 즉 '세계관 정당'이 아니었다. 세계관 정당이란 세계를 이해하는 확고한 사상적 철학적 틀을 가지고 그에 기초하여 개인행복과 국가발전에 대한 확실한 비전과 전략을 가지고 있는 정당을 의미한다. 그러한 의미의 세계관 정당이 우리나라에는 없다. 우리나라 정당의 대부분은 대통령이나 대통령 후보를 중심으로 개인적 이해나 지역적 연고관계에 따라 모인 '이익정당'이고, 그래서 기본적으로 '사당'이었다. '이념지향의 공적조직'이 아니라 '이익지향의 사적조직'의 성격이 강했다. 따라서 권력획득의 방법도 국민들에게 자신들의 비전과 정책을 설득하여 지지를 얻어가는 방식이 아니라 지역감정과 이미지 정치, 그리고 포퓰리즘을 이용하여 지역, 세대, 계층 간 합종연횡을 통하여 다수표를 모으는 방식을 많이 취해왔다. 그래서 선거과정에서 항상 국가비전과 정책이 크게 중요한 역할을 하지 못했다.

　우리 정치가 이래 가지고는 우리나라 선진화는 더 이상 불가능하다. 지금까지의 인물중심정당, 지역중심정당, 이익중심정당의 구각舊殼을 벗지 않는 한 대중영합 내지 대중조작의 지역주의와 포퓰리즘은 불가피하고, 지역주의와 포퓰리즘이 존재하는 한 선진화개혁은 불가능하다. 따라서 '이익정당', '지역정당'의 구각을 환골탈퇴하고 '세계관정당', '정책정당', '전국정당'이 등장하여야 한다. 한마디로 선진정당이 나와서 대한민국의 선진화를 이 시대의 국가비전으로 확고히 제시하고 이를 추진할 구체적 전략을 세우고, 그리고 단호한 실천의지를 가지고 국민들을 설득해 나가야 한다. 그래야 21세기 국가비전인 선진화는 이 땅에 실현될 수 있다.

정치주체인 정당개혁 없이는 국가 선진화의 성공은 어렵다. 따라서 우리의 정계를 이념과 비전 중심으로 개편하여 새로운 선진화 정치세력을 만들어야 하다. 진정한 의미의 '근대적 정책정당', '세계관정당'을 등장시켜 이를 중심으로 선진화 정치세력을 만들어 나가야 한다.

(3) 선진화 정책세력

국가발전은 이념과 비전만 가지고 되지 않는다. 구체적으로 그 비전과 이념을 실현할 합리적이고 과학적인 정책이 나와야 한다. 그리고 그 국가정책을 효과적으로 추진할 수 있는 국가운영능력을 갖춘 그룹이 있어야 한다. 선진화가 성공하려면 우선 무엇보다도 선진화정책 자체가 올바른 사상과 이론 위에 서 있어야 할 뿐 아니라, 우리나라 과거 정책의 성과에 대한 분석, 외국의 정책과의 비교연구 등등에 기초하여 우리 현실에 맞는 정책이어야 한다. 그리고 그러한 정책을 구체적으로 개발하고 직접 추진할 능력을 가진 선진화 정책전문가 그룹이 있어야 한다.

지금까지 산업화, 근대화 과정에서 우리나라 정책의 수립과 집행, 평가 등은 사실 관료독점이었다. 관료들이 모든 국가정책을 수립하고 집행하고 평가하여 왔다. 그러나 이제는 국가발전과 국가운영의 패러다임이 바뀌는 시대이다. 21세기 문명전환의 세계화시대에 필요한 선진화개혁을 관료들에게만 맡겨서는 안 된다. 왜냐하면 관료들은 기본적으로 현상유지와 관리에 능한 수성세력이다. 이 시대가 요구하는 세력, 그러나 크게 부족한 세력은 소위 경장更張세력, 즉 개혁세력이다. 이론과 원칙에 강하면서도 현장 파악력과 조직 장악력, 그리고 업무 추진력이 있는 개혁세력이 필요하다. 한마디로 이론과 실무, 이상과 현실을 결합시킬 수 있는 개혁세력이 필요하다는 말이다. 우리나라의 선진화혁명이 성공하려면 먼저 창업세력(정치세력)이 선진화의 길을 열고 개혁세력(정책전문가세력)이 선진화개혁에 앞장서고 수성세력(관료세력)이 적극적으로 뒷받침하여야 성공할 수 있을 것이다.

일반적으로 선진국의 경우 '정책세력'은 앞에서 이미 지적한 바 있는 부르킹스 연구소와 같은 민간정책연구소나 케네디스쿨 같은 국가정책대학원을 통하여 육성된다. 우리나라에는 정부연구소나 기업연구소는 있으나 민간부문에 경제적으로 독립되고 정치적으로 비정파적인, 그러면서 오직 국익과 공익의 입장에서 최고의 전문가들이 국가정책을 연구하는 민간정책연구소가 거의 없다. 또한 우리나라에서는 정치학과, 행정대학원 등은 있으나 모두가 학자출신의 교수들만이 이론 중심으로 가르치고 있다. 학자와 더불어 국정운영의 경험자들(전직 장차관,

전직 국회의원 등)이 함께 국정운영의 이론과 실무를 함께 가르쳐주는 국가정책대학원이 없다. 이래 가지고는 안 된다. 앞으로 우리나라에도 보다 다양한 독립된 민간정책연구소와 이론과 실무를 함께 가르치는 국가정책대학원들이 많이 나와 선진화 정책세력의 형성에 기여해야 한다.

(4) 선진화 국민운동

국민이 바뀌어야 정치가 바뀌고, 생각이 바뀌어야 역사가 바뀐다. 함석헌 선생께서 "생각하는 국민이어야 산다"고 말씀하셨다. 정치가 중요하고 정책전문가들이 중요하지만 사실은 '국민들의 생각'이 역사를 바꾸는 것이다. 우선 선진화가 우리나라를 살리고 우리 국민의 미래를 여는 길이라는 확신을 가진 국민들이 많아져야 한다. 그리고 이 선진화를 이루기 위해서는 모든 국민들이 어떠한 기여를 할 수 있는가를 생각해야 한다. 선진화는 결코 저절로 오는 것이 아니라는 사실, 우리 세대의 노력과 희생이 있어야 후손들에게 선진조국을 선사할 수 있다는 사실을 우리 모두가 알아야 한다.

그래서 우리는 개개인의 사익을 추구하면서 어떻게 선진화라는 공동목표와 조화시킬 것인가를 항상 생각해야 한다. 민주화가 집단이익이나 지역이익의 무한추구를 의미하지 않는다는 사실을 알아야 한다. 경제발전이 사적이익의 무한추구, 사리사욕의 해방을 의미하지 않는다는 사실을 알아야 한다. 선진화라는 공동목표

우선의 정신, 사리사욕의 무한추구 자제 등 개명된 '공화주의적 시민정신(公民의식)'이 있어야 민주화도, 경제발전도, 나아가 선진화도 성공할 수 있다.

국민들이 이렇게 성숙하고 개명된 공민의식을 가져야 정치에서의 지역정당, 이익정당의 난무와 이합집산을 막을 수 있다. 또한 개명된 공민의식이 있어야 각종 선진화개혁(교육개혁, 규제개혁, 노사개혁, 연금개혁, 정부개혁 등등)을 가로막는 정치인들의 인기영합주의를 막을 수 있다. 그래서 자유민주주의와 선진화개혁을 성공시킬 수 있다. 다시 강조하지만 정치세력과 정책전문가들만으로는 새로운 역사를 만들 수 없다. 그래서 국민의식의 개혁, 생활문화의 개혁이 필수적이다. 그리고 국민 모두의 이해와 지지와 열망이 하나로 모아져야 한다. 그래야 선진역사의 창조가 시작된다.

12장
위대한 도약

결국 대한민국이 선진화에 성공할 것인가 못할 것인가는 이 시대를 사는 우리들의 마음과 각오, 그리고 준비와 노력에 달려 있다. 우리가 진정으로 '대한민국의 선진화'를 원한다면, 그리고 그를 위한 자기변화의 노력, 자기개혁의 노력을 아끼지 않는다면 우리는 분명히 선진화에 성공하여 앞으로 이 땅 위에서 살 우리 후손들에게 세계일류국가로서의 선진화된 대한민국을 남겨줄 수 있을 것이다.

지금부터 약 100년 전 우리나라의 시대적 과제이며 국가적 목표는 '근대화modernization'였다. 봉건주의의 농업중심 사회를 혁파하고 국민주권 시대와 공업중심의 산업화 시대를 여는 것이 당시의 국가적 목표였고 시대적 과제였다. 그러나 당시 우리는 그러한 국가과제를 푸는 데 실패하고 그 결과로 외국의 식민지가 되었다. 그래서 근대화라는 국가과제의 해결은 약 반세기 이상 미루어져서 1940~50년대의 건국founding of independent nation state의 시대를 지난 후 1960년대에 이르러 비로소 다시 시작할 수 있었다. 다행히 이번에는 산업화Industrialization와 민주화democratization를 순차적으로 이루어내며 드디어 근대화에 성공했다. 대한민국이 국가발전을 위한 '제1의 위대한 도약the great first take-off'에 성공한 셈이다. 이제 우리는 근대화에 성공하여 중진국의 선두주자가 되어 선진화라는 새로운 국가목표 내지 국가과제를 앞에 두고 있다. 21세기를 맞이하여 '선진화sunjinwha:becoming a world- class advanced nation'라고 하는 '제2의 위대한 도약the great second take-off'의 과제를 앞에 두고 있는 셈이다.

이번에는 '한반도 선진화Korea's Sunjiwha'라는 21세기적 국가과제, 국가목표의 달성이 지연되거나 표류되는 불운이 있어서는 안 된다. 국민 모두가 한 마음 한뜻이 되어 혼신의 노력을 기울여 반드시 성공을 만들어내야 한다. 그래서 100년 후 22세기에 살 우리의 후손들이, 100년 전에 살았던 우리 선조들이 일으킨 '한반도 선진화운동'이 성공한 결과로, 자신들이 지금 '세계상등국가인 선진국'에서 행복하게 살 수 있게 되었다는 이야기를 자랑스럽게 할 날이 반드시 오도록 하여야 한다. 이것이 바로 오늘날 '이 시대의 대의'이고 이 시대를 사는 우리들의 '역사적 사명'이다. 한반도를 지키시는 천지신명이시여! 한반도의 선진화를 위호하소서!

3부

선진화를 위한 10대 국가과제

1장

문제의 제기:
대한민국이 선진국 되려면?

대한민국이 선진국이 되려면 크게 4가지 분야의 국가정책을 바로 세워야 한다. 첫째는 '국가의 기본'을 바로 세워야 한다. 둘째는 동북아구상과 세계전략을 가져야 한다. 셋째는 신新경제발전체제를 세워야 한다. 넷째는 사회통합과 국민통합의 정책이 있어야 한다.

역사관 · 헌법위상 · 국가리더십 바로 세우기

첫째는 '국가의 기본'을 바로 세우는 분야이다. 크게 보아 3가지 시급한 국정과제가 있다.

하나는 역사관歷史觀을 바로 세우는 것이다. 지금 우리나라의 청소년들에게는 대한민국은 친일파와 민족분열주의자들이 세운 나라라는 잘못된 역사가 가르쳐지고 있다. 대한민국의 건국이 잘못되었고 대한민국의 역사는 정의가 실패한 역사라고 청소년들이 배우고 있는 것이다. 이렇게 대한민국의 정통성과 정당성을 정면으로 부정하고 공격하는 '반反대한민국의 역사관'이 공공연히 우리의 차세대들에게 가르쳐지고 있다. 이것을 바로잡지 않으면 안 된다. 어느 나라 역사에도 명明과 암暗이 있다. 과거의 잘못은 바로잡으면서 과거의 성공을 계승하려는 '발전적 계승의 균형사관'을 세워야 한다. 일방적으로 과거를 전면 부정하고 무조건 공격하는 '자학적自虐的 역사관'은 사실史實과도 다를 뿐 아니라, 자해自害이고 자기부정이다. 국민의 자긍심과 애국심을 해치고 대한민국의 미래비전을 세울 수 없게 만든다. 대한민국 자체를 부정하는 역사관에서 어떻게 대한민국의 선진화 비전이 나올 수 있겠는가?

다음은 헌법憲法의 위상을 바로 세우는 일이다. 헌법이란 한 나라가 추구하는 국가목표와 국가이상이고, 국민들 모두가 합의한 공동가치와 이념이다. 따라서 대단히 소중히 해야 한다. 국가의 기본가치와 기본제도를 규범화한 것이기 때문이다. 그런데 언제부터인지 대한민국의 헌법을 가볍게 생각하고 헌법에 기초한 법치주의를 공격하는 풍조가 우리 사회에 들어왔다. 이것은 크게 잘못된 것이다. 우리나라 헌법이 지향하는 기본가치인 자유민주주의, 법치주의, 시장경제, 복지사회, 국제평화주의, 자유민주주의적 통일의 원칙 등등을 대단히 소중히 하여야 한다. 국가 존립의 기본가치이고 기본제도이기 때문이다. 이를 흔들면 대한민국은 존립하기 어렵고, 존립 자체가 어려운데 어떻게 미래를 향한 선진화 비전이 나올 수 있겠는가?

셋째는 '국가리더십'을 바로 세워야 한다. 특히 중요한 것이 대중인기에 연연하고 영합하는 포퓰리즘populism에 빠지지 않는 '비전과 원칙의 리더십'을 세우는 것이다. 21세기는 변화와 개혁의 시대이다. 세계화, 기술발전, 고령화, 온난화 등의 변화가 지구적 규모에서 빠르게 진행되는 시대이다. 이러한 시대에 선진국 진입에 성공하려면 국가제도의 일대개혁과 국민의식의 대대적 변화가 있어야 한다. 이 개혁과 변화를 성공적으로 이루어내는 데 가장 핵심적인 것이 국가리더십의 성격과 능력이다. 국가리더십이 자신의 단기적인 정치적 인기에 연연해서는, 장기적인 역사적 개혁과제를 수행해내지 못한다. 선진화를 위해서는 인기영합의 리더십이 아니라 비전을 가지고 원칙을 지키는 '역사전환의 리더십transformational leadership'이 필요하다. 전환의 리더십 없이 어떻게 선진화의 비전을 성공적으로 추진할 수 있겠는가?

동북아구상 · 세계전략 바로 세우기

두 번째 분야는 동북아구상과 세계전략을 세우는 분야이다. 크게 보아 두 가지 시급한 국정과제가 있다.

하나는 '동북아구상'을 세우는 일이다. 구체적으로는 동북아에 거대한 단일 패권국가hegemonic great power의 등장을 막는 일이다. 한반도의 역사를 보면 동북아에 거대 패권국가가 등장하면 한반도는 속국이 되거나 변방이 되어서 국가의 자존과 발전을 지키기 대단히 어려웠다. 또한 두 나라가 동북아에서 패권을 경쟁하면 한반도에서 항상 전화戰禍가 있었다. 따라서 우리에게는 동북아에서 거대패권의 등장을 막는 것이 국가의 명운이 걸린 문제이다. 그래서 대한민국의 선진화를 구상할 때 불가결한 핵심적 세계전략의 하나는 동북아에 패권국가의 등장을 막는 일이고 이를 위한 우리의 동북아구상이 필요하다.

다음은 '대북정책'을 바로 세우는 일이다. 그 동안 우리나라의 대북정책은 크게 혼란스러웠다. 이 부분을 바로잡지 아니하면 대한민국의 선진화는 어렵다. 우선 대한민국의 대북정책의 기본방향과 원칙을 바로잡고, 그리고 북한의 모든 가능성에 대하여, 즉 소프트 랜딩soft landing과 하드 랜딩hard landing 모두에 대해 철저히 준비하여야 한다. 즉 북한이 점진적 체제변화의 길을 가는 경우에 어떻게 효과적으로 지원할 것인가, 그리고 급격한 체제붕괴의 길로 가는 경우에 어떻게 대응할 것인가가 중요하다. 특히 후자의 경우 철저한 준비와 과감한 결단이 없으면 대한민국의 통일과 한반도의 선진화는 모두 물 건너갈 수 있다.

구舊발전모델을 넘어 신新발전체제를 수립해야

세 번째 분야는 경제사회면에서 '신新발전체제new development regime'를 구축하는 일이다. 대한민국은 지난 반세기 동안 산업화와 민주화를 성공적으로 이루었다. 그래서 중진국의 선두주자가 되어 있다. 이제 선진국을 목표로 하려면 지난 반세기 대한민국을 발전시켰던 구舊발전모델old development model을 극복하여야 한다. 그리고 새로운 발전패러다임에 기초한 신新발전체제를 구축해내야 한다.

구舊발전모델은 기본적으로 선진국을 캐치 업catch-up하는 시대의 발전패러다임에 기초한 제도와 정책이었다. 구舊발전모델은 (가) 선진국의 기존기술 모방copy의 시대 (나) 표준화된 상품의 대량생산과 대량소비의 시대 (다) 규모경제economy of scale에 기초한 대기업의 시대 (라) 장기고용과 내부노동시장internal labor market의 시대 (마) 반半숙련노동과 거대노조의 시대 (바) 중앙집권적 국가운영의 시대 (사) 수출지향의 정부주도 시대 (아) 관치금융과 정경유착의 시대 (자) 암기위주의 보편대량교육의 시대 등등의 특징을 가지는 것이었다. 이러한 특징을 가지는 구舊발전모델을 갖고 우리는 1963년 100불 하던 국민소득을 1995년 1만 불까지 올려놓는 데 성공하였다.

그러나 오늘날은 21세기 세계화와 정보화의 시대이다. 선진국의 첨단 과학기술혁명 속도는 엄청나게 빠르다. 20세기 말부터 세계화가 본격화되면서 지구촌경쟁은 갈수록 가속화되고 있다. 여기에 우리가 지금까지 의지하여 온 구舊발전모델을 활용하여 뒤를 바짝 쫓아오는 후발주자들인 중국, 인도, 러시아, 브라질 등의 추격은 의외로 빠르다.

이러한 변화와 경쟁의 시대는 분명 도약의 기회이면서도 위험이 될 수 있다. 변화에 적응하여 빠른 자기개혁에 성공하면 새로운 도약의 역사를 열 수 있으나, 변화에 적응이 늦어 제때에 자기개혁을 해내지 못하면 역사의 후퇴를 결과한다. 이제 대한민국은 가능한 한 빨리 구舊발전모델을 뛰어넘어 신新발전체제로 넘어가야 한다. 이 제도와 의식 도약에 성공하지 못하면 우리는 선진국이 될 수 없다. 그러면 신新발전체제란 무엇인가? 어떠한 특징을 가진 레짐regime인가?

신新발전체제의 특징은 (가) 기술모방imitation이 아니라 기술창조형 성장innovation based growth의 시대 (나) 유연기술flexible technology의 소량 다품종 생산과 맞춤형 상품의 시대 (다) 혁신지향형 중소기업의 시대 (라) 단기 및 비非정규 고용과 외부노동시장의 시대 (마) 숙련 및 지식노동과 노조다양화의 시대 (바) 광역형 지방분권 내지 지방주권의 시대 (사) 내수-수출 균형의 민간 주도 시대 (아) 금융자율화와 투명화의 시대 (자) 창의성 위주의 교육다양화 시대 등등으로 요약할 수 있을 것이다. 이러한 특징을 가지는 신발전체제로의 국가제도 면과 국민의식 면에서의 도약이 없으면 우리의 선진국 진입은 성공하기 어렵다. 이를 위해선 우리의 경제, 산업, 기술, 교육, 노동, 행정, 기업, 금융 등등 모든 분야가 한마디로 질적인 환골탈태換骨奪胎를 해야 한다. 이것이 바로 선진화개혁이고 선진화혁명이다.

이렇게 하여야 대한민국을 세계적 투자허브로 만들 수 있다. 국내자본은 물론이고 세계자본들이 모여들어, 서로 서로 생산적 투자를 경쟁하는 지역이 될 수 있다. 국내인재는 물론이고 세계적 인재들이 몰려와서 경제, 과학, 학술, 문화, 관광활동을 활발하게 하는 역동적 지역이 될 수 있다. 그것이 바로 선진국의 모습이고 선진국으로 가는 지름길이다.

신발전체제로의 도약을 위하여 많은 정책과제가 있으나, 크게 보아 다음과 같은 4가지 과제로 요약할 수 있을 것이다.

첫째는 세계일류 창조교육의 시대를 열어야 한다. 둘째는 세계 최첨단 과학기술혁명 시대를 열어야 한다. 셋째, 민관협치民官協治의 작지만 강한 정부의 시대를 열어야 한다. 넷째, 중앙집권의 시대를 끝내고 광역분권형 지방주권 시대를 열어야 한다.

신新사회통합정책으로 국민통합

네 번째 분야는 사회통합과 국민통합을 이루어내는 일이다. 세계화시대 그리고 급속한 과학기술혁신의 시대에, 선진국으로의 도약을 위하여 구舊발전모델에서 신新발전체제로의 전환을 목표로 하면 정부, 지방, 기업, 학교, 시민단체 등 모든 제도와 조직에서의 대대적인 구조개혁과 구조조정이 불가피하다. 그리고 모든 구조조정과 구조개혁은 단기적으로 승자와 패자를 만들어내고 그들 사이의 소득격차를 심화시킨다. 이러한 상황을 극복하고 모두를 중장기적으로 승자로 만드는 방향으로, 그리하여 소득격차의 축소의 방향으로 몰고 나가는 정책이 있어야 한다. 그것이 바로 사회와 국민통합을 위한 사회정책이다. 단순히 구舊발전모델을 신新발전체제로 바꾸는 경제정책economic policy뿐 아니라 국민통합을 위한 사회정책social policy이 함께 나와야 우리는 대한민국의 선진화를 성공시킬 수 있다.

그런데 이 사회정책은 이미 때가 지난 '20세기형 복지국가 모델'에 기초한 것이어서는 아니 된다. 20세기형 복지국가모델은 기본적으로 국제개방성이 낮은 산업화시대의 모델이다. 오늘날과 같은 세계화의 진전이 눈부시고 국제개방성이 높은 후기산업화시대 혹은 고도지식정보화시대에는 맞지 않는다. 새로운 '21세기형 평생복지모델'이 나와야 한다. 그런데 21세기형 평생복지를 위해선 반드시 21세기형 평생교육시스템과 21세기형 평생고용시스템이 함께 구축되어 이 3자가 황금의 삼각구조를 이루어야 가능하다.

'평생복지-평생고용-평생교육'이라는 황금의 삼각안전망golden triangle safety-net을 구축하는 것이 바로 선진화시대의 신新사회통합정책의 기본이 되어야 한다. 여기에 성공하면 세계화시대 정보화시대의 물결을 타고 경제가 발전하면서도 사회의 양극화나 소득분배의 악화를 막을 수 있다. 그것이 우리가 바라는 진정한 고품격 선진사회이다. 이상을 요약하면 대한민국의 선진화를 위한 국가과제는 다음과 같이 10개의 과제로 정리될 수 있을 것이다.

첫째, 자기부정의 역사관에서 자기긍정의 역사관으로 바꾸어야 한다.

둘째, 헌법의 위상을 높이고 법치주의를 바로 세워야 한다.

셋째, 대중인기에 영합하지 않는 역사전환의 국가리더십을 세워야 한다.

넷째, 대한민국의 동북아구상과 세계전략을 세워야 한다.

다섯째, 국민적 합의에 기초한 올바른 대북정책을 세워야 한다.

여섯째, 세계일류의 창조교육을 위한 교육개혁을 추진하여야 한다.

일곱째, 세계최고의 과학기술혁신체제를 구축하여야 한다.

여덟째, 작지만 강한 정부와 민관협치의 시대를 열어야 한다.

아홉째, 중앙집권을 넘어 광역분권형 국가경영의 시대를 열어야 한다.

열째, 평생복지-평생고용-평생교육의 황금의 삼각안전망을 구축하여야 한다.

2_장
선진화를 위한 10대 국가과제

(1) 바른 역사관의 정립

우리 사회 일각에는, 대한민국은 '친일파와 민족분열주의자가 만든 나라'라고 주장하며 대한민국의 역사적 정통성과 정당성을 전면적으로 부정하는 소위 '수정주의적 역사관revisionism', 환언하면 '좌파적 역사관'이 존재한다. 단순히 존재할 뿐 아니라 학교교육, 인터넷 자료 등을 통하여 지속적으로 광범위하게 확산되고 있다. 학교 교과서에도 참고서에도 이러한 시각이 많이 들어가 있다. 이들은 대한민국의 역사는 '정의가 실패하고 기회주의가 성공한 역사'라고 공격하고 있다. 이들은 조국 분단이 미국의 제국주의, 즉 미제美帝와 남한의 우파右派 때문이라고, 역사적 사실과는 정반대의 거짓을 가르치고 있다. 이들은 6·25의 민족상잔의 비극도 처음에는 북침이라고 하더니 냉전 후에 역사적 사실이 밝혀지니 이제는 6·25가 민족해방전쟁이니 누가 일으켰냐는 중요하지 않다고 강변하고 있다. 1960년 이후의 산업화의 성과도 외국자본과 결탁한 매판적 재벌세력의 노동착취의 결과일 뿐이라고 폄하하고 있다. 바로 이 좌파적 역사관이 우리 국민의 나라에 대한 애국심을 약화시키고, 나라의 역사에 대한 자긍심을 파괴하고, 다음 세대들에게 자신들의 조국의 역사적 정체성과 정당성에 대한 혼란과 방황을 심화시키고 있다.

사실 지난 10년간 우리 사회의 모든 사고의 혼란과 국가비전의 표류, 그리고 국가정책의 혼선 밑바닥에는 바로 이 '좌파적 역사관', 아니 이 '반反대한민국 역사관'이 자리잡고 있다. 이 '반反대한민국 역사관'을 이대로 두고, 이대로 방치하고, 대한민국의 선진화는 불가능하다.

발전적 계승의 균형적 역사관

선진국이 되려면 무엇보다 먼저 대한민국의 역사를 소중히 하고 바로 세워야 한다. 어느 나라 역사에든 밝은 면과 어두운 면이 있기 마련이다. 그러나 대한민국의 역사는 일시 왜곡도 후퇴도 있었지만, 크게 보아 지난 60년의 역사는 누가 무어라 해도 '건국-산업화-민주화'로 이어지는 성공과 승리의 역사였다. 우리 조상과 부모님들의 땀과 눈물과 피로 이루어진 성공의 역사를 우리 모두는 소중히 하여야 한다. 그리고 그 역사를 후손들에게 올바로 가르쳐주어야 한다. 역사는 무조건 미화하여서도 안 되지만, 무조건 부정하고 청산하려고 들어서는 더욱 안 된다. 좀 더

균형적 시각을 가지고, 과거 역사의 어두운 면을 반성하고 밝은 면을 발전 계승하여 나가려는 역사관이 필요하다. '발전적 계승의 균형적 역사관'이 필요하다. 지금 우리 사회 일각에 횡행橫行하고 있는 자학적이고 부정일변도의 좌파적 역사관을 이대로 두고 대한민국의 선진화를 기대하기 어렵다.

따라서 우선 현재 좌파적 역사관에 물든 역사교과서를 다시 써야 하고, 역사교육을 정상화시켜야 한다. 그래서 다음 세대에게 '발전적 계승의 균형사관'을 가르쳐야 한다. 이를 위해 (가) '현대사연구소'를 설립하여 특정이념에 경도된 운동권의 비전문가들이 아니라, 전문가인 역사학자들이 주체가 되어, 보다 균형적인 시각과 구체적·역사적 사실에 기초하여 대한민국의 근현대사를 다시 정리하여야 한다. (나) 새로운 역사정리에 기초하여 현재의 중·고등학교 역사 교과서와 참고서에 대한 대대적 개정작업이 있어야 한다. (다) 역사교육 커리큘럼의 개편과 일선 교육자에 대한 재교육 내지 향상교육이 있어야 한다. 그래서 청소년으로부터 시작해, 현재 적지 않은 국민 사이에 퍼져 있는 좌파적, 편향적, 부정적 역사관을 극복하여야 한다. 그리고 우리 역사에 대한 올바른 이해와 자긍심을 가질 수 있게 만들어야 한다. 그래야 대한민국의 선진화의 시작이 가능하다. 대한민국 자체를 부정하는 '반反대한민국적 역사관'을 이대로 방치하고 대한민국의 현재를 긍정하고 대한민국의 미래를 꿈꿀 수 없다. 대한민국의 선진화를 논할 수 없다.

(2) 헌법존중과 법치주의

헌법이란 한 나라가 추구하는 국가이상國家理想과 그 나라 국민들이 지향하는 공동가치共同價値를 정한, 국가 차원의 결단이고 국민 모두의 약속이다. 우리 모두가 이 이상과 가치를 소중히 하기 때문에 대한민국이라는 국가와 대한민국 국민이 존재하게 되는 것이다.

우리나라 헌법이 지향하는 기본이상과 가치는 (가) 자유민주주의 (나) 법치주의 (다) 시장경제 (라) 국제평화주의 (마) 복지사회 (바) 자유민주주의적 통일의 원칙 등등이 있다. 무엇보다 먼저 이들 헌법의 가치와 원칙들을 생명처럼 소중히 하여야 한다. 헌법이 존중되어야 개개인의 자유도, 생명도, 재산도 존중될 수 있다. 자유민주주의도 시장경제도 활성화될 수 있다. 대한민국의 선진화혁명도 가능하고 북한의 근대화혁명(산업화와 민주화)도 가능하게 된다.

애국심은 국가발전의 원동력

한 나라가 발전하려면 반드시 국민들이 자기 나라에 대한 애국심이 있어야 한다. 수년 전 미국의 하버드대학에서 나온 책 『The Spirit of Capitalism』에서는 지난 200년간의 여러 나라의 경제성장을 비교분석한 후, 경제발전의 동력의 하나는 국민들이 자기 나라에 대하여 가지는 애국심patriotism이라는 결론을 내고 있다.

국민들의 애국심이 없는 나라는 발전하기 어려운 법이다. 그런데 애국심은 두 가지에서 온다. 하나는 자기 나라의 역사에 대한 자긍심이고 다른 하나는 자기 나라 헌법에 대한 자부심이다. 지난 10여 년간 우리나라에서는 대한민국의 역사에 대한 부정과 공격만 있었던 것이 아니라 대한민국의 헌법에 대한 무시와 조롱도 있었다.

역사만 욕한 것이 아니라 헌법에 대하여도 욕하며 달려들었다. 그래서 헌법기관인 헌법재판소의 결정에 대하여 국회의원들이 대들고, 심지어는 '그놈의 헌법'이라는 말까지 나왔다.

헌법 바르게 지키고 바르게 사랑하기

우리가 선진화의 시대로 진입하려면 시급한 과제의 하나가 '헌법을 바르게 지키고, 바르게 사랑하는 일'이다. 헌법을 바르게 지키는 일은 헌법을 엄정히 지키는 노력과 함께 헌법을 시대에 맞게 바르게 고쳐나가는 일까지를 포함한다. 그리고 헌법을 바르게 사랑하는 일은 헌법의 기본가치와 정신과 원칙을 국민 모두가 학습하고 숙지하여 우리의 공동체적 삶 속에서 그 기본 가치, 기본 정신, 기본 원칙을 실천하여 나가는 것을 의미한다. 이것이 선진국민을 지향하는 우리들의 권리이고 의무이다.

대한민국의 헌법은 1948년 당시 선진국의 헌법을 참고하여 만들어졌다. 그 이후 수차의 개정이 있었으나 모두가 정치적 편의 때문에 일어났기에 권력구조부분 중심(대통령임기를 몇 년으로 할 것인가, 직선으로 할 것인가, 간선으로 할 것인가 등)의 개정이 많았다. 헌법이 단순히 책 속의 원리나 헌법학자들만의 연구대상에 그치는 것이 아니라, 우리 공동체 삶 속의 살아 있는 기본질서와 기본가치, 그리고 기본원리가 되게 만들려면 두 가지가 이루어 져야 한다.

첫째는 헌법을 21세기 신문명시대의 새로운 국가발전원리에 맞게 보완하고 보강하는 노력을 하여야 한다. 시간이 들겠지만 새 로운 시대에 맞게 국가의 기본 틀과 운영원리, 그리고 국가가 지 향하는 기본가치와 원칙 등을 다시 검토하고 확인하고 필요하면 재정비해야 한다. 그렇게 하려면 1948년에 만들어진 헌법의 기본 틀을 21세기에 맞게, 단순히 권력구조부분(예컨대 대통령임기를 5년 으로 할 것인가, 4년 중임으로 할 것인가 등)뿐 아니라, 헌법의 권리의 무부분(21세기 새로 등장해야 하는 국민의 권리는 어떤 것이 있는가? 어 떻게 국민의 생명과 재산, 자유과 권리를 보다 효과적으로 보장할 것인 가?) 기타 경제사회질서 부분(거시경제의 안정성 확보를 헌법에 제도 화할 것인가, 사회적 약자에 대한 국가책임은 어느 수준이 적정한가 등) 까지도 포함한 전반적 재검토 작업이 이루어져야 한다. 고칠 것이 무엇이고 바로잡아야 할 것이 무엇인지 그리고 새로 도입할 것이 무엇인지 등을 정치적, 정파적 이해를 떠나 국가발전과 국민통합 이라는 공동선의 관점에서 재검토해야 한다. 즉 21세기 세계화, 정보화라는 새로운 시대에 맞게, 그리고 선진화라는 새로운 국가 목표에 맞게 우리의 헌법에 대한 전반적 재검토와 재정비가 필요 하다는 것이다.

둘째는 그러한 헌법의 재검토 작업에 국민들이 함께 참여하여 학자와 전문가들의 도움을 받으며, 국민 모두가 헌법이 지향하는 기본가치와 원리를 학습하고 숙지하여 자기 것으로 만드는 과정이 필요하다. 우리 헌법을 국민들이 자기 것으로 만드는 '헌법의 자기화自己化' 과정이 필요하다. 그리하여 국민 모두가 자국의 헌법의 가치와 원리를 숙지하고, 그것에 공감하고, 그 가치를 지키기 위하여 각자의 위치에서 어떠한 노력을 해야 하는지를 알아야 한다. 그리고 그러한 노력을 해야 한다. 그것이 선진헌법의 모습이고 선진화된 국민의 모습이다.

엄밀한 의미에서 지난 60년간 대한민국의 헌법은 대한민국 국민의 헌법이 되지 못하였다. 정치권이나 학자들만의 관심의 대상이었을 뿐, 국민들의 개개인의 삶과 공동체의 미래에 헌법이 얼마나 중요한 의미와 가치를 가지는지에 대한 국민적 이해와 공감이 크지 못했다. 그래서 지난 10여 년간 우리 사회에서 헌법을 무시하고 공격하는 일이 쉽게 일어날 수 있었는지도 모른다. 이제 더 이상 그래서는 안 된다.

다음은 법치주의개혁이 있어야 한다. 이 땅에 법치주의가 성공적으로 뿌리를 내리지 못하면, 자유민주주의도 시장경제의 창달도 모두 공염불이 된다. 따라서 법치주의 없이는 선진화도 없다. 그런데 우리나라에서의 법의 지배rule of law는 아직 대단히 미흡한 상황이다. 법을 아직도 통치의 수단 내지 권력의 수단으로 이해하는 경우가 많다. 그것은 법의 지배가 아니라 법률의 지배rule of legislation이다. 법의 지배란 법을 통하여 권력을 견제하고 국민의 기본권을 지키며 국민의 자유를 확대하는 것을 의미한다. 이러한 의미의 법의 지배라는 관념이 우리 사회에서는 아직 약하다. 이를 바꾸어야 한다.

우선 입법과정에서부터 국민의 기본권을 침해하는 법, 사실상 지킬 수 없는 비현실적인 법 등이 제정되는 경우를 막아야 한다. 지킬 수 없는 법이 많아지면 모든 국민들을 잠재적 범법자犯法者로 만들게 된다. 그런 후에 법의 집행을 편의적으로, 수시로, 임의로 하면 그것은 국민을 낚시질하는 셈이다. 법의 지배가 아니다. 또한 우리나라에서는 국회에서 법으로 규정하여야 할 사항을 행정부의 명령이나 규칙 등에 위임입법委任立法하는 경우가 너무 많다. 그러면 행정의 재량권으로 수시로 국민의 권익을 침해하는 경우를 양산하게 된다. 뿐만 아니라 아직 국민의 권리침해에 대한 권리구제제도로서의 사법제도가 사실상 충분히 작동하지 못하고 미흡한 경우가 많다.

아직도 비용이 많이 들고 시간이 많이 든다. 그러면 억울한 사람들이 생기게 된다. 한 사회에 억울한 사람들이 생긴다는 것은 법치의 실패를 의미한다. 유전무죄有錢無罪 유권무죄有權無罪라는 이야기가 시중에 회자되는 한, 우리 사회는 아직 법치주의가 아니다. 따라서 입법, 행정, 사법 모든 영역에서 법의 지배를 세우는 대대적 개혁이 필요하다. 그리고 그것이 대한민국의 선진국 진입의 열쇠가 될 것이다.

(3) 역사 전환적 국가리더십

선진화에 성공하기 위해선 사회, 경제, 문화 각 분야의 선진화 제도개혁과 의식개혁을 효과적으로 일관성 있게 추진할 강력한 국가리더십이 필요하다. 강력한 리더십이란 개혁과정에 이해당사자의 반발이 있어도 선진화 비전을 가지고 국민들을 적극적으로 설득하면서 선진화개혁을 지속적으로 추진할 수 있는 리더십을 의미한다. 많은 나라들이 후진국에서 중진국까지는 올라서는데 성공하면서도 선진국 진입에 실패하는 것은 바로 이러한 중진국체제에서 선진국체제로의 체제 전환regime transformation을 이루지 못했기 때문이다. 환언하면 선진화의 방향으로 시스템, 제도, 정책, 의식의 변화와 개혁을 이끌어낼 강력한 체제전환의 리더십, 다시 말해 역사 전환의 리더십transformational leadership이 없었기 때문이다. 그런데 이 역사 전환의 리더십의 등장을 가로막는 가장 큰 장애가 바로 포퓰리즘populism이라고 불리는 대중인기영합주의이다. 따라서 이 포퓰리즘을 극복하지 못하면 선진화에 실패한다.

포퓰리즘 극복이 선진화의 출발

포퓰리즘(인기영합주의)이란 단기적, 정파적 이익을 위하여 장기적 국가이익을 버리고 국민의 일시적 정서에 영합하고 인기를 조작하고 때로는 선동하는 정치와 정책을 의미한다. 이러한 정치나 정책은 당연 전문가나 학자의 객관적, 합리적 의견보다는 다중多衆의 감성적 의견이나 비전문가들의 속론俗論에 따라 자신들의 정파적 이익을 실현하기 위한 정치나 정책을 구상하고 추진한다. 그러니 그 정치나 정책이 성공할 수 없다. 이러한 포퓰리즘이 성하면 시장경제도 자유민주주의도 모두 실패한다. 결국은 선진국 진입의 문턱에서 주저앉게 된다.

우리나라에서는 특히 지난 10년간 포퓰리즘이 극성을 부렸다. 햇볕정책도, 교육평준화정책도, 수도이전정책도 사실은 모두가 '큰 포퓰리즘'이었다. 그러나 '작은 포퓰리즘'도 수없이 많았다. 부동산가격을 세금폭탄으로 잡겠다는 발상도 지극히 포퓰리즘적인 발상이다. 실업과 빈곤을 줄이기 위하여 투자활성화는 생각하지 않고, 또한 복지전달체계의 질적 개선노력도 없이 복지예산만 양적으로 증대하겠다는 것도 지극히 포퓰리즘적 발상이다. 일부 정치인들이 '경제가 살아나야 가난이 준다'는 사실을 알면서도, 표만을 생각해 반反기업정서, 반反부자정서를 자극하는 언술을 함부로 하는 것도 자기속임이고 인기영합이었다. 양극화해소를 부르짖으면서 양극화의 원인이 부자들이 세금을 안 내서 생기는 것처럼 호도하는 것도, 우리나라의 공교육이 실패하는 원인이 서울대학 등 소위 일류대학이 우수한 학생들만 뽑으려 해서 생기는 것처럼 오도하는 것도, 전국의 부동산 가격이 안 잡히는 원인을 서울 강남 부자들의 땅투기 때문인 것처럼 매도하는 것도 모두가 인기영합의 포퓰리즘이었다.

대단한 악성 포퓰리즘은 노사관계정책에서 극명하게 드러났다. 노사관계에서 중요한 것은 규범화이다. 즉 공정하고 효율적인 노사관계가 하나의 관행과 의식으로 정착되어야 선진적 노사관계이다. 그렇게 되려면 가장 중요한 것이 바로 노사관계를 규율하는 법치를 바로 세우고 정부가 일관성 있게 집행하여 나가야 한다. 그런데 정부가 나서서 노사당사자들에게 법을 지킬 것을 요구하기보다 노사 간의 타협만을 강조하며 탈법과 위법까지도 용인하는 경우가 많아지니 노사관계의 규범화가 진행될 수 없다. 노사 모두는 타협과정에서 서로 유리한 고지를 점령하려고 온갖 탈법과 불법을 자행하는 데 노력하고, 정부는 이를 용인 내지 묵인하는 무책임을 보여왔다. 결국 정부가 노동법을 엄정히 집행하면 노사 모두에게 비판을 받기 쉽지만, 노사타협만을 강조하고 탈법과 불법을 묵인하면 노사 모두에게 인기 영합적이 될 수 있기 때문이다. 그러니 우리나라 노사관계는 발전하지 못하고 안정되지 못하고 예측가능하지 못하다. 따라서 기업이 이 나라를 탈출하고 외국자본이 이 나라를 피하는 기가 막힌 양상이 일어나고 있다. 참 답답하고 한심한 일이다.

본래 국가정책에 기초가 되는 이론 내지 견해에는 2가지가 있다. 공론公論과 중론衆論이 그것이다. 전문가 학자들이 깊이 연구하고 토론한 결과인 공론public judgement이 국가정책을 이끌어 가면 그 나라는 발전한다. 반면에 다중의 일시적 견해인 중론majority opinion이나 혹은 아무 근거 없이 시중에 돌아다니는 속설이나 부론浮論이 국가정책을 끌고 가면 그 나라는 망한다. 그래서 이율곡 선생은 공론이 국가의 원기元氣이고, 공론이 서지 아니하면 그 나라는

망한다고 하셨다. 조정에 공론이 없으면 나라가 어렵고 조정에
도 시중에도 공론이 없으면 나라가 망한다고 하셨다. 한마디로
선동가들이 나와 국민의 정서를 자극해 국민을 오도하고 그 결
과 포퓰리즘이 기승을 부리게 되면 그 나라는 망한다는 말씀이
다. 따라서 우리는 모든 정치적 선동을 막고 모든 포퓰리즘 정책
을 확실히 추방하여, 국정운영을 중론이나 속설이 아니라 철저
히 공론에 기초하도록 해야 한다. 그래야 대한민국의 선진화가
가능하다.

그러면 공론을 세우고 공론에 따라 국가운영을 하기 위하여 정
치와 정책에서 인기영합주의를 극복하려면 어떻게 해야 하는가?
이 문제는 대단히 중요한 문제이다. 이 문제를 해결하지 못하면
자유민주주의도 시장경제도 실패하고, 나아가 대한민국의 선진
화 프로젝트도 실패하게 된다. 아르헨티나, 브라질 등 남미의 많
은 나라들이 중진국에서 선진국 진입에 실패하고 후진국으로 전
락한 주된 이유가 바로 포퓰리즘의 정치와 정책 때문이다. 그러
면 앞으로 어떻게 이 문제를 극복할 것인가?

포퓰리즘 어떻게 극복할 것인가?

첫째, 우선 우리 정치를 단순한 ‘권력투쟁형’이 아니라 ‘국가
경영형’으로 바꾸어 나가야 한다. 국가발전의 비전과 정책을 가
지고 정치인들이 경쟁하는 정치가 되도록, 단순한 개인의 이미지
나 이벤트를 중시하는 정치, 혹은 선거공학만을 중심으로 하는

정치가 되지 않도록, 우리 정치를 바꾸어 나가야 한다. 정치에 합리적 정책경쟁의 비중이 높아질수록, 일시적 인기영합주의가 설 땅이 점차 줄어들기 때문이다.

그러면 어떻게 하여 '권력투쟁형'에서 '국가경영형' 정치로 바꿀 수 있는가?

① 우리나라 정당의 체질을 '이념정당', '가치정당', '정책정당'으로 바꾸어 나가야 한다. 지금과 같은 정치지도자 중심의 '사당私黨 체질'과 출신지 중심의 '지역地域당 체질'을 극복하고, 우리나라 정당을 비전과 가치와 정책을 같이하는 사람들의 모임으로 발전시켜 나가야 한다.

② 정당구조를 '원내정당'이냐 '원외정당'이냐의 양자택일의 방향이 아니라 새로운 내용의 원외정치와 원내정치를 만들어 나가는 '신(원내외)통합체제'로 바꾸어 나가야 한다. 지금까지 우리나라에서의 '원외정당체제'는 당의 최고지도자 개인의 권력투쟁형 정치라는 결과로 나타났다. 또한 국회에서의 원내정치는 개인의 권력투쟁과정을 위한 도구적·수단적 의미로 전락하는 경우가 많았다. 이것은 크게 잘못된 것이다. 앞으로 원외구조는 강화하되 당지도자 개인의 정치행보보다 당의 이념과 비전을 개발하고 이를 국민 속에 확산시키는 역할을 주로 하는 원외정치가 되도록 하여야 한다.

③ 그리고 우리나라에서는 '원내정당체제'도 지금까지는 중앙당의 장악력은 약화되는 대신, 국회의원 개개인의 사적인 정치

적 이해관계가 정치과정을 과도하게 지배하는 새로운 문제점을 보여왔다. 바람직한 원내정치는 당의 큰 이념과 가치, 그리고 비전의 틀 속에서 국회의원 개개인의 정책적 전문성과 독자성이 보장되고 활성화될 수 있는 방향으로 바꾸는 것이다. 이 과정에서 국회의원 한 사람 한 사람이 입법기관으로서의 독자성과 정책전문성이 보장되는 크로스 보팅cross-voting제도도 당의 이념과 가치와 비전을 해하지 않는 범위 내에서 우리 현실에 맞게 도입해야 할 것이다.

④ '지역대표' 보다 정책전문성이 높은 정당명부식 '비례대표'의 수를 크게 확대하여야 한다. 비례대표를 독일이나 러시아 등과 같은 수준인 국회의원 1/2의 수준(예컨대 지역 150명, 비례 150명)으로 확대하여야 한다. 왜냐하면 지방자치제도가 도입되었기 때문에 앞으로는 지역정치의 대부분은 지역구 출신의 국회의원에서 지방의회의원으로 그 중심이 이동되어야 하기 때문이다. 그리고 국회는 앞으로는 지역정치나 지역의 민원보다는 국가 전체의 발전과제, 국가의 세계경영과 세계전략과제 등에 보다 많은 관심을 가져야 한다.

둘째, 포퓰리즘을 극복하는 두 번째 방향은, 법 개정사항이 되겠지만 다음의 두 가지 방향의 제도개혁을 추진하는 것이다. 하나는 현재의 대통령 중심제도를 '분권형 대통령제' 내지는 '이원집정부제도'로 바꾸는 일이고 다른 하나는 '상원제'를 도입하는 일이다. 원래 대통령은 선출직이기 때문에 인기영합에 약할 수 있다. 표를 얻어야 하고 당선 후에도 대중의 정치적 지지를 계속 유지하여야 한다. 대통령의 포퓰리즘을 막을 수 있는 방법의 하나는 비非선거직인 총리와 국무위원들에게 보다 큰 헌법적 권한을 주는 '분권형 대통령제' 혹은 좀 더 나아가 '이원집정부제'를 채택하는 방법이다. 그래서 비선거직(총리 등)이 가지는 국정운영의 전문성과 비非당파성을 가지고 선거직(대통령)이 갖는 국정운영의 대중성 내지는 민주성과 조화를 도모할 수 있다. 현재 우리나라 대통령제도하에서는 외교, 국방, 정치, 경제, 행정, 교육, 과학기술, 노동, 보건, 복지, 문화 등 모든 국정운영의 부담이 대통령에게 과부하되어 있다. 이는 명백한 사실이다. 또한 총리나 국무위원들 개인의 정책 전문성은 비교적 높으나 정치적 힘이 너무 약하다는 것도 명백하다. 이러한 점들을 고려하면 인기영합주의의 극복은 물론이고 우리나라의 국정운영 전반의 질을 높여야 한다. 그러기 위해서는 전문성과 대중성의 조화, 민본民本주의와 민주民主주의의 조화의 수준을 높일 수 있도록 반드시 분권형 대통령제나 이원집정부제의 도입을 적극 검토하여야 한다고 본다.

다음으로 포퓰리즘의 극복과 입법 전반의 질(정책전문성)을 높이기 위하여 상원제上院制의 도입을 고려할 수 있다. 국가의 단기短期정책과 중장기中長期정책을 나누어 전자前者는 하원에서, 후자後者는 상하원 모두에서 검토하는 제도의 도입을 생각할 수 있다. 그리하여 단기정책은 입법의 신속 효율성을 중시해서 하원에서의 검토로 충분한 것으로 하고, 중장기 중요국가정책은 보다 심층적 분석이나 보다 광범위한 여론수렴 등 입법의 신중성이 요구되기 때문에 하원뿐 아니라 상원에서의 검토가 반드시 필요한 것으로 할 수 있다. 따라서 경륜이 뛰어난 소수의 상원(약 100명)을 두어 국가의 중장기 정책과 입법만을 심층적으로 검토하도록 하면 단기적 인기 영합적 졸속입법의 가능성을 제도적으로 막을 수 있다. 그리고 정치와 입법의 질을 크게 높일 수 있을 것이다.

셋째, 포풀리즘을 극복하는 세 번째 방향은 '입법실명제'와 '정책실명제'의 도입이다. 주요 국가정책을 입법하고 집행하는 과정에서의 투명성을 높이고 국회의원과 공무원들의 책무성을 강화하기 위하여 주요입법과 정책에 대하여는 '입법실명제'와 '정책실명제'를 반드시 도입해야 한다. 입법실명제는 국회의원들의 개개인의 입법의 투명성과 책무성을 높여서 그들의 입법활동에서의 정책전문성을 높이는 데 기여할 수 있다. 또한 인기영합적 졸속입법을 피하는 데도 크게 기여할 것이다. 마찬가지로 정책실명제의 도입은 정책투명성과 책무성을 높여 정부 전체의 정책전문성을 높이고, 인기영합적 정책을 막는 데 기여할 것이다. 더 나아가 이러한 실명제는 국회의원과 공무원 전체의 학습능력learning capacity도 크게 높일 것이다. 과거의 잘못과 성공에서 입법 및 정책교훈을 배우려는 노력이 크게 제고될 것이기 때문이다. 물론 입법 및 정책실명제는 사법적 제재를 위한 제도는 아니다. 정치적·도덕적 책임을 명확히 하는 제도로 운영되어야 한다.

넷째, 포풀리즘을 극복하는 데 마지막으로 ,그러나 가장 중요한 것은 국가의 정치 지도자들과 정책 지도자들이 가지고 있는 소신faith과 그들의 품격character이다. 인기에 영합하지 않고 국가발전의 비전과 정책을 일관성 있게 밀고 나가는 체제전환의 국가 리더십transformational leadership이 하늘에서 떨어지는 것은 아니다. 양성과 교육이 필요하다. 국가비전과 정책능력, 국제적 감각과 경륜, 그리고 지도자로서의 소신과 품격을 고루 갖춘 미래의 국가리더십을 적극적으로 키우고 양성해야 한다. 이러한 노력 자체가 인기영합적 저질정치가의 등장, 즉 대중선동가의 출현을 저지할 것이다. 구체적 방법으로는 예컨대 미국의 케네디 스쿨Kennedy School이나 윌슨 스쿨Wilson School, 일본의 마쯔시다 정경숙政經塾과 같은 '국가정책대학원'이나 '국가정치대학원'을 민관 합작으로 설립하는 것을 생각해볼 수 있다. 동시에 미국의 부르킹스 연구소Brookings Institution나 헤리티지 재단Heritage Foundation과 같은 민간 싱크탱크를 많이 만들어 단순한 정치능력뿐 아니라 높은 수준의 정책능력을 가진 국가리더십양성을 지원하는 방법도 함께 검토해보아야 할 것이다.

(4) 동북아구상과 세계전략

지금 우리는 우리나라의 역사 속에서 '자주적이고 창조적 세계전략'을 가질 수 있고 또 가져야 하는 대단히 특별한 시기에 살고 있다. 그 동안 우리는 오랫동안 인근 대국大國의 변방으로, 혹은 식민지로 그들의 세계전략 속에 편승하여 살아왔다. 그러나 앞으로 21세기 대한민국의 선진화를 앞둔 오늘날 우리는 우리 나름의 독자적 세계전략을 세울 수 있고, 또 세워야 하는 역사적 분기점에 서 있다. 올바르면서 자주적이고 창조적인 세계전략을 세우고 이를 추진하면 선진화혁명이라는 국가성공에 이를 것이다. 그러나 그러지 못하면 패권적 대국의 변방으로 살면서 중진국, 혹은 후진국으로의 추락을 경험할 것이다.

앞으로 21세기 대한민국의 세계전략에서 가장 중요한 것의 하나가 어떻게 동북아에서 단일 패권대국hegemonic great power의 등장을 막고, 평화와 번영의 질서, 다시 말해 바람직한 안보 및 통상질서를 만들 수 있느냐이다. 지난 수천 년간 한반도의 역사를 보자. 주지하듯이 동북아시아에서 단일 패권대국이 등장하면 우리는 항상 변방 속국이나 식민지로 전락하는 국난을 겪어왔다. 또한 두 나라가 패권을 경쟁하면 항상 한반도 땅 위에서 전쟁이 일어나거나 전화戰禍가 있었다는 사실이다. 따라서 우리에게는 어떻게 하여 동북아에서 단일패권대국의 등장을 막느냐 하는 문제, 즉 동북아에서 '반反패권주의'의 확보가 국가의 명운을 좌우하는 중요한 세계전략과제가 된다.

지난 60년간 동아시아에서 패권국가의 등장을 막은 것은 '미국, 중국, 일본의 3각균형체제' 때문이다. 그 때문에 우리는 안심하고 건국과 산업화와 민주화라는 국내과제에 국력을 집중할 수 있었다. 그런데 요즈음 중국이 경제적으로, 군사적으로 급속히 부상하고 있다. 일본과 중국 간의 군비경쟁뿐 아니라 외교적, 경제적 영향력 경쟁도 격화되고 있다. 9·11 이후 미국의 대對아시아 정책도 큰 전환기를 맞고 있다. 미국의 대對중국 정책도 아직은 과도기이다. 미래가 확실하지 않다. 따라서 앞으로 어떻게 하여 동북아에서 새로운 '단일패권대국'의 등장을 막을 것인가 하는 문제가 우리에게는 더욱 심각하고 어려운 문제로 대두되고 있다. 대한민국의 사활과 미래가 걸린 문제가 된다. 이에 대한 올바른 해법(동북아구상)과 이를 추진할 올바른 전략(세계전략)을 찾아내야 한다. 그것 없이는 21세기 한반도의 안전과 번영을 기대할 수 없다.

동북아에서 단일패권대국의 등장을 막으려면?

– 자강自强 · 동맹同盟 · 균세均勢 · 사상思想전략으로

이를 위해선 4가지 방향의 전략적 노력을 생각해볼 수 있다. 첫째는 자강自强전략이다. 우리는 이웃 강대국들과 비교하면 작은 나라다. 적어도 이웃이 우리를 넘보면 상당한 수준의 반격과 그로 인한 심각한 피해를 줄 수 있는 능력을 항상 갖추고 있어야 한다. 필요시 타국에게 심각한 군사적 타격을 줄 수 있는 수준의 군사력은 필수적이다. 군사적 타격뿐 아니라 심각한 경제적 타격과 외교적 타격을 줄 수 있는 경제와 외교 분야에서의 자강 노력도 필요하다.

둘째는 동맹同盟전략이다. 동맹이란 누구든 한 쪽이 외부의 침입을 받을 때 공동대응을 한다는 약속이다. 따라서 누구와 동맹

을 맺는가 하는 문제는 대단히 중요한 문제이다. 그러면 과연 어느 나라가 바람직한 대상인가? 답은 자명하다. 우리와 마찬가지로 동북아에 새로운 지역패권대국의 등장을 크게 싫어하면서, 공동대응능력 특히 군사력, 경제력, 그리고 외교력 등이 대단히 강한 나라일수록 바람직할 것이다. 역시 미국을 꼽을 수 있다. 지난 100년간의 미국의 동북아정책을 보면 가장 중요한 특징의 하나가 미국도 동북아에서 단일지역패권 등장에 항상 반대해왔다는 것임을 알 수 있다. 그 이유는 무엇일까? 어느 나라든 지역패권에 성공하면 그 다음은 반드시 미국과 세계패권을 다투려 하기 때문이다. 그래서 미국은 동북아의 지역패권에 항상 반대해왔다. 더구나 지금 미국은 군사력과 경제력, 외교력이 세계최고인 초강대국이다. 그렇다면 당연히 미국과 동맹을 강화하는 원교근공遠交近攻이 우리에게는 필수전략이 되지 않을 수 없다. 더구나 다행스럽게도 미국은 우리와 영토적 인접성이 없기 때문에 동북아에서 영토적 패권주의자가 될 수 없다.

셋째는 균세均勢전략이다. 즉 동북아에 이해관계를 가지고 있는 여러 나라들 간의 세력균형balance of power을 잘 유지하여 동북아에 패권대국의 등장을 막아야 한다. 이를 위해서는 한·미·일 공동체구상, APEC, 아세안+3구상, 아세안+3+3(오스트리아, 뉴질랜드, 인도 등) 등 각종의 다자주의multilateralism에 우리가 적극 참여하고 앞장서 추진해야 한다. 그래서 가능한 동북아의 국제관계를 국제법으로 규범화하고, 국제기구 등으로 제도화하여, 개별국가의 독단

獨斷이나 자의恣意가 작용할 폭을 줄여나가야 한다.

넷째는 사상思想전략이다. 어느 나라나 자유주의적 국제주의자들liberal internationalists이 있고 집단주의적 국가주의자(혹은 폐쇄적 민족주의자)들이 있다. 미국에도, 일본에도, 중국에도, 러시아에도, 아니 우리나라에도 국제주의자가 있고 국가주의자가 있다. 우리는 각 나라에 있는 자유주의적 국제주의자와의 사상적 · 정서적 · 이익적 연대를 강화하고, 그들이 각각의 나라의 정치외교, 경제사회를 주도하도록 도와주어야 한다. 그래서 동북아, 나아가 동아시아 그리고 세계에서 자유주의적 국제주의 사상이 보다 확산되고, 자유주의자들이 정치적 · 사회적으로 승리하도록 함께 노력하여야 한다. 이것이 바로 동북아에 지역패권의 등장을 막는 사상전략이 된다. 이웃나라에 사상적 · 가치적 · 이익적 동지를 만드는 전략이 된다.

이러한 4가지 전략의 다면적 다차원적 복합구상과 복합추진이 필요하다. 다면적이란 다양한 종류와 내용의 다자주의多者主義를 의미하고 다차원적이란 정부뿐 아니라 기업, 대학, NGO 등에서도 동일한 문제의식과 전략 위에서 국제적 네트웍크를 확산하고 심화하는 노력을 함께 해야 함을 의미한다.

(5) 대북정책의 정상화

지난 10년간 우리나라의 대북정책은 크게 잘못되어 있었다. 대북정책에 우리 동포에 대한 관심과 사랑이 없었다. 우리의 형제

자매인 북녘 동포의 삶에 대한 관심과 사랑이 없었다. 그들 삶의 고통, 즉 빈곤과 기아 그리고 정치적 탄압과 공포에 대한 실존적 관심과 사랑이 없었다. 우리의 대북정책에는 북한당국자들만 있었고 북한 동포들의 참상은 없었다. 그러면 그 동안 대북정책이 왜 북한동포의 문제를 외면하였는가? 그 이유는 남한에서 대북정책을 추진하던 주체들이 북한동포의 고통의 문제를 해결하기 위해서가 아니고 자신들의 남한 내부에서의 정치적 이용을 위하여, 정치적 이미지 제고를 위하여, 대북정책을 이용하였기 때문이다. 한마디로 북의 대표와 만나 사진 찍고 샴페인을 터뜨리며 통일과 평화에 앞장서는 지도자라고 하는 허상을 만들기 위하여 대북정책을 이용하였기 때문이다. 실제로 북한 동포의 삶의 개선과 그들의 고통의 해소는 이들 남한의 정치가들의 주요 관심이 아니었다.

이러한 잘못된 대북정책이 그 동안 올바른 통일관을 왜곡하고 국민을 분열시키고 혼란에 빠뜨렸다. 남남갈등만을 격화시켰다. 오랜 우방국들과의 신뢰도 파괴했다. 특히 반미자주反美自主라는 21세기 세계화시대에 전혀 맞지 않는 시대착오적 구호를 가지고, 오랜 우방들과의 신뢰관계만 약화시켰다. 한마디로 스스로 정부가 나서서 자해적自害的 외교에 힘써온 셈이다. 21세기 대한민국의 세계전략은 한미동맹의 성숙(21세기 한미동맹의 신新비전) 위에 다면적 다차원적 다자주의多者主義의 방향으로 나가야 하는데, 우리는 이러한 역사의 흐름에 정반대의 길을 걸어왔다. 그러니 국정

실패를 넘어 국가실패의 조짐까지 보이게 되었던 것이다.

더 이상 이래선 안 된다. 우리는 잘못된 대북정책을 버리고 올바른 대북정책의 길을 찾아야 한다. 우선 북녘 동포의 기아와 억압과 공포의 문제를 풀기 위한 남북공동의 노력을 만드는 것을 대북정책의 기본방향으로 삼아야 한다. 환언하면 북의 정상국가화와 북의 근대국가화(산업화와 민주화)를 목표로 하여야 한다. 북을 비非정상국가 내지 전前근대국가 상태로 이대로 두고는 북녘 동포의 기아와 억압과 공포의 문제를 해결할 수 없기 때문이다. 뿐만 아니라, 한반도는 물론이고 동북아지역의 평화 문제도 풀 수 없기 때문이다.

기본적으로는 평화는 말로 되는 것이 아니다. 평화선언을 했다고 오는 것이 아니다. 행동과 실천과 그리고 상호신뢰의 축적에서 온다. 7·4공동성명(1972) 이후 북은 땅굴을 팠고, 남북기본합의서와 비핵화선언(1991)을 한 후 북은 핵을 개발하고 공비를 침투(1996)시켰다. 그리고 제1차 남북정상회담(2000) 이후 북은 서해안교전(2002)을 일으켰다. 그런데 우리는 제2차 정상회담(2007)에서도 속으로는 서로가 지킬 것을 믿지 않으면서도 또 한바탕 새로운 평화선언을 체결하였다. 이렇게 우리 스스로를 속이는 후진적 행태의 대북정책과 공허한 평화 논의는 이제 끝내야 한다.

북의 변화 위한 원칙 있는 개입정책

다시 강조하지만 대북정책의 궁극의 목표는 북한 동포의 삶의 조건을 개선하는 데 있다. 북한동포의 빈곤과 기아 그리고 억압과 공포로부터의 해방이 대북정책의 목표이다. 결국 이것은 이미 앞에서 지적한 대로 북의 정상국가화와 근대국가화 없이는 가능하지 않다. 그리고 북의 정상국가화와 근대국가화로의 진일보는 (가) 비핵화 (나) 개혁개방 (다) 인권존중 (라) 국제규범의 존중 등으로부터 시작되어야 한다. 따라서 우리의 대북정책은 북이 이러한 방향으로 나아가도록 유도하고 지원하고 그들과 함께 공동 노력하는 데 집중하여야 한다. 북의 변화를 위한 남북의 공동노력을 이루어내는 것이 대북정책의 기본원칙이 되어야 한다.

그런데 지금 북은 여전히 핵을 개발하고 개혁개방을 거부하며 인권탄압을 중지하지 않고 있다. 사실상 정상국가화와 근대국가화의 길을 거부하고 있는 것이다. 따라서 지금 우리의 대북정책은 북의 변화를 위해 보다 효과적이고 원칙 있는 개입정책principled engagement policy을 보다 강력하고 일관성 있게 추진하는 것이 되어야 한다. 북이 변화를 수용할 때 줄 수 있는 당근(유인)도 보다 크게 만들고, 변화를 거부할 때 가해질 압박의 강도도 훨씬 크게 만들어 당근과 압박정책을 보다 일관성 있게, 보다 강도 높게 추진하여야 한다.

우리 사회 일각에서 남북대화와 협력을 할 것인가 아닌가가 논란이 되는 경우가 있다. 이것은 문제를 잘못 설정하는 것이다. 항상 대화도 하고 항상 협력도 하여야 한다. 그러나 대화와 협력은 수단이지 목표가 아니다. 따라서 우선 우리의 목표를 확실히 하여야 한다. 그리고 그 수단이 과연 효과적인가를 수시로 점검하여야 한다. 환언하면 북에 주는 남의 메시지가 명백하고 확고하고 일관성이 있어야 한다. 그것이 북한의 올바른 변화를 돕고, 북녘의 동포를 구하고, 나아가 한반도 전체의 선진화를 앞당기는 지름길이 된다.

그리고 대북정책을 국내정치에 정파적으로 이용하는 것은 특히 잘못된 것이다. 이를 막아야 한다. 그 방법은 대북정책을 수립, 집행하는 과정에서의 전문가들의 사전참여를 제도화하고, 모든 과정을 투명화하고, 국민 다수의 의견수렴절차를 반드시 넣는 것이다. 그 동안에는 민족의 명운을 결정하는 대북정책을 대통령 개인의 생각이나 소신에 따라 일방적으로 결정하여 왔다. 누가 대통령이 되느냐, 누가 담당 장관이 되느냐에 따라 대북정책의 기조가 크게 요동쳐왔다. 이래선 안 된다. 국민 다수의 중론을 모으고, 특히 전문가들의 공론을 세워서 그에 기초하여 대북정책을 수립해야 한다. 또한 추진은 반드시 초당적으로 투명하게 해나가야 한다. 무엇이 두려워서 투명하게 못하는가? 이렇게 하여 대북정책의 개인적 내지 당파적 이용을 원천적으로 막아야 한다.

(6) 세계일류의 창조교육

세계화시대에 모든 나라들이 자국의 교육 수준을 세계최고 수준world class으로 높이려고 치열하게 교육개혁경쟁을 벌이고 있다.

이것이 바로 우리가 당면한 오늘의 세계이다. 그런데 우리는 그 동안 정반대의 방향으로 역주행이 심했다. 세계최고의 교육 수준을 만들려면 당연 '자유와 경쟁과 평가'를 존중하여야 하고 '수월성과 투명성과 책무성'을 앞세워야 한다. 그런데 우리는 그 동안 정부가 나서서 학생들의 학교 선택을 못하게 했고, 학생과 학교를 줄 세우면 안 된다고 학업성과(성적)를 발표하지 못하게 해왔다. 학교성적의 차이를 대학입시에도 제대로 반영하지 못하게 해왔다. 더 나아가 교사단체들이 나서서 학교와 교사의 교육성과에 대한 평가에 반대하여 학교 간, 교사 간 노력과 성과의 차이가 드러나지 못하게 막아왔다. 민관이 협력하여 교육의 수월성을 외면하고 책무성을 묻지 않고, 평등성과 무책임만을 추구하여 온 셈이다. 여기에 오래된 전근대적인 관료주의적 규제 위주의 교육정책이 가세하였다. 민간의 자발적 교육혁신 노력은 설 땅이 없어지고 이를 옥죄는 관치교육만이 지속되어왔다.

그러니 그 결과는 하향평준화이고 교실의 붕괴이고 교육탈출(교육이민)의 증가이다. 1998년 1,500명 수준이던 초·중·고 조기유학생이 2006년 3만 명에 이르고 있다. 또한 대학 이상의 성인유학생이 2007년 현재 21만 8,000명에 이르는데 이 중 어학연수가 9만여 명이다. 즉 성인유학생 10명 중 4명이 어학연수를 위하여 유학을 간다면 초등학교 때부터 시작하는 우리나라의 외국어교육은 한 마디로 큰 실패가 아닌가?

세계화시대는 국민 한 사람 한 사람이 세계경쟁을 하는 시대이다. 따라서 한 사람 한 사람의 지식과 기술 수준을 크게 높여 세계경쟁에서 이길 수 있도록 해주는 일은 국가가 해야 할 가장 시급한 제일의 국가의무이다. 그 일을 제대로 못하면 세계의 무한경쟁 속에 준비 안 된 국민을 내다버리는 것과 같은 기민정책이 된다. 그런데 우리는 지난 기간 평등교육과 관치교육을 강요함으로써 국민 한 사람 한 사람이 세계경쟁을 할 수 없도록 만드는 데 국가가 앞장선 셈이 되었다.

전국석차가 중요할 때 학급석차는 전혀 의미가 없듯이 이제는 세계석차가 중요해지는 시대이기 때문에 국내에서 몇 등 하는가는 아무런 의미가 없다. 서울대학이 국내에서 1등을 한다고 하지만, 세계에서는 현재 63등을 하고 있다. 북경대가 14등, 동경대와 싱가포르 국립대가 19등을 하고, 홍콩대학도 33등을 하는데 우리나라 서울대는 63등이다. 물론 이 순위가 절대적인 것은 아니다. 그러나 확실한 것은 현재의 우리나라 고등교육의 수준을 가지고는 국민 한 사람 한 사람의 국제경쟁력을 세계 수준으로 높일 수 없다는 사실이다. 그렇게 되면 기업도 국가도 자연 국제경쟁력을 잃게 된다는 사실이다. 그러면서 이 세계화시대에 어떻게 우리 경제가 살아나고 우리 사회가 선진화될 것을 기대할 수 있겠는가? 21세기 국가발전에 성공하기 위하여서는 세계적으로 경쟁력 있는 최고수준의 인재를 양성해야 한다.

주지하듯이 교육이야말로 세계화시대 국가경쟁력의 핵심이다. 따라서 교육경쟁력을 높이는 것이 시급한 국가과제이다. 이를 위해선 교육현장에서 세계최고 수준의 교육을 만들기 위한 끊임없는 '경쟁과 혁신'이 일어나야 한다.

교육경쟁력 높이려면

우선 시급한 것이 (가) 공교육을 정상화하는 것이다. 이를 위하여 평준화정책을 바꾸어야 한다. 평준화정책은 학생들의 학교선택권과 학교의 학생선택권을 모두 막는다. 그리고 학교평가, 교사평가, 그리고 학생평가를 막고 있다. 그래서 학교 간, 교사 간, 교육프로그램 간 경쟁이 일어나지 않는다. 좋은 교육성과를 내기 위한 경쟁을 하지 않을 뿐 아니라, 나쁜 성과를 내어도 불이익이 없다. 그러니 교육성과를 세계수준으로 높일 수 있는 길이 없게 된다. 공교육의 질은 점점 낮아지고, 양질의 교육에 대한 부모들의 수요는 사교육이나 해외유학을 통하여 충족되게 된다. 공교육은 부실해지고 사교육은 비싸져 평준화정책이 오히려 빈곤의 대물림현상을 강화시킨다. 반면에 평준화정책으로 중·고소득층 사이에서는 해외로의 교육탈출이 촉진되고 있다. 유학연수비용이 2000년에 9.6억 불에서 2003년에 18.5억 불, 그리고 2005년에 33.7억 불로 급증하고 있다. 대한민국의 교육에서 희망을 찾지 못하는 셈이다.

물론 교육의 형평성도 중요한 가치이다. 그러나 형평성의 추구는 장학제도나 교육 바우처voucher 시스템을 통해 해결해야 한다. 학생들의 학교선택권을 박탈하는 식의 평준화가 되어선 곤란하다. 따라서 당분간 공립학교는 평준화를 유지하되 적어도 사립학교의 경우는 평준화를 완전히 풀어서 학생들에게 평준화학교(공립)와 비평준화학교(사립)를 선택할 수 있는 자유부터 허용하기 시작하여야 한다. 그리고 점차 공립학교도 비평준화를 원하면 할 수 있도록 허용해주어야 한다.

다음으로 시급한 것이 (나) 교육부와 교육청이 하는 각종 교육규제와 간섭의 관치교육을 없애는 것이다. 과도한 규제와 간섭은 교육현장에서 교장과 교사들에 의한 자발적인 교육혁신의 가능성을 죽인다. 학교와 교사의 자율성을 최대한 보장하고 그 책무성을 철저히 묻지 않고는 세계 수준의 일류교육을 해낼 수 없다. 따라서 앞으로 초·중등학교 행정은 지방정부로, 그리고 대학행정은 자율성이 높은 대학위원회로 그 권한을 이양하고, 교육부는 장기전략과 기획 및 평가 분야에 국한하는 것이 바람직할 것이다.

그 다음 고쳐야 할 것은 (다) 폐쇄적이고 경직적인 학교의 의사결정구조와 지배구조school governance이다. 즉 현재의 총장선출제도와 학교장임명제도는 문제이다. 또한 학교 내 의사결정구조도 문제이다. 정부의 규제와 관치가 없어져도 학교의 지배구조 혁신이 없으면 개혁적인 학교리더십을 만들어낼 수 없다. 우선 총장을 선거를 통하여 뽑는 제도부터 없애야 한다. 선거를 통하면 교수들에게 인기 있는 총장을 뽑을 수 있을지 모르나 대학을 세계 수준으로 선진화시킬 대학경영 및 대학개혁의 전문가를 선출할 수 없다. 선거를 통한 총장선출제도보다 추천위원회를 통해 최고의 우수전문가를 광범위하게 학내외에서 물색하여 모셔오는 방향이 보다 바람직하다. 학교장의 경우도 마찬가지이다. 학교를 혁신시킬 개혁적 CEO를 모셔와야 하는데 현재의 교장임명제도로는 대단히 미흡하다. 이러한 문제들이 세계최고의 일류교육을 위한 교육현장에서의 창의경쟁과 혁신경쟁을 가로막고 있다. 이를 타파하지 않고는 교육의 선진화도 나라의 선진화도 불가능하다.

자율과 개방의 민간주도 교육

요약하면 '평준화 정책', '과도한 관치교육', 그리고 '잘못된 학교의 지배구조' 때문에 우리의 교육은 실패하고 있고 이것은 선진화 실패라는 국가실패로 이어질 위험이 있다. 따라서 더 이상의 '평등주의적 교육개혁'에 종지부를 찍고 대대적인 '자유주의적 교육개혁'이 필요하다. 더 이상의 '관료주의적 관치교육'을 끝내고 '자율과 개방의 민간주도교육'으로 바꾸어야 한다. 그렇게 하면서 모든 국민에게 양질의 교육을 받을 수 있도록 하는 노력을 대폭 강화하여야 한다. 그 방법은 교육기관간의 경쟁을 막지 아니하면서 교육기회의 실질적 평등을 보장하는 저소득층에 대한 교육 바우처voucher제도와 학자금융자제도의 도입이 될 것이다.

(7) 세계최고의 과학기술혁신체제

모든 경제사회시스템의 변화와 발전의 근저에는 과학기술의 변화와 혁신이 있다. 즉 경제사회시스템의 기본성격을 과학기술의 특징이 결정하고 있다. 산업화시대에는 산업화를 이루어내는 과학기술의 특징이 있고, 정보화시대에는 정보화를 이루어내는 과학기술의 특징이 있다. 따라서 새로운 세계를 건설하려면, 새로운 경제사회를 건설하려면, 환언하면 대한민국의 선진화를 이루려면 무엇보다 먼저 그 나라의 과학기술의 특징과 수준과 질을 변화시켜야 한다.

우리의 산업화의 성공은 기본적으로 선진국의 기존기술을 모방하면서 선진국을 따라잡는 구舊발전모델을 기반으로 하여 추진되어왔다. 그러나 모방기술imitation에 의지하여 발전할 수 있는 한계에 이미 도달하였다. 더 이상 우리가 저임금노동에 의지할 수 없다. 표준화된 중저가中低價 상품에 대한 세계의 수요도 한계에 달하고 있다. 중국과 인도, 러시아와 브라질의 추격이 빠르다. 그래서 앞으로 선진화를 위해서는 선진국과 경쟁하면서 새로운 첨단과학기술을 창조하고 혁신하는 신新발전체제로의 획기적인 전환을 하지 않으면 안 된다. 대한민국의 과학기술이 더 이상 모방기술imitation이 중심이 아니라 창조와 혁신기술innovation이 중심이 되어야 선진화의 길로 들어설 수 있다.

모방에서 창조기술로의 전환

그런데 모방기술에서 창조기술로의 전환은 거대한, 그리고 효과적인 R&D투자를 전제로 한다. 이 거대한 효과적 R&D투자가 일어나야 우리나라 경제의 생산성이 획기적으로 증대하고 그 결과 국제경쟁력도 크게 상승한다.

환언하면, 우리나라가 국제경쟁력이 높은 생산적 경제productive economy로 나아가려면 모방 중심의 구舊기술체계에서 창조와 혁신 중심의 신기술체계로 나아가야 하고, 이를 위해선 거대하고 효과적인 R&D투자가 필수적이라는 이야기이다. 그런데 사실은 단순한 R&D투자만으로도 불충분하다. 가능하면 세계최고기술영역technological frontier에서 R&D투자가 많이 일어나야 한다. 그래야 생산성과 국제경쟁력의 획기적 향상을 기대할 수 있다.

현재 우리나라의 R&D투자 수준은 GDP 대비 3% 수준으로, 그 자체로는 다른 선진국에 비하여 크게 낮지 않은 편이다. OECD의 6위 정도의 수준일 것이다. 그런데 문제는 우리나라의 경우는 R&D스톡이 크게 낮다는 문제가 있다. 즉 미국, 일본, 독일 등 선진 기술강국의 경우는 1960년대부터 이미 GDP 2%대의 R&D투자를 지속적으로 해왔기 때문에 R&D스톡이 많은 데 비해 우리나라는 경우는 1990년대 들어와 비로소 2%에 도달하기 시작하였다. 그래서 적어도 30년 이상의 축적의 격차를 보이고 있다. 따라서 빠른 속도로 따라가지 않으면 안 된다. 또 하나의 문제는 R&D투자의 효율을 높이는 문제이다. 환언하면 연구투자의 결과를 얼마나 효과적으로 상업화commercialization하고 실효화하느냐의 문제이다. 여기에는 글로벌 대기업, 그리고 최첨단기술의 중견기업 역할이 중요한데 우리의 경우 세계적 대기업도 부족하고 첨단기술 분야의 중견기업은 더더욱 약한 편이다.

어떻게 하면 우리나라의 R&D투자를 획기적으로 증대시킬 수 있을까? 몇 가지 정책과제를 생각해볼 수 있다.

R&D투자 증대시키려면

첫째, 우선 시장경쟁을 높이고 신규기업의 시장진입을 쉽게 해주어야 한다. 여러 나라의 비교연구결과를 보면 시장경쟁이 격화될수록 R&D투자가 보다 활성화되고 동시에 시장진입이 어려우면 R&D투자가 떨어지는 것으로 나타난다. 가능한 기업의 시장진입과 퇴출을 용이하게 하면서 전반적으로 시장의 경쟁성을 높이는 방향의 노력이 필요하다. 과거 기존선진기술의 모방을 통하여 경제발전을 할 때(산업화의 시대)는 R&D투자가 지연되어도 문제가 덜 심각하였다고도 할 수 있다. 그러나 이제 세계최고 기술영역에서 경쟁을 해야 하는 선진화의 시대에는 R&D투자의 지연은 그 손해가 대단히 크다는 것을 잊어서는 안 된다.

둘째, 교육 전반이 다 중요하겠지만 특히 고등교육의 수준과 질이 중요하다. 최첨단과학기술 분야의 R&D투자는 고급과학기술자들이 얼마나 원활히 공급될 수 있는가와 깊은 관계가 있다. 따라서 대학과 대학원의 고등교육 수준과 질이 중요하다. 과거 선진기술을 모방하는 산업화 단계에는 반숙련기술자(semi-skilled)가 주요 노동력이었기 때문에 중·고등학교의 교육 질과 양이 중요한 역할을 하였다. 그러나 이제 선진화시대에는 그 중점이 고등교육으로 옮아가지 않을 수 없다. 특히 강조해 둘 것은 세계최첨단의 과학기술의 창조와 생산이 선진국에 집중되어 있는 소수의 세계최고대학과 최고기업들에게 독과점獨寡占되는 경향이 크다는 사실이다. 이들 사이에서만 이뤄지는 배타적인 전략적 협력네트워크를 통하여 새로운 지식과 정보가 독점적으로 창출되는 경향이 크다는 사실이다. 따라서 중진국의 경우는 어떻게 이 독과점의 벽을 뚫고 들어가느냐가 관건關鍵으로 대두된다. 결국 이를 위하여 우선 중요한 것이 세계적 수준의 우수대학과 대학원의 양성에 있다고 할 수 있다.

셋째, 금융시장의 발전과 노동시장의 유연화 정도가 대단히 중요하다. 다음의 3가지가 일반적으로 새로운 기술혁신기업의 시장진입을 막고 있다. (가) 금융시장의 미발전이다. 특히 외부금융시장이 발달되어 있지 못하여 신규자금을 원활히 조달받지 못하면 혁신적 중소기업의 시장진입은 불가능하다. (나) 기업설립과 퇴출에 대한 각종의 정부규제가 장애로 작용한다. 설립과 퇴출의 용이容易를 위한 획기적 규제혁파 내지 규제의 효율화가 필요할 것이다. (다) 노동시장에서의 채용과 해고의 용이성이다. 소위 노동시장의 유연화flexible labor market이다. 노동시장이 경직적이어서 기업 간 노동이동이 어려우면 신규기업의 등장은 그만큼 제한을 받게 된다. 특히 중소기업의 경우에 더 큰 장애가 된다.

넷째, 최근에 많이 논의되는 새로운 핵심과제가 '대도시경쟁력'을 높이는 문제이다. 앞으로 세계화시대, 대도시(와 지역)의 경쟁력을 높여 대도시를 대단히 매력적인 곳attractive place으로 만들지 못하면 R&D투자의 활성화는 사실상 어렵다는 주장이다. 왜냐하면 그렇게 하지 못하면 다국적기업의 R&D투자유치가 사실상 불가능하고, 또한 다국적기업의 R&D투자유치가 없이 한 나라의 첨단과학기술 분야 R&D투자의 획기적 제고는 사실상 대단히 어렵기 때문이다.

오늘날 세계무역의 2/3를 다국적多國籍기업multinational corporation이 하고 있다. 또 세계무역의 1/3이 다국적기업 내부의 거래intra-firm trade이다. 세계에는 현재 약 7만 개의 다국적기업이 있다. 그리고 이들 중 가장 큰 규모 500개 대기업이 세계 business R&D투자의 50% 이상을 하고 있다. 700개 대기업이 세계투자 business R&D투자의 2/3를 한다. 그렇다면 이들 다국적기업이 본사, 지역본사, basic R&D연구소, applied R&D연구소, 그리고 주공장, 핵심부품 공장, 주변부품 공장 등을 어디에 둘 것인가를 결정할 때 무엇을 가장 중요하게 고려하는가를 자세히 관찰하여야 한다. 그래서 그들의 해외투자 중 핵심적 R&D투자가 우리 대한민국에서 일어나도록 모든 노력을 다하여야 한다.

투자결정 핵심은 교육경쟁력과 도시경쟁력

일반적으로 세계적 기업이 투자처를 결정할 때 세계기업의 CEO들이 고려하는 여러 사항이 있지만 가장 중요한 것이 두 가지가 있다. 하나는 '그 지역에 창조적 우수인력이 있는가' 이다. 즉 교육경쟁력의 문제이다. 그 지역의 교육기관이 국제경쟁력이 있는 세계적 수준의 우수인재를 많이 교육해내지 못하면 투자지역으로 적절하지 못하다. 특히 첨단 R&D투자지역으로는 더더욱 적절하지 못하다. 고등교육의 중요성은 앞에서 강조하였기 때문에 여기서 재론은 하지 않겠다.

다른 하나는 '그 지역이 사업하기 편하고 살기 좋은가?'이다. 즉 도시(내지 지역)경쟁력의 문제이다. 도시경쟁력을 결정하는 요인은 여러 가지가 있다.

우선 첫째가 투자비용cost관련 분야이다. 생산성대비 임금수준이 어떠한가? 노사관계는 어떠한가? 세금구조와 수준은? 도로, 항만, 주거 등 사회간접자본의 질과 양은? 정부의 공공서비스의 수준은? 경제활동에 대한 정부의 간섭과 규제의 수준은? 범죄와 부패의 수준은? 금융기관과 자본시장의 효율성은? 이자율 수준은? 다음은 투자위험risk 관련 분야이다. 재산권보호는? 정부정책의 안정성과 일관성은? 거시경제의 안정성과 예측가능성은? 그리고 경제활동이 얼마나 경쟁적인가competitiveness이다. 경쟁제한적인 제도, 법, 관행이 많다면 그만큼 투자유인의 장애가 된다. 마지막으로 중요한 것이 그 도시 그 지역의 주거환경livability과 문화 및 예술환경이 얼마나 재미fun있고 매력적attractive인가다. 자녀들의 교육환경은? 쇼핑문화는? 볼거리는? 주민들의 태도는? 열린 마음인가? 다양성에 대한 존중과 용인tolerance은 있는가 등도 대단히 중요한 요인이 된다. 이러한 요소들이 모두 합쳐져 그 도시의 경쟁력, 그 지역의 경쟁력을 형성하게 된다.

이러한 도시와 지역의 국제경쟁력을 높이는 획기적 정책노력과 의식개혁 노력을 통하여 세계 다국적기업의 R&D투자를 대대적으로 끌어들여야 한다. 그래서 우리나라의 과학기술구조를 지금까지의 모방형에서 앞으로의 창조형 내지 첨단혁신형으로 크게 향상시켜야 한다. 그래야 우리의 산업구조가 선진국형으로의 도약하고 대한민국의 선진화가 한 단계 성큼 다가오게 된다.

(8) 강소强小정부와 민관民官협치

정부는 선진화에 장애가 될 수도 있고 선진화의 촉진제가 될 수도 있다. 21세기 세계화 · 정보화시대의 정부 역할과 능력은 과거 산업화 · 근대화시대의 정부 역할과 능력과는 크게 달라진다. 아니, 달라져야 한다.

변화의 큰 방향을 살펴보면 일반적으로 정부의 역할과 기능은 과거보다 크게 줄어든다. 그 대신 정부의 힘, 즉 제도적 능력은 오히려 크게 늘어나야 한다. 정부가 해야 할 일의 범위는 줄어들지만 그 일을 처리하는 정부의 제도적 능력은 오히려 크게 늘어나야 한다.

한마디로 강소정부强小政府가 되어야 한다. 그래야 21세기 성공하는 정부를 만들 수 있고 또한 우리의 경우에는 선진화에 성공할 수 있다. 우선 정부의 역할이 어떻게 줄어드는가, 어디에 집중되어야 하는가 하는 문제를 보도록 하자. 앞으로는 우선 다음의 4가지 분야에 정부역할이 집중되어야 한다고 본다.

잘할 수 있는 분야에 정부역할 집중

① 우선 정부의 국가비전제시기능과 전략기획기능vision and strategy 이 크게 제고되어야 한다. 21세기 세계화 정보화시대에 국가발전의 정치적·경제적·사회적·기술적·문화적 환경이 급변하고 있고 변화의 속도도 빠르며, 예측가능성도 크게 낮아지고 있다. 이렇게 변화가 빨라질 때는 국가시스템의 유연성과 적응성 증대가 중요하고, 동시에 국가경영에 있어 발전의 중장기적 전략적 고려와 판단이 더욱더 중요해진다. 한마디로 정부의 비전제시능력과 전략기획기능이 크게 높아져야 한다. 그래야 불확실한 변화 속에서의 국가발전과 국가경영에 성공할 수 있다.

② 다음은 정부의 교육과 훈련 등 인적자본육성기능human capital development이 크게 강화되어야 한다. 21세기 국가발전의 성패는 세계적 수준의 창조적 인재를 어느 나라가 보다 많이 양성하고 확보하는가에 의하여 결정된다. 따라서 정부의 인적자본육성기능은 성공적 국가경영에 있어 결정적으로 중요한 기능이 된다.

③ 정부의 법과 질서rule and order 창출 및 유지기능이 보다 강조되어야 한다. 민간의 자유스러운 경제사회 활동을 국가발전의 동력으로 삼으려면 경제사회 활동을 규율하는 법과 질서가 자유스럽고 공정하고 경쟁적이어야 한다. 이러한 '자유 공정 경쟁의 법과 질서'를 유지하는 것이 중요하다. 이와 동시에 21세기는 세계화 과정에서 발생하는 승자와 패자 간의 각종 갈등과 분쟁이 증가하는 경향이 있다. 따라서 세계화시대에는 반드시 각종의 사회경제

적 갈등과 분쟁을 공정하고 효율적으로 해결하는 법과 질서, 그리고 제도를 준비하여야 한다. 이러한 공정하고 효율적인 '분쟁해결 시스템'을 구축하는 일은 물론 정부가 맡아야 한다.

④ 끝으로 전자정부e-govemment 구축에 노력하여야 한다. 그래야 우선 정부조직을 작은 규모로 효율화할 수 있다. 복합기능을 효율적으로 수행할 수 있게 되어 대부대국大部大局으로의 개편이 가능해진다. 또한 중간관리층의 필요가 크게 줄어들어 조직의 슬림화도 가능해진다. 동시에 민관民官의 소통기능도 높아져서 정책수립과 집행과정에 민간참여의 제도화가 보다 쉬워진다. 그래서 행정의 민주화에도 기여할 수 있다.

이상과 같이 정부만이 할 수 있거나 정부가 민간보다 잘할 수 있는 분야에 정부의 역량을 집중하여야 한다.

강소强小정부가 되려면?

강소정부가 되기 위해서는 첫째, 우선 가능한 한 모든 분야에서 '위임과 분권'을 강화하고 '선택과 집중'의 원칙을 존중하여야 한다. 공기업의 민영화부터 시작하여 정부기능도 민간위임이 가능한 것은 모두 시장에 맡기고, 정부기능 중 지방정부가 할 수 있는 것은 가능한 모두 지방정부에 넘겨야 한다. 시장과 지방정부가 할 수 없거나, 할 수 있어도 비효율적이거나 불공정한 결과가 많이 나오는 경우를 제외하고는 가능한 한 많은 일을 시장과 정부에 맡겨야 한다.

둘째, 국가운영의 전략성과 기획능력을 크게 높이기 위해서는 국가미래를 중장기적 관점에서 종합 기획하고, 국가시스템의 유연성과 적응력을 높이는 것을 책임지는 국가전략기획 부서(예컨대 국가전략기획원 등)를 반드시 두어야 한다. 그리고 이 부서를 지원할 국립의 '세계전략연구소'를 만들어야 하며, 그 연구소의 지부가 주요국의 수도에 배치되어 있어 주요국의 국내정책의 변화와 세계전략(외교, 통상, 문화 등)의 변화를 손바닥 보듯이 보고 있어야 한다.

셋째, 정부부처를 대부대국大部大局제도로 축소개편하여야 한다. 그래서 민간에 대한 불필요한 간섭과 부처 간 업무영역의 다툼을 줄이고, 정부의 정책종합 및 조정능력을 크게 제고하여야 한다. 이제는 업무의 세분화보다 업무의 종합화가 보다 중요한 시대적 과제이다. 그래서 대부대국이 필요하다. 뿐만 아니라 정부부문의 정보화, 즉 전자정부의 진전이 정보교류와 의견소통의 비용을 크게 낮추기 때문에 정부기능의 종합화 내지 통합화의 비용을 낮추어 대부대국제의 효율성을 높일 수 있다.

일본은 1부 22청에서 1부 12청으로 대폭 축소하였다. 러시아도 23개 부에서 14개 부로 축소하였고 영국도 26개 부에서 17개 부로 축소하여 왔다. 그런데 지난 10년간 우리는 역주행하여 왔다. 부처도 늘리고 위원회도 늘리고 공무원의 정원도 늘려왔다. 따라서 그 동안 비대해진 정부조직을 대부대국의 방향으로 대폭 축소조정해야 한다.

넷째, 공무원 규모의 획기적 축소가 필요하다. 그 동안 정부조직이 대단히 방만하게 확대되어 왔고 공무원 정원도 크게 증가했다. 참여정부 4년간 4만 6,000명이 늘었고 지금 계획으로는 앞으로 5년간 5만 1,000명 이상의 추가 증원이 예상된다. 그 결과 1987년 70만 5,000명 하던 공무원이 2011년에는 100만 명을 넘어설 것으로 예상된다. 반면에 전 세계 선진국에선 공무원 줄이기에 노력하고 있다. 일본은 10년간 25%를 줄이려고 노력중이고 러시아는 조직축소와 더불어 이미 30%를 감축하였고 영국도 지난 20년간 34%의 공무원 축소에 성공하였다. 그런데 그 동안 우리는 완전히 역주행하고 있는 셈이다.

작지만 일 잘하는 서비스 정부

이상과 같이 21세기 정부는 그 역할과 기능을 축소하면서 소수의 전략적 부문에만 집중하는 것이 바람직하다. 그러나 반면에 정부의 제도적 능력, 정부의 정책수립집행능력 등은 오히려 강화하여야 한다. 그래야 '작지만 일 잘하는 서비스정부'를 만들 수 있다.

정부의 제도적 능력을 제고하는 방법에는 여러 가지가 있으나 우선 시급한 것이 '국가정책대학원제도'를 도입하여 고위공무원의 양성과 선발제도를 크게 개혁하는 일이다. 주지하듯이 정책능력과 관리능력이 높은 우수한 양질의 공무원 보유는 국가성공의 필수요건이다. 21세기 작은 정부의 시대에는 더욱 그렇다. 따라서 특히 고위공무원들의 교육제도와 선발방식은 국가발전의 기초를 다지는 중요한 작업이다. 그런데 지금까지 고위공무원 선발방식의 주류였던 행정고시와 외무고시 제도로는 세계화시대에 필요한 기본 역량을 갖춘 인재들을 선발할 수가 없다. 이미 오래전 그 수명을 다했다. 앞으로는 우수 선진공무원의 확보를 '시험을 통한 선발'에서 '교육을 통한 양성'으로 바꾸어 나가야 한다. 예컨대 '국가정책대학원(가칭)' 제도의 도입을 검토하여야 한다. 프랑스의 '국립행정원Ecole de National Administration'과 유사한 제도이다. 국가가 고위공직자로 키우고자 하는 사람들은 입학시험을 거쳐 이 대학원에서 2년간의 세계최고수준의 특수 교육훈련과정을 이수하게 한 뒤, 이들 중에서 최종 임용 대상자를 선정하는 것이 이 제도의 골자다. 교과과정은 철저히 현장 중심, 이론과 실무 중심, 글로벌 스탠다드 중심의 교육훈련방법으로, 세계 수준의 국가경영 능력을 갖추도록 하는 데 초점을 맞추어야 한다. 그리고 교과과정은 시대의 변화에 맞추어 수시로 업그레이드해 나가야 한다. 그리고 교수진은 이론가(학자)와 실무경험자(전직 고위공무원 등)로 구성하여 함께 가르치도록 해야 한다.

(9) 광역분권형 국가경영

지난 수년간 정부는 지역균형발전정책이라는 이름하에 행정수도 이전, 170여 개의 공공기관 지방이전, 그리고 수도권 등 대도시의 규제강화를 추진하여 오고 있다. 이들 정책이 과연 21세기 세계화·정보화시대에 선진국 진입을 위해 올바른 지역발전정책인가? 필자는 두 가지 큰 정책적 잘못을 하고 있다고 본다.

지난 정부의 첫 번째 정책적 잘못은 균형발전을 내세우면서 철저한 지방분권을 하지 않은 것이다.

인류의 역사를 보면 균형을 목표로 하여 발전한 예는 없었다. 각 지역이 나름의 장점을 살려 발전하고 그 결과로 균형과 조화가 이루어지는 게 순리順理이다. 그래서 균형발전은 듣기는 좋으나 사실은 공허한 말이다. 아니, 위험한 말이다. 우선 균형이란 말의 내용이 공허하기 쉽다. 균형이란 무엇인가? 모든 지역에 같은 규모의 빌딩, 같은 규모의 공장, 같은 규모의 인구가 평등하게 있어야 균형인가? 그리고 모든 지역이 같은 속도로 발전하는 것을 의미하는가? 이러한 의미의 균형을 추구한다면 이것은 불가능할 뿐 아니라 유해하다. 즉 발전의 포기를 의미한다. 결국 올바른 것은 '균형발전' 이 아니라 '발전균형' 이다. 즉 각 지역이 나름의 특징과 능력에 맞게 발전하고 그 결과로 조화와 균형을 이루게 되는 것이 올바른 정책방향이다.

균형발전 아니라 발전균형이 필요

발전균형을 위해서 무엇보다 중요한 것은 각 지역이 나름의 특성에 맞는 발전을 추진할 수 있도록 여건을 만들어주는 것이다. 환언하면 철저한 지방분권이 선행해야 한다. 지방주권地方主權이라고 할 정도의 철저한 지방분권地方分權이 되지 않고는 발전균형을 기대할 수 없다. 이를 위해 시급한 것이 두 가지이다.

① 하나는 각종 정부인허가권, 재정권, 경찰자치권, 교육자치권 등이 확실하게 지방정부로 이양하여야 한다. 먼저 연방제 수준에 가까운 철저한 분권화이 선행되어야 한다. '준(準)연방제적 분권화'를 하지 않고, '지방주권의 시대'를 열지 않고, 여전히 중앙정부가 권력과 돈을 모두 독점하면서 정부부처 몇 개 그리고 공공기관 몇 개를 정치적으로 지방에 배분하는 식으로는 지방의 지속가능한 자발적 발전은 전혀 기대할 수 없다.

② 다른 하나는 현재의 지방정부 크기의 조정이다. 지방행정체계의 단순화와 자치단체규모의 광역화가 필수적이다. 현재 광역시·도와 시·군·구의 다층구조로 이루어진 행정구역은 과거에 말을 타고 왕명을 하달하던 시절의 유산으로, 오늘날 교통통신발달에 따른 반나절 생활권에 맞추어 재편되어야 한다. 세계화시대에 수많은 자치단체가 지역주의에 기초하여 할거하기에는 우리 국토가 너무 좁다.

지구촌의 다른 지방정부와 세계경쟁에서 살아남기 위해서는, 대도시 경제생활권을 중심으로 자치단체를 통합하고 광역화하여 '규모의 경제'를 확보해야 한다. 그래야만 우리나라의 지방이 중국의 북경·천진의 환(環)발해권, 상해·항주·소주의 장강 삼각주(長江三角洲)권, 홍콩·심천·광주의 주강 삼각주(珠江三角洲)권, 중경(中京)권, 그리고 일본의 동경권, 오사카권, 큐슈권 등등과 경쟁할 수 있다. 한마디로 현재 지방정부의 크기를 조정하여 세계경쟁을 할 수 있는 단위로 만드는 것이다. 적어도 인구규모가 1,000만 내지 1,500만 정도가 되어야 세계경쟁을 할 수 있다.

좀 더 구체적으로 보면 예컨대 서울과 경인지역, 그리고 경기지방 일부를 중심으로 가칭 경인주京仁州, 경기도 나머지와 강원도 및 금강 이북의 충청도 지역을 포괄하는 가칭 경강주中部州, 경상남북도로 이루어지는 가칭 남동주南東州, 전라남북도와 금강 이남의 충청도 지역 및 제주도를 포괄하는 남서주南西州 등 4개 정도의 주洲로 나누는 것도 바람직할 것이다. 그래서 경인주는 세계 전체를 경쟁 대상으로 하고, 중부주는 중국, 러시아 등의 대륙을 대상으로 세계경영을, 남동주는 일본과 태평양을 대상으로 세계경영을, 남서주는 남중국과 동남아시아를 대상으로 세계경영을 각각 나누어 맡아 나갈 수 있을 것이다.(통일 후에는 우리나라를 예컨대 북한지역의 2~3개 주를 포함 모두 6~7개 주로 이루어지는 경제적 [준]연방국가로 만들 수도 있을 것이다.)

일본에서는 도주道州제 도입 진행

일본에서도 유사한 논의가 오랫동안 있었으나, 수년 전에 일본 정부는 국가정책으로 정식 결정한 후 이미 현재의 47개 광역단체를 약 12개 정도의 도주道州로 묶는 작업(도주제 도입)을 구체적으로 진행하고 있다. 총리직속의 추진본부(본부장: 아베 총리)가 설립되어 이를 맡고 있다. 앞으로 10년 이내에 사실상 경제적 연방제라고 볼 수 있는 도주제의 도입을 완료하겠다고 나서고 있다. 중장기적으로는 스위스나 독일식의 연방제를 모델로 하고 있는 셈이다.

중국도 최근 10개의 거대도시집중지역megalopolis을 단위로 광역지역경제권을 구상하고 있다는 발표를 하고 있다. 미국에서도 "미국은 사실 대도시국가metropolitan nation이다. 미국발전의 동력은 대도시에서 온다"고 주장하면서 100개 대도시지역의 발전동력을 활성화하는 청사진을 만들어, 이를 가지고 21세기 미국의 번영을 지속시키겠다는 사업이 진행 중이다. 이러한 외국의 제도 및 정책변화를 참조하면서 우리도 세계화시대에 걸맞도록 지방정부의 크기를 재구성하여 지방주권시대에 걸맞은 광역분권형 국가경영을 준비하여야 한다.

지난 정부의 두 번째 정책적 잘못은 균형발전의 이름 아래 서울 등 대도시발전을 억제한 것이 잘못이다.

21세기 세계화시대에는 대도시가 국가발전을 선도하는 시대이다. 대도시가 국가발전의 성장엔진 역할을 해야 하는 시대이다. 세계화시대에는 도시의 국제경쟁력이 있어야 다국적기업 등의 투자, 생산, 연구 등의 경제활동을 유치할 수 있고, 그래야 도시가 발전한다. 또한 도시가 발전해야 도시의 외연이 확대되고 외연이 확대되어야 이웃의 다른 중소도시 내지 다른 지역에 발전효과spill over가 퍼져나간다. 그러면서 마치 가을 하늘에 기러기들flying geese model이 함께 날아가듯이 대도시가 앞장서고 그 다음에 중소도시, 그리고 농촌지역, 이 모두가 하나의 편대編隊를 이루면서 동시에 발전해가는 것이다. 이것이 오늘날의 대도시–지역발전의 원리이다.

수도와 도시가 발전해야 지방이 발전

그러면 제일 앞에서 날아가는 대도시의 발전원리는 무엇인가? 일반적으로 세계대도시 발전의 동인을 보면 두 가지 이익에서 온다. 하나는 소위 '집적(집중)화의 이익_{agglomeration effect}'이고 다른 하나는 '광역화의 이익_{scale effect}'이다. 도시의 발전, 도시의 경쟁력은 인적·물적·정보적·문화적 자원의 집중에서 온다. 특히 해외에서 들어오는 최첨단의 인적·물적·정보적·문화적 자원이 중요하다. 이들 자원이 고도로 집중되고 집적되면 거기서 도시생산성과 경쟁력이 나온다. 그리고 그 집중이 쌓이면 도시의 외연이 자연히 확대되면서 인근 도시나 지역과의 시너지효과가 커지고, 동시에 새로운 규모의 경제가 발생하여 도시생산성과 경쟁력이 한 단계 더 도약하는 계기가 된다. 세계 일류도시들의 발전을 보면 흔히 주장하는 혼잡효과보다 집적의 이익이 더 크고 또한 광역화의 이익이 대단히 중요한 것으로 나타난다. 요약하면 특정지역에 많은 인적·물적·정보적·문화적 자원이 집중되는 데서 도시의 경쟁력이 나오고, 동시에 그 도시가 끊임없이 외연을 확대하면서 광역화하는 데서 도시의 경쟁력이 더 높아진다. 참고로 런던은 서울 크기의 2.5배, 동경은 3.5배, 상해는 13배이다.

그런데 우리는 그 동안 대도시, 특히 수도 서울이 너무 커진다고 그 성장을 막으려 많은 노력을 하여왔다. 우리는 수도의 발전 때문에 지방발전이 저해된다는 생각으로 수도권의 발전을 막아왔다. 이 것은 낡고 틀린 생각이다. 이제는 수도가 발전하고 대도시가 발전해야 지방이 발전하는 시대이다. 세계화시대 대도시의 발전, 즉 서울의 발전은 지방에서 인재와 돈을 빼와서 발전하는 시대가 아니다. 해외에서 돈과 인재와 기술과 기업을 끌고 와야 서울이 발전하는 그러한 시대이다.

그 동안 우리는 서울의 집적(집중) 이익을 줄이려고 수도분할, 공공기관 강제이전 등을 추진해왔다. 또한 광역화 이익을 없애려고 수도권규제, 농지규제 등을 강화하여 왔다. 그러니 수도 서울은 국제경쟁력을 높일 수 없게 되었다.

2006년 OECD 보고서를 보면 세계도시를 세계 전체의 발전을 리드하는 세계초대형도시global star, 그리고 한 나라의 국가발전을 선도하는 국가대도시national star, 그리고 아무런 역할도 못하고 앞으로 구조조정을 해야 하는 구조변화의 도시metro-poles in transition로 나누고 있다. 실망스럽게도 우리의 수도 서울은 3번째 그룹으로 분류되고 있다. 우리의 서울은, 세계발전은커녕 대한민국이란 한 나라의 국가발전도 선도할 수 있는 능력이 없는, 앞으로 구조조정이 필요한 3류 도시로 분류되고 있는 셈이다. 따라서 결론은 수도권을 포함하여 대도시 규제를 모두 풀어야 한다. 그래서 마음껏 이웃나라의 세계적 대도시와 경쟁하면서 발전할 수 있도록 경쟁의 자유를 주어야 한다. 그것이 서울 등 수도권의 발전뿐 아니라 인근의 중소도시, 나아가 지방발전의 정도正道이다. 그리고 이 조치는 반드시 앞에서 주장한 철저한 지방분권과 더불어 진행되어야 한다. '경제적 연방제'에 가까운 지방주권의 시대를 열어서 지방정부가 충분한 돈과 권력을 가지고, 자기발전의 길을 갈 수 있는 물적 제도적 여건을 만들어주는 것이 전제되어야 한다. 이러한 노력이 없이 대도시의 규제만 풀면 현재의 수도권과 지방의 격차는 더욱 벌어지게 된다. 요약하면 철저한 지방분권, 경제적 연방제의 도입과 수도 등 대도시 규제를 반드시 함께 추진하여야 한다는 것이다.

(10) 평생복지-평생고용-평생교육의 3각안전망

21세기 선진국이 되려면 우리는 반드시 세계화의 진전과 과학기술의 발전을 positive sum game으로 만들어야 한다. 즉, 국민 모두가 수혜자가 되도록 만들어야 한다. 국민들 중 일부만 세계화와 과학기술 발전의 수혜자가 되고 일부는 피해자가 되는 소위 zero sum game이 되어선 아니 된다. 물론 단기적으로 승자와 패자가 나오는 것은 불가피할 수 있다. 그러나 중장기적으로는 반드시 모두에게 이익이 돌아가야 한다. 환언하면 세계화가 반드시 국민 모두를 위한 민주적 세계화democratic globalization, 기술발전이 국민 모두를 위한 포용적 발전inclusive growth이 되도록 만들어야 한다. 어떻게 하면 가능할까?

개혁 속도를 세계화와 과학기술 속도보다 빠르게

우선 그 하나는 우리의 제도개혁과 구조조정의 속도를 세계화 속도, 그리고 과학기술발전 속도에 뒤처지지 않도록 가속화하는 것이다. 지금까지 앞에서 이야기한 여러 가지 제도개혁, 예컨대 교육개혁, 공공부문개혁, R&D투자개혁, 지방분권화 개혁 등등 모든 개혁의 속도를 세계화 속도, 과학기술발전 속도보다 빠르게 하는 것이 바람직하다. 대부분 세계화 과정에서의 승자와 패자가 등장하는 것은 제도개혁과 구조조정의 속도가 세계화와 과학기술발전 속도에 뒤처지기 때문에 발생하는 것이다. 물론 대단히 어려운 일이다. 그러나 그것이 세계화시대, 국민 모두를 승자로 만드는 발전의 기본원리이다.

평생복지 – 평생고용 – 평생교육의 3각안전망

다른 하나는 21세기에 걸맞는 효율적인 사회안전망 구축에 성공하는 것이다. 즉 평생복지-평생고용-평생교육의 황금의 3각안전망golden triangle safety net을 구축하여야 한다. 21세기 세계화 정보화시대에는 노동과 교육시장의 기본성격이 과거 산업화시대와는 크게 달라진다. 즉 장기고용의 시대와 학교교육의 시대가 끝난다. 환언하면 지금까지는 학교를 졸업하고 직장에 취업하면 특별한 사정이 없는 한, 열심히 일하면 평생직장으로 그곳에서 정년을 맞게 되고, 또한 학교 때 배운 교육만으로 평생을 살아도 큰 문제가 없는 시대였다. 그러나 이제는 달라지고 있다. 세계화와 과학기술의 발달로 학교교육만 가지고는 세상변화에 따라갈 수 없게 되었다. 경쟁의 격화로 산업과 기업의 구조조정이 상시화常時化되면서 평생직장도 이제는 사실상 불가능하게 되었다. 그래서 일반적으로 평생 여러 군데의 직장을 옮겨다녀야 되고, 학교에서 배운 지식과 정보만으로는 세상을 살 수 없어 여러 형태의 성인교육을 통한 평생학습을 하지 않으면 안 되는 시대가 되고 있다. 그래서 단기短期고용, 비非정규고용이 늘고 있고, 평생교육에 대한 수요도 늘고 있다. 실업의 위험도 늘고, 자신의 지식이 세상 흐름에 뒤처지는 위험도 늘고 있다. 개인적으로는 우리 사회가 점차 소위 위험사회risk society가 되어간다고 볼 수 있다.

이러한 노동시장과 교육시장의 변화에 효율적으로 대비하는 3각 안정망을 구축하여야 한다. 우선 노동유동성이 증가하여 노동시장이 소위 이동성노동시장移動性勞動市場transitional labor market이 되는 것에 대비하여야 한다. 즉 취업에서 실업으로, 취업에서 취업으로, 취업에서 가사노동으로, 취업에서 향상교육으로 노동이동이 증가하고 있다. 뿐만 아니라 실업에서 취업으로, 가사노동에서 취업으로, 향상교육에서 취업으로의 노동이동도 증가한다. 더 나아가 실업에서 향상교육으로, 가사노동에서 향상교육으로, 혹은 향상교육에서 가사노동이나 실업으로의 이동의 가능성 등등도 늘어나고 있다.

세계화와 기술변화로 인하여 이러한 부문별 쌍雙방향 혹은 다多방향 이동이 많아지는 '이동성 노동시장'이 되면 가장 중요한 정책과제는 어떻게 국민 개개인이 부담할 노동이동비용transitional cost을 최소화하여 줄 것인가 하는 문제가 된다. 환언하면 어떻게 개인이 부담할 노동비용을 최소화하여 좋은 직장decent job에의 취업가능성employability을 극대화할 것인가의 문제가 된다. 이 노동이동비용을 최소화하기 위해 필요한 것이 바로 평생복지-평생고용-평생교육의 3각안전망이다.

구체적으로 이야기하면 다음과 같다. 예컨대 한 사람이 구조조정으로 실직을 하면 그 사람의 기술과 기능수준을 높이는 적절한 평생교육프로그램이 곧 공급되어야 한다. 그리고 그 교육이 끝나자마자 적절한 직장에의 취업알선 노력이 준비되어 있어야 한다. 실업기간을 재교육과 향상교육의 시간으로 바꾸어주는 평생교육life long education노력과 교육 후 곧 취업을 알선하는 평생고용life long employment 노력이 유기적으로 연계되어 있어야 한다. 여기에 이러한 실업과 교육기간 동안, 그 사람의 최저생활이 보장되는 평생복지정책life long welfare이 준비되어 있어야 한다. 그리고 새로운 직장에 취직하게 되면, 과거의 직장에서 가지고 있던 건강보험, 연금 등의 복지제도가 새로운 직장에 쉽게 자동이전portable welfare될 수 있어야 한다. 그래야 구舊직장에서 신新직장으로의 노동이동비용을 최소화하는 평생복지제도라 할 수 있을 것이다. 이와 같이 평생교육과 평생고용과 평생복지가 서로 유기적으로 연계되어 효율적으로 운영되는 소위 황금의 3각안전망을 구축하여야 한다. 그래야 급격한 구조조정과 구조개혁 등으로 발생하는 사회경제적 양극화와 소득분배의 악화를 막고 사회통합을 이룰 수 있으며 세계화와 과학기술혁명의 시대를, 모든 국민들이 함께 승리하는 positive sum game의 시대로 만들어 나갈 수 있다.

3장
누가 선진화를 이룰 것인가?

지금까지 지난 60년간 건국과 산업화와 민주화에 성공한 대한민국이 앞으로 선진화까지 성공하여 선진국에 진입하려면 과연 어떠한 국가정책과제를 어떻게 풀어나가야 하는가 하는 문제들을 살펴보았다. 그러면 그 다음의 문제는 누가 이 일을 해낼 것인가? 누가 선진화를 위한 10대 국가과제를 풀어나갈 것인가 하는 문제이다.

3대 세력이 함께 선진화과제 수행

선진화 10대 과제를 풀기 위해서는 3가지 세력의 합심이 있어야 한다고 본다. 하나는 '선진화 정치세력'이다. 대한민국의 선진화라는 국가비전과 국가목표를 중심으로 단결된 정치세력이 등장하여야 한다. 불행하게도 아직 우리나라에는 확실한 선진화 정치세력이 등장하고 있지 않다. 여興든 야野든 아직 선진화 정치세력으로서는 크게 미흡하다. 야당은 아직도 지난 20세기적 좌파 이념과의 과거 인연을 극복하지 못하고 있다. 그래서 21세기에 맞는 합리적인 '진보적 국가비전과 국가정책'을 전혀 제시하지 못하고 있다. 여당은 과거 산업화시대의 낡은 관행과 의식에 아직 안주하고 있다. 산업화 이후 대한민국이 나아가야 할 '산업화 이후의 국가비전과 국가전략'을 제대로 제시하지 못하고 있다. 엄격히 말해서 여당이나 야당이나 둘 다 아직은 과거 세력으로서의 성격이 강하지, 미래 세력의 준비는 크게 부족하다. 그러나 천하에 봄이 오면 늙은 고목에서도 새로운 순이 나오듯이, 결국 우리의 정치권 안과 밖에서도 새로운 선진화 세력이 나오리라 기대한다.

다음은 '선진화 정책세력'이다. 세계일류국가인 선진국을 만들기 위한 국정운영에는 고도의 정책전문성이 필요하다. 아무렇게나 해서 선진국이 되지 않는다. 특히 21세기 세계화시대에는 세계적 두뇌들이 자기 나라의 발전을 위하여 머리싸움을 하고 있는 시대이다. 우리도 학자, 교수, 공무원, 기업인 등 전문가 세력이 모여 선진화 비전과 전략, 그리고 정책을 구체화해야 한다. 그리고 그 전략과 정책을 추진할 수 있는 추진역량, 즉 국정운영 역량도 길러야 한다. 한마디로 '선진화 정책세력'을 만들어 나가야 한다. '한반도 선진화재단'도 선진화 정책세력을 만들기 위한 목표를 가지고 노력하는 민간조직이다. 앞으로 우리나라의 정책세력을 키우기 위한 보다 많은 민간재단, 민간연구소(정책연구소),

민간학교(정책대학원) 등이 나오기를 기대한다. 그리하여 '선진화 정책세력'이 올바로 커야 선진화 과정에서 국가정책이 인기영합의 포퓰리즘에 휘둘리지 않으면서, 정론에 기초하여 국리민복을 극대화할 수 있다.

끝으로 중요한 것은 '선진화 국민세력'이다. 국민들 다수가 선진화의 가치와 필요성 그리고 성공 가능성에 대한 공감을 가져야 한다. 21세기 대한민국의 새로운 국가목표는 선진화라는 사실을 지지하고 그 선진화전략을 세우고 실천하는 과정에 참여하려는 관심과 열정이 있어야 한다. 또한 선진화는 제도와 정책만으로 되지 않는다. 결국은 국민의식과 문화와 관행이 선진화되어야 한다. 따라서 선진화 국민세력이 중심이 되어 '선진화 국민운동'이 일어나야 한다. 선진국민으로서의 민주적 시민의식과 공동체 존중, 자국의 역사와 헌법사랑, 공중도덕과 기초 질서, 정직과 성실과 근면의 직업윤리와 노동철학, 다문화·다종교·다인종의 열린 마음 등등 선진국 국민으로서 성숙하기 위한 의식개혁과 생활개혁운동이 일어나야 한다.

이렇게 '선진화 정치세력', '선진화 정책세력', 그리고 '선진화 국민세력'이 등장하여 '선진화비전', 그리고 '선진화정책'을 서로 소통하고 서로 공감하면서 이 비전과 정책을 중심으로 굳게 뭉쳐 서로 함께 실천해 나갈 때 대한민국의 선진화는 반드시 성공할 수 있다. 우공이산愚公移山이라고 의지만 있다면 어리석은 노인도 산을 옮길 수 있다고 한다. 신채호申采浩 선생께서는 국민의 마음이 역사를 만든다고 하셨다. 우리 국민들이 진정으로 선진조국을 보기를 원한다면, 우리 후손들에게 풍요와 정의의 선진국을 물려줄 것을 진정으로 간절히 희망한다면, 우리는 반드시 대한민국의 선진화를 이루어낼 수 있을 것이다. 대한민국의 선진화, 이것이 이 시대의 대의大義이고 이 시대를 사는 우리 모두의 역사적 소명이다.

4부

공동체자유주의:
이념과 정책

1장

통합과 발전을 위한
신新이념의 필요

1. 구舊우파와 구舊좌파의 대립을 넘어

우리나라는 해방 이후 지난 반세기 동안 건국의 시대, 산업화의 시대, 그리고 민주화의 시대를 숨 가쁘게 달려왔다. 그리하여 이제 '보릿고개'와 '권위주의'를 넘어서, 산업화와 민주화에 성공하고 정치적·경제적으로 중진국을 이루어냈다. 대단히 빠른 발전과 승리의 역사였다. 그러나 압축고속의 발전과정에는 시행착오와 무리도 많았다. 이러한 착오와 무리 위에 아직도 냉전이 끝나지 않은 한반도의 특수상황이 가해지면서 오늘날 우리 사회는 여러 가지 '사상과 가치의 분열과 갈등'을 경험하고 있다. 국민 내부에 세대 간, 지역 간, 계층 간, 직종 간, 정파 간, 이념과 사상, 가치와 정서의 분열과 갈등이 적지 않다. 단순한 정책의 차이, 견해의 차이가 아니라 세계관의 차이, 역사관의 차이, 그리고 국가관과 가치관의 차이가 크게 노정되고 있다.

예컨대 한 쪽에서는 자유 경쟁 시장의 중요성을 이야기하면 다른 쪽에서는 시장을 불평등의 산실로 생각하며 국가의 개입을 강조한다. 한 쪽에서는 투자와 성장회복을 주장하면 다른 쪽에서는 양극화를 문제 삼으며 균형성장을 주장한다. 한 쪽에서는 세계화와 자유무역을 주장하면 다른 쪽에서는 반세계화와 보호무역을 소리 높인다. 한 쪽에서는 교육의 수월성과 국제경쟁력을 주장하면 다른 쪽에서는 교육의 형평성과 민족교육을 주장한다. 한 쪽에서는 한미공조와 세계공조를 주장하면 다른 쪽에서는 반미면 어떠냐고 하면서 민족공조, 즉 '우리 민족끼리'만을 주장한다. 한 쪽에서는 대한민국의 역사를 발전과 성공의 역사로 보는 데 반하여 다른 쪽에서는 대한민국의 역사는 정의가 실패하고 기회주의가 승리한 역사라고 주장한다. 이러한 차이는 단순한 견해의 차이, 정책의 차이가 아니다. 세계관, 역사관, 국가관, 가치관의 차이, 한마디로 사상의 차이와 이념의 차이를 나타내고 있다.

이러한 사상과 이념의 차이, 세계관, 역사관, 가치관의 깊은 골을 이대로 두고는 국민통합을 이룰 수 없다. 더 나아가 성공적 국가발전도 이룰 수 없다. 한마디로 대한민국의 선진국 진입은 불가능하게 된다.

따라서 우리나라가 앞으로 중진국을 넘어서 선진국으로 도약하려면 우리가 넘어야 할 두 가지 시급한 과제가 있다. 하나는 분열되고 갈등하는 국민의 '이념과 가치와 정서'를 하나로 통합해내고 합의해내는 일이다. 하나의 큰 물줄기로 묶어내는 것이다. 그리고 다른 하나는 그러한 국민통합을 배경으로, 우리나라를 선진국으로 발전시킬 국가비전과 국가전략을 짜고 이를 성공적으로 실천해내는 일이다. 이 두 가지가 이루어져야 우리는 중진국의 단계를 넘어 선진국으로 진입할 수 있을 것이다. 즉 '대한민국의 선진화'는 성공할 수 있을 것이다.

따라서 21세기 초 우리에게는 전 국민을 통합시킬 수 있는 '통합의 이념'이 필요하고 동시에 국가를 선진화시킬 수 있는 '발전의 이념'이 필요하다고 본다. 한마디로 '국민통합이념'과 '국가발전이념'이 필요하다. 우리는 이 두 가지를 할 수 있는 이념으로 공동체자유주의共同體自由主義communitarian liberalism를 제시하고자 한다.

지난 20세기에는 좌와 우의 이념적 갈등과 대립이 격심하였다. 혁명도 있었고 전쟁도 있었다. 그 과정에서 우리 인류는 아픈 경험을 하였고 좋은 교훈을 얻었다. 우리는 이 교훈을 소중히 하여야 한다. 이 교훈에 의지하여 이제는 20세기적 미망에서 벗어나 20세기적 좌와 우를 뛰어넘어야 한다. 다시 과거의 시행착오와 어리석음을 반복해선 안 된다. 20세기의 역사에 대한 철저한 반성과 성찰에 기초하여 21세기적 상황, 세계화·정보화라고 하는 새로운 상황에 맞는, 새로운 국민통합과 국가발전이념을 만들어내야 한다. 이러한 배경과 필요에 의해 나온 것이 바로 공동체자유주의이다.

이 공동체자유주의라는 통합과 발전의 이념을 가지고 아직도 우리 사회의 일각에 남아 있는 20세기적 구舊우파와 구舊좌파의 잘못된 이념과 사상, 가치관과 사고를 미래지향적으로 고쳐나가야 한다.[1] 그리고 이념과 사상의 통합을 이루어내야 한다.

여기서 구우파란 극단의 이기적 개인주의에 기초한 자유주의를 주장하는 입장이다. 그리고 변화와 개혁에 지극히 소극적이거나 반대하는 입장이다. 항상 개인의 자유가 지고至高이고 개인의 판단이 지선至善이라는 입장이다. 따라서 이들은 정치적으로는 '야경정부' 내지 '최소정부', 그리고 경제적으로는 '시장절대주의' 내지 '시장근본주의'의 입장을 취한다. 성장만이 선이고 분배에 대한 고려는 작을수록 좋다고 본다. 교육도 수월성만 강조하고 형평성은 무시한다. 우승열패와 승자독식이 인류역사상 불가피한 발전과 진화의 법칙이라고 주장한다. 그리고 일체의 변화와 개혁에 대하여는 소극적이다.

반면에 구舊좌파란 이러한 구우파의 주장과는 정반대 입장에 선다. '개인주의'의 정반대인 '집단주의'의 경향과, '자유주의'의 정반대인 '사회주의'의 경향을 가진다. 그리고 변화와 개혁은 혁명적 급진적이어야 한다고 주장한다. 항상 개인의 자유나 이익보다는 사회나 국가의 이익이 우선해야 한다고 보며, 모든 판단에서 개인보다는 국가가 올바른 판단을 할 수 있다고 믿는다. 따라서 이들은 정치적으로는 '최대정부' 내지 '국가계획주의', 경제적으로는 '최소시장'과 '정부만능주의'의 입장을 취한다. 결국 이들은 성장보다는 분배를, 효율보다는 형평을 강조한다. 교육도 수월성이나 국제경쟁력보다는 형평성과 평준화를 우선한다. 그리고 변화와 개혁은 항상 주류세력을 교체하는 급진적인 내용이어야 한다고 생각한다.

돌이켜보면 구舊우파의 문제는 개인의 가치와 발전에 대하여는 큰 관심을 가지면서 '사회공동체'와 '자연공동체'의 가치와 발전에 대하여는 대단히 가볍게 생각하는 데 있다.[2] 이들은 개인의 자유와 선택만 100% 보장되면 개인의 자유스러운 선택이 결과적으로 공동체의 이익도 증진한다고 보고 있는 것이다. 물론 상당부분 그러한 면이 있다. 그러나 개인의 자유스러운 선택이 공동체의 이익과 부합하지 않는 경우도 얼마든지 발생한다. 개인의 자유행사가 오로지 극단으로 이기적 동기에서 출발하여, 자신의 자유행동의 결과가 공동체에 주는 영향을 전혀 고려하지 않을 경우에, 적지 않은 반공동체적 결과를 낳을 수 있다. 몇 가지 예를 들면 자연과 생태계의 파괴, 인간의 파편화破片化와 소외, 사회경제적 차별, 과도한 빈부격차, 가족 및 이웃 공동체의 해체 등등을 생각해볼 수 있다.

따라서 구우파의 문제는 개인의 자유와 선택이 사회발전의 원동력임은 인정하더라도 이웃에 대한 사랑과 나눔을 통하여 사회공동체를 보다 튼튼히 하는 것, 그리고 환경문제에 대한 보다 많은 관심을 통하여 자연공동체를 보호하는 것, 이러한 노력들이 동시에 개체의 장기적 발전에도 큰 도움이 된다는 사실을 외면하는 데 있다. 즉 이타利他가 곧 자리自利가 될 수 있음을 외면하는 데 이들의 문제가 있다.

본래 인간은 개체적이면서도 본래가 공동체적이고 관계적인 존재이다. 그래서 개체성individuality만을 너무 과도하게 주장하면 공동체의 약화와 피폐를 낳고 공동체의 피폐 속에서는 개체의 발전도 지속가능하지 않다.

반면에 구좌파의 문제는 우선 개인의 존엄성과 가치를 외면하고 인간성 속에 깊이 내재해 있는 자유를 향한 생명의 의지를 경시하는 데서 출발한다. 인간이란 생명 그 자체가 '자유를 향한 의지'가 내재된 생명이기 때문에 생명의 본질 그 자체가 곧 자유인데도 불구하고 이들은 이 간단한 사실을 외면하고 있다. 그래서 개인자유의 억압 위에 집단이나 국가주도에 의한 이상적 질서, 즉 이상사회의 건설이 가능하다고 믿었던 것이다. 물론 이들이 국가나 사회공동체의 중요성을 강조한 것까지는 좋았다. 그러나 이들은 무수한 인과因果관계에 기초한 자생적 질서spontaneous order의 성격을 가지는 사회society라고 하는 하나의 거대한 구축물을 소수의 정책적 변수를 가지고 공학적으로 재설계할 수 있다고 믿었던 데 큰 오류가 있었다.[3] 한마디로 세상에 대하여 정답을 가지고 있다고, 진리를 알고 있다고 확신하는 데서부터 문제가 발생하였다.[4] 결국 이들은 인간에 대한 이해뿐 아니라 사회에 대한 이해도 잘못되었던 것이다. 그렇게 잘못된 '인간관', '사회관'에 기초하여 추진하였기 때문에 이들의 이상사회 건설은 처음부터 성공할 수 없었다.

더 나아가 구좌파의 또 하나의 잘못은 '역사공동체'의 중요성, 전통과 문화의 중요성, 선조들이 남긴 '예지叡智의 중요성'에 대한 이해가 부족한 데 있었다. 그래서 함부로 혁명을 예찬하고, 과거와의 단절 내지 과거에 대한 부정만을 능사로 하였다. 점진적 개선이 최선인 분야에서도 과거와의 급진적 단절만을 강조하였다. 그래서 역사공동체는 훼손되고 변화와 개혁은 실패하였다.

그러나 인간은 본래가 '역사적 존재'이다. 그래서 인간의 정체성(인간다움, 도덕, 가치, 삶의 보람 등)은 상당부분 그가 속한 공동체의 역사와 전통 속에 근거하고 있다. 나의 존재 의미, 내가 지키려는 도덕적 가치 등은 내가 속한 공동체의 역사와 문화와 전통을 떠나 따로 존재하지 않는다. 그래서 역사공동체를 파괴하면, 즉 과거역사를 부정하고 공격하면 그 공동체 구성원이 갖는 인간으로서의 정체성 자체의 파괴, 즉 개인적 존재의미와 가치, 그리고 그의 내면적 도덕세계의 파괴를 초래하게 된다.

본래 역사문제는 끊임없는 발전적 개선이 정답이다. 물론 때로는 혁명도 필요하나 그것은 예외적인 경우이다. 본래가 지속적 변화와 개혁이 역사의 상도常道이다. 그런데 과거를 공격하고 과거와의 혁명적 단절만을 노래하면 역사공동체는 파괴되고, 그 결과 개인의 정체성은 흔들리고 사회는 도덕적 무정부 상태에 빠지게 된다.

그런데 구舊우파이건 구舊좌파이건 하나의 공통점이 있다. 그것은 인간에 대한 이해가 개체적個體的이라는 데 있다. 구우파는 개체적 인간에 대한 무한긍정을, 그리고 구좌파는 개체적 인간에 대한 무한회의를 기본으로 하지만 모두가 인간을 사회 내지 공동체와 구별되는 개체적 존재로 이해하는 점에서는 같은 입장을 취한다. 다시 말하면 구우파든 구좌파든 모두가 인간을 사회공동체, 자연공동체, 역사공동체와는 대립되는 '독립된 개체'로서 이해하고 있다. 모두가 서구의 근대사상, 근대적 합리주의, 근대적 과학주의에 기본이 되는 데카르트Descartes적인 이원론Cartesian dualism에 기초하고 있다. 물질과 정신의 이원론, 부분(개체)과 전체(공동체)의 이원론 위에 서 있다. 우리가 주장하는 공동체자유주의는 이들과는 인간을 보는 기본 관점이 다르다. 즉 인간관이 다르다.

공동체자유주의로 국민통합과 국가발전

공동체자유주의는 인간의 본질을 기본적으로 '자유(완성)를 향한 생명의 움직임'으로 이해한다. 동시에 인간은 한 사람 한 사람이 '홀로 귀한 존재', 즉 '독존적獨尊的 존재'이면서도 남과 '더불어서만 존재가 가능하고' 그래서만 자기 의미를 찾을 수 있고 자기가치를 실현할 수 있는, 즉 자기발전이 가능한 '관계적 존재'이고 '공동체적共同體的 존재'라고 이해한다. 그리고 공동체자유주의는 이것이 인간의 생생하게 살아 있는 모습, 즉 '인간실재reality의 모습', '인간실상의 모습'이라고 주장한다. 이렇게 공동체자유주의는 20세기적 구좌파와 구우파가 기초하고 있는 '개체적 인간관'을 넘어서서 인간을 보다 생생하게 살아 있는, 실재하는 모습으로, 즉 '독존적이면서 공동체적인 존재'로 파악하고 있다.

동시에 공동체자유주의는 지난 200~300년간의 인류의 발전경험을 배경으로 하고 있다. 지난 인류역사의 성공과 실패의 교훈을 기초로 하고 있다. 어느 때 한 나라 한 사회가 발전하고, 어느 때 한 나라 한 사회가 퇴보하는가를 우리는 이미 최근 수세기 동안 잘 보아왔다. 정치적·경제적·사회적 자유가 확대된 나라는 발전하였고, 이들 자유가 위축된 나라는 후퇴하였다. 정치적으로는 개인의 자유와 권리가 보장되고 이를 지키는 법치주의가 정착한 나라가 발전하였다. 경제적으로는 사적소유제도가 보장되고 교환과 거래의 자유가 확대된 나라가 발전하였다. 그리고 사회적으로는 사상과 학문의 자유가 확대되어 과학기술의 발전이 앞서는 나라가 발전하였다. 그리하여 우리는 자유주의가 모든 국가와 사회발전의 원동력임을 확인하게 되었다. 그러나 이와 동시에 자유주의가 개인과 공동체의 이익을 조화시키려는 개명(開明)된 개인주의enlightened individualism와 결합되지 아니하고, 오로지 자기만을 생각하는 이기적 개인주의egoistic individualism로만 질주하면, 공동체가 피폐해진다. 그렇게 되면 자유주의 자체가 오래 지속가능하지 않게 된다는 사실도 보았다.

한때는 자유주의의 이러한 이기적 개인주의로의 폭주를 막기 위해 레닌의 국가사회주의state socialism와 우파의 파시즘fascism 등이 등장하였지만, 그 어느 것도 올바른 해결책은 아니었고 오히려 자유 자체를 부정하는 반(反) 역사였다는 것도 배웠다. 이러한 우여곡

절을 통하여 우리는 역사 속에서 자유주의를 반드시 기본으로 해야 하지만 동시에 공동체적 가치와 연대도 존중하는 공동체자유주의를 하여야 그 자유사회가 지속적으로 발전할 수 있다는 사실을 깨달았다.

앞으로 21세기에도 국가와 사회가 발전하려면 결국은 개인의 존엄과 자유의 확대를 기본으로 하여야 한다. 즉 자유주의가 기본이 되어야 한다. 그러나 동시에 공동체적 가치와 연대에 대한 배려와 존중이 함께 가야 한다. 그리하여 공동체가 건강성과 유덕_{有德}함을 유지하여야 개인의 자유가 더욱더 만개할 수 있게 된다. 여기서 말하는 건강한 공동체란 공동체가 구성원에 대하여 권위적이고 억압적인 경우가 아니고, 구성원 개개인의 자유를 신장시키고 개개인의 발전에 도움을 주는 경우를 의미한다. 그리고 유덕한 공동체란 공동체가 공동체 외부, 즉 이방인_{stranger}에 대하여 차별 없는 열린 마음을 가질 뿐 아니라, 더 나아가 이웃의 다른 공동체와 협력하여 보다 더 큰 공동체를 함께 만들어가는 노력을 하는 경우를 의미한다.[5] 그래서 이웃공동체로부터 존경과 신뢰를 받는 경우를 의미한다.

개개인의 존엄과 자유의 신장을 기본으로 하되 이러한 의미의 건강하고 유덕한 공동체가 함께 가능할 때 우리는 '개인의 발전'과 '사회의 발전'을 동시에 이루어낼 수 있다. 그래서 우리는 21세기 국민통합과 국가발전을 위한 이념으로 공동체자유주의를 주장하는 것이다.

2. 자유주의와 공동체주의 결합

이 글에서는 크게 두 가지 문제를 다루려 한다.

첫 번째 문제는 왜 국민통합과 국가발전원리로서 우리가 '공동체자유주의'를 주장하는가이다. 왜 자유주의만으로는 부족한가, 왜 자유주의 앞에 공동체라는 수식어를 붙여야 하는가 하는 문제이다. 두 번째 문제는 우리가 공동체자유주의를 국민통합이념과 국가발전이념으로 받아들인다 해도 현실 속에서 어떻게 구체화할 것인가, 공동체자유주의를 어떻게 국가정책에 반영하고 실천할 것인가 하는 문제이다. 첫 번째 문제가 공동체자유주의의 이론적 정당성에 대한 문제라면 두 번째 문제는 공동체자유주의의 정책적 실천에 대한 문제이다. 두 가지 문제를 순차적으로 논의해보도록 한다.

우선 첫 번째 과제는 '왜 공동체주의여야 하는가?'이다. 공동체자유주의의 정당성과 타당성에 대한 문제이다. 이론적으로 이 문제에 답하려면 두 가지 접근방법이 있을 수 있을 것이다. 하나는 '서양의 자유주의'와 '서양의 공동체주의'를 결합하는 방식이다. 이 두 가지를 결합하여 공동체자유주의가 21세기 대한민국의 국민통합과 국가발전의 이념이 될 수 있음을 보이는 방식이다. 다른 하나는 '서양의 자유주의'와 '동양의 공동체주의'를 결합하는 방식이 있다. 결론부터 이야기하면 우리는 이 글에서 두 가지 방식 모두를 활용하고자 한다.

서양 자유주의와 서양 공동체주의 결합

우선 '서양의 자유주의'와 '서양의 공동체주의'를 결합하는 방식에 대하여 논하기로 하자. 이 방식을 취하는 데 있어 우선 확실히 하여야 하는 점은 철학적 자유주의philosophical liberalism: liberalism as philosophy와 철학적 공동체주의philosophical communitarianism: communitarianism as philosophy를 결합하는 방식은 어려울 뿐만 아니라 별로 바람직하지 않다는 점이다. 왜냐하면 양자는 기본적으로 상호 대립하는 인간관계에 서 있기 때문이다. 인간에 대한 이해가 본질적으로 서로 다르기 때문에 양자를 결합시키기가 어렵다. 그러나 정치사상으로서의 자유주의political liberalism: liberalism as political theory와 정치사상으로서의 공동체주의political communi-tarianism: communitarianism as political theory는 비교적 용이하게 결합할 수 있고 또한 결합하는 것이 바람직하다고 본다. 좀 더 자세히 살펴보자.

주지하듯이 '철학으로서의 자유주의'는 정치나 정책에 대한 관심보다 개인 내지 인간에 대한 존재론적 관심에서 시작된다. 기본적으로 인간의 개체성individuality을 중시하고 개인을 자기완료적self-conclusive 내지 자기충족적self-sufficient 존재로 이해한다. 그리고 사회 내지 공동체는 개인의 자발적 결단인 계약의 결과로 나온 것으로 이해한다. 그래서 철학적 자유주의를 배경으로 국가나 사회의 존재를 설명하는 여러 종류의 사회계약설social contract theories이 나오게 된다. 그리고 이 철학적 자유주의에서는 개체적 자유는 자연법natural law에 의하여 지지되는 개체적 발전(자아실현 등)의 원리이고, 그래서 그대로 가치적이고 도덕적이라고 본다. 요약하면 개체성이 모든 가치의 최종기준이고, 사회는 개인이 선택한 계약적 집합에 불과하다고 보는 입장이다. 한마디로 철학적 자유주의는 '개인이 사회나 공동체보다 선행한다'고 본다.

반면에 '철학으로서의 공동체주의'는 사회나 공동체를 개인의 자발적 선택(예컨대 사회계약)의 결과로 존재하는 것으로 이해하지 않는다. 오히려 개인이라는 자아self가 본래부터 공동체적 관계 속에서 등장하여 정의defined되고 구성constituted된다고 본다. 개인의 가치나 신념도 결코 순순한 개인적 결정이라기보다는 그가 속한 공동체(가족, 민족, 종교 등)의 역사, 문화, 전통 등에 의하여 크게 영향 받는다고 본다. 따라서 개인의 개체성은 공동체를 떠나 존재할 수도 없고 발전할 수도 없다. 개체의 발전은 항상 건강한 공동체 속에서만 가능하다. 더 나아가 개체의 자유선택 능력도 공동체와의 관계 속에서 성숙하고 발전하는 것으로 본다. 따라서 철학적 공동체주의가 이해하는 개체는 철학적 자유주의가 전제하는 원자화된 개인atomistic view of self 내지 비연고적非緣故的 자아unencumbered self가 아니라, 전체적 개체holistic individualism, 내지 연고적 자아encumbered self가 된다. 표현을 달리하면 자기완료적, 자기충족적 자아가 아니라 형성적이고 관계적인 자아constituted and situated selves로 이해한다.[6] 한마디로 철학적 공동체주의는 철학적 자유주의와는 정반대로 '사회가 개인보다 선행한다'고 본다.

이와 같이 인간에 대한 존재론적 이해 자체가 질적으로 상반되

기 때문에 철학으로서의 자유주의와 철학으로서의 공동체주의의
결합과 화해는 쉽지 않다.[7]

정치적 자유주의와 공동체주의의 결합

그러나 정치사상으로서의 자유주의와 공동체주의는 쉽게 결합
할 수 있다.[8] 또한 우리는 그 결합이 바람직하다고 본다. 주지하
듯이 정치사상으로서 자유주의political liberalism는 개인의 자유를 가장
중요한 정치적 가치political value로 보는 사상이다. 따라서 국가의 존
재 이유나 정치의 목표가 개인 자유의 보호와 확대에 있다고 주
장한다. 즉 국가나 정치는 권력으로부터, 타인으로부터, 혹은 여
론의 폭력으로부터, 개개인의 존엄과 자유, 생명과 재산을 보호
하는 것을 가장 중요한 목표로 해야 한다는 입장이다. 여기서 국
가가 개인의 자유에 대하여 제한을 가할 때에는, 반드시 왜 개인
이 그 제한을 수용하여야 하는가를 국가가 증명하여야 한다. 이
것이 소위 근본적 자유주의의 원리Fundamental Liberal Principle이다.[9] 국가
가 그 제한의 정당성을 증명할 수 없는 한 개인은 무한자유를 향
유한다.

반면에 정치사상으로서의 공동체주의, 특히 최근에 나타나고
있는 '책임적 공동체주의운동responsible communitarian movement'은 철학적
이유에서 등장한 것이 아니라 정치적 이유에서 등장하였다. 극단
의 개인주의적 자유주의 때문에 나타나고 있는 여러 정치·경
제·사회적 병리현상에 대하여 바람직한 정책적 대안을 제시하

는 노력으로 시작되었다.[10] 따라서 정치적 공동체주의는 철학적 공동체주의를 이론적으로 반드시 전제하는 것은 아니다. 정치적 공동체주의는 극단적인 개인주의적 자유주의(예컨대 시장만능주의 등)가 공동체의 피폐를 결과하는 것을 보면서, 그리고 동시에 이기적 개인주의에 대한 대안으로 등장한 국가사회주의 내지 유럽식 사민주의(복지국가론)가 또 다른 의미의 공동체 착취와 붕괴를 결과하는 것을 보면서, 이 두 가지 접근(구우파와 구좌파) 모두에 문제가 있음을 느끼고, 새로운 대안을 제시하려는 노력으로 등장하였다.[11] 그런 의미에서 급진적 중도주의radical middle ideology라고 명명할 수도 있을 것이다 .

즉 '정치적 공동체주의'는 개개인의 공동체를 배려하고 중시하는 자발적 노력(의식개혁과 사회적 참여)을 강조함으로써, 자유사회에 나타나는 과도한 개인주의의 폐해, 즉 공동체의 피폐나 붕괴의 문제를 극복하려 한다. 공동체 구성원 한 사람 한 사람의 자각에 기초한 자발적 노력(공동체에 대한 자발적 기여와 적극적 책임분담)과 그에 대한 국가의 적정한 지원으로 우리의 각종 공동체(가정, 학교, 이웃, 자연, 인류 등)를 다시 복원하고 활성화시킬 수 있다는 것이다. 그리하여 공동체의 피폐 내지 붕괴로 인하여 발생하는 현대 자유사회의 각종 문제들, 예컨대 빈부격차, 가정파괴, 교실붕괴, 범죄증가, 인간소외, 환경파괴, 국제범죄 등을 극복하고, 장기적으로 보다 지속가능하고 인간적 자유사회를 만들 수 있다는 주장이다.[12] 따라서 이는 반드시 정치사상으로서의 자유주의와 대립하는 것은 아니다. 오히려 이기적 자유사회의 한계와 약점을 공동체주의로 보완하면서 자유사회를 보다 강화하려는 노력으로 볼 수 있다. 따라서 정치사상으로서의 자유주의와 정치사상으로서의 공동체주의는 큰 무리 없이 통합될 수 있다.

서양 자유주의와 동양 공동체주의 결합

공동체자유주의를 이론화하는 또 하나의 접근방식은 '서양의 자유주의'와 '동양의 공동체주의'를 결합하는 방식이다. 주지하듯이 동양의 인간관, 역사관, 세계관은 본래가 공동체적이다.[13] 동양에서는 본래가 공동체를 떠난 개체의 존재와 의미를 '별도로' 인정하지 않는다. 따라서 이러한 동양의 공동체적 인간관과 세계관은 철저히 독자적 개체성에 기초한 서양의 '철학적 자유주의'와는 양립하기 어렵다. 그러나 개인 자유의 확대와 보호를 국가의 사명으로 규정하는 서양의 '정치적 자유주의'와는 상대적으로 쉽게 결합할 여지가 크다.

본래 동양의 공동체주의에서는 개인과 공동체와의 바람직한 관계는 개인이 수기(修己), 즉 인격함양을 통하여 우선 자신을 바로 세우고, 나아가 공동체(가정, 마을, 국가, 세계 등)도 바로 세워 나가는 발전적, 동태적 관계이다. 그런데 개인의 수기(修己)란 개념은 '개체적 자유'가 전제되어야 하므로, 일단 서양의 정치적 자유주의와 모순하지 않는다. 물론 서양의 정치적 자유주의가 개인의 발전을 위한 자유뿐 아니라 퇴보와 타락을 향한 자유까지, 소위 이성적 자유reasoned liberty: voluntas뿐 아니라 욕망의 자유liberty of appetite: libido
까지, 즉 불선不善의 자유까지를 보호하고 확대하려 한다면, 동양
의 공동체주의와는 충돌할 수도 있다.[14] 왜냐하면 동양의 공동체
주의는 기본적으로 가치상대주의, 도덕상대주의를 받아들이지
않기 때문이다.[15] 다시 말해 동양에서는 패륜의 자유, 반도덕의
자유를 인정하지 않기 때문이다. 따라서 뒤에서 다시 상론하겠지
만 서양의 정치적 자유주의가 타락과 패륜의 자유까지를 무한 인
정하는 '절대적 가치상대주의'를 고집하지 않는 한, 동양의 공동
체주의와 서양의 정치적 자유주의는 결합할 수 있다. 개인의 불
선不善의 자유까지 보호하려 들지 않는 한, 서양의 정치적 자유주
의는 동양의 공동체주의와 결합할 수 있다.

이 글에서 우리는 공동체자유주의의 이론화를 위해 '동양의 공
동체주의'(공동체적 인간관과 세계관)를 기본으로 하고, 여기에 서
양의 '정치적 자유주의'와 서양의 '정치적 공동체주의'를 결합시
켜 나가려 한다. 환언하면 인간에 대한 존재론적·실재론적 이해
는 동양적(불교적 내지 유교적) 인간관과 세계관을 기본으로 하여
이를 '공동체자유주의의 철학적 하부구조'로 삼는다. 그 위에 '공
동체자유주의의 정치사상적 상부구조'로서 서양의 '정치적 자유
주의'와 '정치적 공동체주의'를 통합·조화시켜, 우리나라의 '공
동체자유주의의 이론적 프레임'으로 삼고, 이를 발전시켜 나가겠
다는 것이다. 동양철학사상의 하부구조에 서양정치사상으로 상부
구조를 세워 '공동체자유주의라는 건축물'을 만들겠다는 것이다.

이상과 같은 방향으로 우리는 이 글에서 공동체자유주의의 이론화를 시도할 것이다. 우선 왜 공동체자유주의여야 하는가 하는 문제에 답할 것이다. 그 다음에는 공동체자유주의를 우리의 현실 속에서 어떻게 구체화할 것인가, 어떠한 국가정책으로 만들어 이를 실천할 것인가 하는 문제를 다루어 나갈 것이다. 구체적으로 보면 공동체자유주의에 입각하여 국가정책, 예컨대 경제정책, 교육정책, 외교정책 등을 수립하고 추진한다면 어떠한 내용이 되어야 할 것인가, 그리고 지금까지 추진해온 기존의 국가정책과는 어디가 어떻게 달라질 것인가 하는 문제까지를 다룰 것이다. 우리는 공동체자유주의에 대한 논의가 하나의 추상적 사상논쟁으로 끝나서는 안 된다고 생각한다. 공동체자유주의에 대한 논의가 현실사회 속에서, 국가정책 면에서 구체적 실천적 실익이 있는 논의로 발전하여야 한다고 생각한다. 따라서 단순히 그 사상의 정당성과 타당성뿐만 아니라 그 사상이 현실 속에서 실천되면 어떠한 정책적 실익이 있는지를 토론하려고 한다. 그래서 '공동체자유주의의 이론화' 문제는 다음 2장에서 다루고 '공동체자유주의의 정책화' 문제는 3장에서 다루도록 한다.

1. 두 가지 자유주의

자유주의는 개인의 존엄과 창의 그리고 자유와 선택을 가장 중시하는 사상이다. 그래서 정치적 자유주의는 국가의 존재이유를 개인의 자유의 보장과 자유의 확대에 둔다. 따라서 개인의 사적 영역에의 국가 개입의 최소화를 주장한다. 반면에 공동체주의, 특히 정치적 공동체주의는 자유사회의 지속가능성을 높이기 위하여 공동체의 가치와 건강성을 중시하고 이를 위한 개인의 공동체에 대한 책임과 자발적 기여를 강조한다. 개체의 자유를 소중히 하는 입장과 공동체의 건강성을 소중히 하는 이 두 가지 입장은 과연 모순하고 대립하여야 하는 것인가? 그에 대한 답은 대립할 수도, 대립하지 않을 수도 있다. 그것은 기본적으로 자유주의가 지지하는 자유의 내용에 따라 달라진다고 본다.

선호적 자유주의 對 이성적 자유주의

자유주의의 역사를 보면 두 가지 흐름의 자유주의가 있었음을 알 수 있다. 하나는 '선호적選好的 자유주의'의 흐름과 다른 하나는 '이성적 자유주의'의 흐름이다. '선호적 자유주의'는 기본적으로 개인의 선호preference에 의하여 개인이 '하고 싶은 대로 하는 자유'를 의미한다. 타인에게 피해를 주지 않는 한, 그 자유행동의 '내용과 질'을 묻지 않는다. 반면에 '이성적 자유주의'는 자유가 가지는 가치, 공동체에 미치는 영향 등을 성찰하여, 단순한 사적 선호가 아니라, 합리적 이성의 명령에 따라 행동하는 자유를 의미한다liberty ordered by reason rather than by preference, 따라서 이성적 자유에서는 당연히 자유의 합리성과 도덕성 등 자유의 '내용과 질'을 묻는다.

표현을 달리하면 '선호적 자유'는 하고 싶은 대로 할 수 있는 '권리로서의 자유'이고 '이성적 자유'는 이성의 명령에 따라 해야 할 것을 하는 '의무로서의 자유'이다. 따라서 선호적 자유에서는 개인의 자유스러운 행동과 공동체의 가치 내지 연대 사이에 갈등이 발생할 수 있다. 즉 '선호적 자유'에서는 개인이 하고 싶은 대로 하는 자유가 비록 실정법을 어기지 아니했다 해도, 공동체를 약화(파괴)시킬 수 있는 소위 '악惡 자유'가 등장할 수 있기 때문에 자유를 존중하는 자유주의와 공동체를 소중히 하는 공동체주의 사이에는 갈등과 대립이 발생할 수 있게 된다.

그러나 '이성적 자유'의 경우에는 이성의 명령에 따라 개인의 공동체에 지는 책임(의무)을 수반하는 자유, 즉 소위 '선善 자유'이므로 이성적 자유에서는 공동체를 약화 내지 파괴하는 결과를 피할 수 있다. 따라서 자유주의와 공동체주의는 갈등하고 대립하지 않는다. 요컨대 우리가 자유의 질quality of freedom에 대하여 관심을 가지면, 그리하여 가능한 악惡자유를 배제하고 선善자유를 지향하려 노력한다면 자유주의적 가치와 공동체주의적 가치가 자연스럽게 결합하게 된다. 즉 자유주의는 저절로 공동체자유주의가 되지 않을 수 없다. 따라서 그 동안 자유주의와 공동체주의와의 갈등은 자유주의가 주장하는 자유가 '자유의 양'만을 문제 삼고 '자유의 질'은 전혀 문제 삼지 않았기 때문에 발생한 것으로 보아야 할 것이다.

자유를 주장하면서도 '자유의 질'을 문제 삼으려고 노력한 대표적 인사는 19세기 영국의 액톤 경John Emirich Dalberg-Acton을 들 수 있다.[16) 밀John Stuart Mill과 같은 시대에 살았던 액톤 경은 자유에 대하여 밀과는 다른 입장을 보이고 있다. 밀은 자유는 기본적으로 자신이 원하는 것을 하는 것Liberty consists in doing what one desires으로 이해한다.[17) 물론 밀이 주장하는 자유가 단순히 외적 강제의 부재로 끝나지는 않는다. 인격의 완성을 향하여 가는 자유라는 의미가 들어 있다. 그러나 무엇이 인격의 완성을 의미하는가에 대하여는 답을 하지 않는다. 그리고 그 문제까지도 밀은 결국은 개인의 선택으로 맡긴다. 따라서 결국은 개인은 타인에 해를 가하지 않는 한 무한의 자유를 가진다는 방향으로 나아간다. 그 이후 자유주의자들은 특히 '자유방임적 시장'을 중시하는 '경제적 자유주의'

와 결합하면서 '가치상대주의' 내지는 '도덕상대주의'의 방향으로 나아가게 되었다. 즉 개인이 행사하는 자유의 질을 묻지 말자, 악惡자유냐 선善자유냐는 묻지 말자는 입장이 되었다. 개인은 분명 자신에게 좋은 것을 선택할 것이고, 그 선택의 가치는 개인만이 알 것이므로, 개인의 선택을 존중하자는 것이다. 어떻게 국가나 제3자가 본인보다 본인에게 좋은 것이 무엇인지를 더 잘 판단할 수 있겠는가? 이러한 '자유방임적 자유주의'가 사실 19세기 서양 자유주의의 주류를 형성해 왔다고 볼 수 있다.

이에 반하여 액턴 경에게는 자유는 자신이 '하고 싶은 대로 하는' 자유가 아니라 자신이 '옳다고 믿는 것을 할 수 있는' 자유를 의미하였다. 권력으로부터, 다수결로부터, 관행이나 여론으로부터 자유스러워져서 자신의 소신을 실천할 수 있는 자유가 진정한 자유라는 것이다. Every man shall be protected in doing what he believes is his duty against the influence of authority and majorities, custom and opinion.[18] 따라서 자유는 자신이 하고 싶은 대로 하는 권리가 아니라 자신이 의무로서 해야 할 것을 할 수 있는 힘이다. Liberty is not the power of doing what we like, but the right of being able to do what we ought.[19] 결국 '선호적 자유'가 아니라 '이성적 자유'만이 진정한 자유라는 주장이다. 강제의 부재不在가 자유가 아니라 합리적 이성적 선택이 자유라는 주장이다.[20]

물론 역사적으로 보면 '선호적 자유주의'가 중세적 절대주의를 극복하는 데 크게 기여한 것은 사실이다. 특히 개인주의적 자유주의 등장 초기에 권력의 간섭을 최소화하고, 개인의 사적 영역을 최대화하기 위하여 자유의 내적 내용을 묻지 말고 자유는 무조건 외적 강제(권력적 강제)의 최소화라고 하는 주장은 역사적으로 큰 긍정적 기여가 있었다. 그러나 일단 자유주의가 도입의 시기를 지나 정착과 발전의 시기로 진입하면 자유도 책임 있는 자유freedom with responsibility, 이성적 합리적 자유reasoned liberty가 되어야, 개인과 더불어 공동체가 함께 발전하는, 보다 성숙한 자유주의가 될 수 있다. 결국 자유주의는 시간이 가면서 '선호적 자유주의' 내지 '이기적 자유주의'의 단계를 지나 '이성적 자유주의', 즉 '공동체적 자유주의' 단계로 점차 발전하여야 한다고 본다.[21]

홍미 있는 것은 자유주의 도입초기 유럽에서는 '선호적 자유주의'의 미래에 대하여 비교적 낙관적이었던 것 같다. 그 주된 이유는 베버Max Weber가 관찰한 당시의 지배적인 프로테스탄트 윤리protestant ethics가 이기적 악惡자유의 등장을 견제할 수 있다고 보았던 것 같다. 당시는 금욕적인 프로테스탄트 윤리가 사회를 지배하고 있었기 때문에 개인적 이익을 위해 공공의 복지나 이웃사랑, 우정과 공평 등 윤리적 제諸 덕성을 헌신짝처럼 버리는 이기주의egoism는 자연스럽게 억제될 수 있다고 보았던 것 같다.[22] '선호적 자유'에 대한 또 다른 낙관론은 토크빌Alexis de Tocqueville의 주장에서도 찾아볼 수 있다.[23] 그는 '선호적 자유'를 기본으로 하는 자유주의가 이기주의 내지 개인주의로 흐를 위험이 있음을 충분히 감지하고 있었다. 그러나 다양한 자발적 지역조직civic associations, 지역신문newspapers의 등장 등을 통하여 시민사회civil society가 발전해가면 자유주의가 이기적 개인주의에 빠지지 않고, 개인과 공동체를 모두 소중히 하는 개명된 개인주의enlightened individualism의 방향으로 나아가 결국 자유가 점차 '이성적 자유'의 방향으로 발전한다고 보았다. 특히 19세기 초반의 미국의 민주주의를 관찰하면서 나온 그의 결론이었다.

그러나 다음의 문제를 생각하지 않을 수 없다. 과연 유럽의 자유주의가 이기적 개인주의를 극복하는 방법으로 언제까지 금욕적 프로테스탄트 윤리에 의존할 수 있을까? 금욕적 프로테스탄트 윤리 자체가 존재하지 않는 동양의 경우는 어떻게 해야 하는가? 또한 19세기 전반의 미국처럼 공익과 사익을 조화하려는 자발적 시민조직 등이 충분히 발전하지 않은 나라의 경우에는 어떻게 해야 하는가? 결국 어느 나라든 자기 나름의 방안을 찾아야 하고 그래서 자유의 내용을 '선호적 자유'에서 '이성적 자유'로, '이기적 자유'에서 '공동체적 자유'로 바꾸어 나가는 노력을 해야 한다는 결론이 나온다. 그 방법은 어느 나라든 교육, 종교, 문화, 입법 등 여러 방법을 통하여 국민의 의식과 관행을 지속적으로 업그레이드하여 나가는 방법이 될 수밖에 없을 것이다.

2. 이론적 이유 – 실재實在론과 당위當爲론

개인적 자유주의를 기본으로 하는 자유주의가 반드시 공동체와 함께 가야 하는 이유에는 두 가지 이론적 이유가 있다. 하나는 '존재론적 이유'이고 다른 하나는 '당위론적 이유'이다. 존재론적 이유란 '인간이란 존재가 본래 개체적이면서도 공동체적이기 때문에 자유주의가 공동체주의가 함께 가지 않을 수 없다'는 주장이다. 즉 인간의 본질이 가지는 양면성 때문에 불가피하다는 것이다. 그리고 당위론적 이유란 인간이 발전하고 성숙하기(인격 완성 혹은 자아실현) 위해서는 반드시 자유와 공동체는 함께 가야 한다는 주장이다.

우선 존재론적(내지 실재론적) 이유부터 살펴보자.

인간은 존재론적(내지 실재론적)으로, 개인으로 끝날 수 없는 존재이다. 인간은 본래가 개個가 아니기 때문이다. 이러한 주장은 앞에서 보았듯이 서구의 철학적 공동체주의자들도 주장하고 있지만, 동양사상에서는 이미 오래된 보편적 주장의 하나이다. 유교든 불교든 도교든, 동양사상에서는 인간을 완전 독립된 개체로 받아들이지 않는다. 인간은 본질적으로 타인과 격리된, 자연과 유리된, 그리고 역사적 맥락과 단절된 개체로서 존재할 수 없다고 본다. 따라서 인간을 독립된, 그리고 '자기완료적인 개체'로 파악하는 서구적 개인주의는 인간에 대한 일면적이고 불완전한 이해라고 판단한다. 동양에서는 인간을 타자他者와 단절된 절대적 개個로 파악하는 입장을 서구의 근대적 합리주의에 기초한 이성적 사고의 산물, 즉 '생각의 산물'로 이해한다. 근대적 서구적 '사고의 산물'이지 인간 존재의, 있는 그대로의 '실재의 모습'이 아니라고 본다. 인간 실재人間實在의 생생한 모습은 본래부터 관계적이고 공동체적이라고 생각한다.

따라서 본래가 관계적이고 공동체적인 인간의 실재 모습을 외면하고, 독립적이고 자기완료적인 존재로서 인간을 파악하는 것은 인간에 대한 제한적이고 일면적인 이해가 된다. 그래서 개인주의를 기본으로 하는 근대적 자유주의 사상은 반드시 공동체주의에 의한 보완이 있어야 좀 더 인간실재에 접근한 올바른 인간이해에 기초하게 된다. 그리고 인간실재에 접근하는 올바른 이해에 기초하여야 그 이념이 오랫동안 지속가능하고, 그 이념이 제시한 제도와 정책이 인류의 발전에 기여할 수 있다고 본다.

이것이 바로 공동체자유주의를 주장하는 존재론적 내지 실재론적 이유가 된다.

그러면 다음으로 공동체자유주의를 주장하는 당위론적 이유는 무엇인가? 한마디로 개인의 발전과 개인의 완성을 위하여 반드시 필요하다는 것이다. 개인의 자유가 개인의 발전을 통하여 개인의 완성(인격완성 혹은 자아실현)을 결과하려면 반드시 '건강하고 유덕한 공동체'가 있어야 한다고 보기 때문이다.

본래 자유주의에서 개인의 존엄과 자유를 주장하는 데는 두 가지 이유가 있다. 첫 번째 이유는 생명 자체의 속성이 자유이기 때문이다. 자유의지에 기초하여 자기실현을 하려는 강한 경향 내지 충동을 가진 것이 인간 생명의 속성이다. 그것이 생명력이다. 그러므로 자유의지가 부정되는 생명은 더 이상 '살아 있는 삶'이 아니라 '죽어 있는 삶'이라고 보아야 한다. 따라서 우리가 살아 있는 생명체로서의 인간을 전제한다면 개인의 자유의지와 자유의지의 실현, 즉 자유를 주장하지 않을 수 없다. 생명의 속성과 생명의 모습 그 자체가 자유이기 때문이다.

두 번째 이유는 자유가 인간의 성숙한 삶의 실현을 위하여, 즉 '좋은 삶 혹은 선善한 삶'good life을 위하여 필수적이기 때문이었다. 여기서 성숙한 삶 혹은 선한 삶이란 개인의 인격이 완성되고 자아가 실현되는 삶을 의미한다. 그런데 자유 없이는 '인격완성'과 '자아실현'을 할 수가 없다.[24] 다시 말해 자유 없이는 좋은 삶, 선한 삶이 불가능하다. 그래서 우리는 개인의 자유를 주장한다.

이상을 요약하면, 우리가 자유를 주장하는 이유는 인간 생명의 속성이 자유이고, 개인의 생명이 자아실현과 인격완성, 즉 좋은 삶과 선한 삶으로 발전(발현)하려면, 반드시 개인의 자유가 있어야 가능하기 때문이다. 그래서 우리는 자유를 주장한다는 것이다.

좋은 자유의 전제조건은 좋은 법치·도덕·공동체

그런데 '좋은 삶' '선한 삶'을 위한 자유가 되려면 우리는 반드시 자유의 질quality of freedom을 묻지 않을 수 없다. 자유의 질이 나쁘면 아무리 자유가 있다 하여도 우리는 좋은 삶을 구현할 수 없기 때문이다. 우리는 과잉자유 내지 잘못된 자유로 인한 무질서나 패륜의 자유, 부도덕의 자유를 바람직한 자유라고 보지 않는다. 이들은 '악惡자유'이다. 우리는 '좋은 자유', '선善자유'가 있어야 비로소 '좋은 삶'을 이루어갈 수 있다고 본다. 그러면 좋은 삶 혹은 선한 삶을 이루기 위해 필요한 '좋은 자유'는 과연 무엇을 의미하는가? 어느 경우에 성립하는가?

'좋은 자유'가 되려면 우리 사회 속에 두 가지 조건이 성립되어야 가능하다. 하나는 '공정한 행위준칙a universal rule of just conduct: Nomos'[25]으로서의 '법치'가 이루어져야 한다.[26] 그리고 다른 하나는 '선한 행위준칙'으로서 '도덕'이 건재하여야 한다.[27] 이 두 가지가 전제되어야 우리는 비로소 '좋은 자유'를 가질 수 있다. 그리고 우리가 좋은 자유를 가질 때 비로소 개개인의 인격완성도, 자아실현도 가능하고 그 결과 '성숙한 삶', '좋은 삶'을 이루어낼 수 있다. 그리고 우리는 이러한 과정이 실현되는 것을 '자유의 완성'이라고 부른다.

그런데 이 법치와 도덕 두 가지 모두는 '건강하고 유덕한 공동체'를 전제하지 않으면 성립할 수 없다. 왜냐하면 법과 도덕은 본래 공동체에서 나오기 때문이다. 공동체가 없으면 법도, 도덕도 존재할 수 없다. 요컨대 '좋은 공동체'에서 좋은 법과 도덕이 나온다. 그리고 좋은 법과 도덕이 전제되어야 좋은 자유가 가능하고, 좋은 자유가 가능하여야 인간 개개인의 성숙한 삶, 인격완성과 자아실현이 가능한 좋은 삶이 가능하게 된다. 따라서 '자유의 완성'을 위해서는 좋은 법과 도덕이 필수적이고 따라서 좋은 공동체가 필수적이다. 그래서 우리는 단순한 개인의 자유만을 주장하는 개인적 자유주의가 아니라 좋은 공동체의 가치를 중시하고 좋은 공동체를 위한 개인의 책임과 기여를 강조하는 공동체자유주의를 필요로 하게 된다.

공동체자유주의가 필요한 이상의 두 가지 이유, 즉 존재론적 이유와 당위론적 이유에 대하여 아래에서 좀 더 상세히 논의하도록 하자.

3. 실재론(존재론)적 이유

서구의 근대적 이성주의rationalism의 철학은, 인간은 한 사람 한 사람이 개인으로서 자기완결적인 존재이며 독립적이고 또한 자유스러운 존재라고 우리에게 가르쳐주고 있다. 특히 데카르트에서부터 시작된 서구의 이성주의는 모든 것을 객관적으로 대상화하고 세분화하여 분석한다. 사물뿐 아니라 인간 자신까지도 대상화하여 분석하고 개개인을 하나하나로 나누어 독자적이고 독립적인 존재로 인식한다.[28] 그리하여 나(自)는 어디까지나 나이고 남(他)이 아니라고 가르쳐주고 있다. 기본적으로 이분법적二分法的이다. 나는 나이고 남은 남이다. 선善은 선이고 악惡은 악이다. 서로 무관계하고 무매개적無媒介的이다. 이것이 데카르트 이래 서구 이성주의의 입장이다.

과연 그러한가? 존재론적으로 그러한가? 나는 과연 남이 없이 스스로 홀로 존재할 수 있는가? 남을 매개하지 않고 남에 의지하지 않고 홀로 존재할 수 있는가? 선은 선만으로 존재할 수 있는가? 악과 전혀 관계없는 선이 과연 가능한가?

자세히 생각해보면 이러한 이분법적 이해는 우리의 머릿속에 있는 근대적 이성주의 사고의 논리이고 '서구적 사유의 논리'에 불과하지 인간의 살아 있는 삶 그대로의 모습, 생생한 삶의 '실재하는 모습'은 아닌 것 같다. 실재의 모습은 나와 남이 별도로 독립적으로 존재하지 않는다. 반드시 서로가 서로를 필요로 하며 상호의지하며 상호매개하며 존재한다.[29] 선도 악을 전제하지 않고는 존재할 수 없고, 악도 선을 전제하지 않고는 존재할 수 없다. 양이 음을 전제하지 않고는 성립할 수 없듯이 음도 양을 전제하지 않고는 성립할 수 없다. 따라서 모두가 상의상생相依相生의 관계에 있다. 그러므로 자타불이自他不二가 실재의 논리이다. 선악불이善惡不二, 음양불이陰陽不二가 '실재實在의 논리'이다. 자기완료적인 독자성보다는 서로 관계되고 상호의존되어 있는 것이 실재의 모습이고 실상의 모습이다. 이것이 실재 내지 실상에 대한 동양적 이해이다. 요약하면 이분법二分法이 서구적인 '사고의 논리', '생각의 논리'라고 한다면 불이법不二法이 동양적인 '실재의 논리', '실상의 논리'이다.

한 가지 확실히 해둘 것은 불이不二, 즉 '둘이 아니다'라는 것은 그대로 '하나이다'라는 것을 의미하는 것은 아니다.[30] 선과 악이 하나이고 나와 남이 하나일 수 없다. 분명히 하나는 아니지만 그렇다고 둘이라고 주장할 정도로 독립적이고 자기완료적인 것은 아니라는 것이다. 즉 내가 곧 남은 아니지만, 남이 없어도 내가 홀로 존재할 수 있는 것도 아니라는 것이다. 남이 없는 내가 있을 수 없고 악이 없는 선이 있을 수 없고, 음이 없는 양이 있을 수 없다는 것이다. 깊은 상호의존과 상호관계에 있다는 것이다. 그래서 하나라고 할 수 없으나 그렇다고 둘이라고 할 수도 없다는 것, 비일이비이非一而非二이다. 그러면 어떻게 나와 남이 서로 상호의존하고 상호관계되어 있는가를 보다 구체적으로 살펴보도록 하자.

● 시간적 연계(혈연공동체[가족]의 망)

인간과 인간은 두 가지 차원에서 서로 관계되고 연결되어 있다. 하나는 '시간적 · 역사적 차원'에서의 연결이다. 오늘의 우리 한 사람 한 사람은 각자의 부父와 모母 없이는 존재할 수 없다. 부모의 사랑과 보살핌을 통하여 우리 한 사람 한 사람이 하나의 개체로 존재하게 되었고 성장하게 되었다. 물론 우리 부모님들도 그분들 각자의 부모님들의 은혜 속에서 태어나 성장하고 결혼하여 오늘의 우리를 낳고 기르고 하신 셈이다. 이렇게 부모의 부모, 그리고 그 부모(조부모)의 부모, 이런 식으로 선조들을 찾아 올라가 약 30세대를 올라가면 그 사이에 오늘의 나와 관계되는 선조들의 수는 과연 얼마나 될까? 약 10억 명에 달한다는 계산이 나온다. 오늘 한 사람이 존재하기 위하여 이렇게 많은 선조들의 사랑과 기도가 있었던 셈이다. 또 그분들의 한없는 정성과 은혜 덕분에 오늘 한 사람 한 사람이 존재하게 된 것이다. 이 10억 명이나

되는 선조들과 직간접으로 관련된 후손들이 또한 수없이 많을 터
인데, 우리가 비록 일일이 몰라도, 그 수많은 후손들과 우리는 현
재 이 땅에서 같이 살고 있다는 것도 사실이다. 그런 의미에서 이
땅의 많은 인간들은 사실 우리의 형제요 자매라고 볼 수 있다. 세
계는 같은 집안(世界一家)이라고 볼 수 있다.

뿐만 아니라 우리는 앞으로 나오는 수많은 자손들과 연계될 것
이다. 그 수가 또 수십억 수백억이 되어갈 것이다. 이렇게 오늘의
우리는 위로 수많은 선조와 아래로 수많은 후손들과의 시간적 역
사적 '관계의 망' 속에 한 고리를 형성하고 있다. 이러한 '관계의
망'은 단순히 육체적·생물학적 측면만으로 끝나는 것이 아니다.
인간의 인격적·정신적 측면도 상당부분 선조로부터 물려받고 또
다음 세대로 물려주고 있다. 우리는 선조들로부터 삶과 생활의 지
혜와 예의범절, 그리고 문화적 전통과 일상의 관행 등을 물려받는
다. 그리고 그 지혜와 전통을 다음 세대에 물려준다. 이렇게 우리
는 외견상은 자기완결적이고 독립적인 존재인 듯 보이지만, 사실
부모는 물론이고 선조들과의 깊고 많은 관계 속에서 존재하고 있
다. 또한 앞으로 올 수많은 후손들과도 깊이 관계하고 있다. 단순
히 선조들로부터 물려받은 것을 후손들에게 전달할 뿐 아니라 지
금 우리가 어떻게 생각하고 판단하고 행동하는가, 어떠한 가치를
선택하고 존중하고 어떠한 도덕과 윤리를 지키는가가 앞으로 올
후손들에게 엄청난 영향을 미치고 있다. 결국 과거가 현재를 결정
하고 현재가 또한 미래를 결정하는 셈이다. 이렇게 한 사람 한 사

람 속에 무수한 과거가 살아 있고 한 사람 한 사람 속에 무수한 미래의 씨앗이 숨겨져 있다. 그래서 하나 속에 일체一切가 있다는 주장, 즉 개체 속에 전체가 있다는 주장이 가능하게 된다.[31] 이렇게 중중무진重重無盡의 연기적 상호관계緣起的相互關係에 대한 깊은 이해 없이 인간을 독립된 개체로서만 이해하고 주장하는 서구적 합리주의는 결국 인간존재에 대한 피상적 부분적 이해에 불과하게 된다.

• 공간적 연계(사회공동체[분업]의 망)

인간과 인간을 연결시키는, 자기와 타인을 연결시키는, 두 번째 연결망은 '공간적 사회적 차원'에서 일어난다. 인간은 본래가 '사회적 분업'을 통해 타인과 긴밀히 연결되어 활동하며 존재한다. 상호의존되어 있고 상호작용하고 있다. 즉 상의상생相依相生의 관계에 있다.

인간의 삶은 결코 자기완료적일 수 없다. 독립적 존재로서는 자기유지가 되지 않는다. 우리는 타인의 노동에 의지하여 의식주 등 생존의 기본문제들을 해결하고 있다. 의식주 등의 기본적 경제문제뿐 아니라 문화, 교육, 종교, 예술 등에 대한 욕구충족도 모두 타인의 노동서비스(종교가의 설교, 교사의 교육, 예술가의 창작 등)에 의하여 이루어지고 있다.

우리의 삶 전체가 물질적 삶이건 정신적 삶이건 모두가 타인의 노동 없이는 성립할 수 없다. 풍요로울 수 없다. 이렇게 인간은 타인의 노동을 통하여 각자의 욕망(욕구)을 충족시키며 자신들의 삶을 유지하고 발전시키고 있다.

그러면 우리의 이웃들은 즉 타인들은 왜 우리의 생존을 돕고 우리의 욕구를 만족시켜 주려고 노력하는가? 그 이유는 우리도 우리의 노동을 통하여 그들의 생존을 돕고 그들의 욕망(욕구)을 만족시켜주고 있기 때문이다. 서로가 직업노동을 통하여, 사회적 분업의 망을 통하여, 서로의 삶을 돕고 서로의 욕구충족을 돕고 있는 셈이다.[32] 이러한 '사회적 분업'이라는 상의상생의 체계 속에서 인간은 존재하고 사회는 발전하고 있다. 이렇게 사회적 분업의 망이 서로 연결되어 중중무진으로 벌어져 있는 것이 우리들의 구체적 삶의 실재의 모습, 실상의 모습이다.

흥미 있는 것은 그 사회적 분업의 망(시장의 크기)이 복잡하고, 세분화specialization되면 될수록, 그리하여 보다 많은 사람들이 연결되면 연결될수록, 서로가 직업노동을 통하여, 서로에게 줄 수 있는 기여contribution의 수준과 질이 높아진다는 사실이다. 다시 말해 시장의 크기가 커질수록 노동생산성이 높아진다는 것이다. 그리하여 보다 좋은 재화와 서비스를 보다 많이 서로에게 공급할 수 있게 된다. 그래서 사회적 분업의 망이 좁은 지역시장local market에서 넓은 국가시장national market으로, 그리고 국가시장에서 더 넓은 세계시장global market으로 더욱더 확대되어 나갈수록 인간과 인간은 더욱더 양질의 재화와 서비스를 서로가 서로에게 공급할 수 있게 된다. 즉 사회적 분업망의 확대를 통하여 인간 간의 상호의존의 정도가 깊어질수록 서로에게 더욱더 큰 기여와 공헌을 할 수 있게 된다.[33]

이렇게 인간의 생존과 발전은 사회적 분업관계를 떠나서 성립할 수 없다. 따라서 인간을 타인과 단절된 독자적이고 독립적 존재로 이해하는 것은 인간의 생각 속에서만 가능한 피상적 일면적 인간관이다. 따라서 사회적 분업망 속에서 이렇게 긴밀하고 복잡다기하게 거미줄처럼 연결되어 있는 인간과 인간의 관계를 볼 때 자타自他가 하나라고 주장할 수는 없다. 그러나 그렇다고 완전히 독립된 둘이라고 보아서도 안 될 것이다. 즉 자타불이自他不二라고 보지 않을 수 없다.

• 이분법二分法과 불이법不二法

이렇게 모든 인간은 일정의 역사적 관계와 사회적 관계 속에서 태어나 교육받고 인격을 형성하며, 각자의 직업노동을 통한 사회적 역할을 하면서 각자의 삶의 목적을 추구한다. 처음부터 이러한 시간적·공간적 의존관계 속에서 인간은 존재하게 되었고 살아가게 되어 있다. 그런데 우리의 사고는, 특히 서구의 근대적 이성주의rationalism에 영향을 받은 우리의 사고는 인간을 타他와는 독립된 개個로서 이해하는 경향이 강하다.

물론 이러한 개個 중심의 사고, 즉 개인주의적 사고도 근대의 초기에는 역사발전에 큰 순順기능을 하였다. 즉 근대초기에는 개인주의가 자유주의와 결합하여 국가주의(정치적 절대왕조와 경제적 중상주의 등)에 대항하여 개인의 자유를 위한 투쟁을 전개하였다. 개인의 존엄과 창의, 그리고 자유와 선택을 주장하면서 국가권력의 부당한 지배와 개입과 간섭에 대하여 피나는 투쟁을 하였다. 이 투쟁은 분명 개인의 자아실현과 인격완성을 위하여, 그리고 사회적으로는 민주주의와 시장경제의 발전을 위하여 큰 기여였고 발전이었다.

그러나 국가주의와의 대결에서 개인주의가 승리하고 난 후에는 서서히 '개인주의의 폭주'가 시작되었다. 개인주의적 자유주의의 역逆기능이 시작된 것이다. '관계적 존재'로서, 공동체적 존재로서의 인간임을 거부하고 '독립적 존재'로서의 자기를 무한대로 주장하기 시작하였다. 그러면서 공동체는 힘 있는 개인이나 조직화된 이익집단(대기업집단 혹은 노조 등)들의 '공격과 수탈의 대상'이 되어갔다. 공동체 구성원들이 공동체를 위한 기여와 책임은 외면하고, 오로지 자신들의 이익극대화를 위하여, 공동체를 공격하고 수탈하기 시작하였다. 공동체적 가치와 연대는 약화되고 공동체는 점차 피폐하여 갔다. 이웃(他)과의 협력적 관계는 약화되고, 무관심이나 적대적 관계로 변모되어 갔고, 가치의 혼란과 사회의 무질서가 증가되어 갔다. 이러한 혼란과 위기를 풀기 위하여 나온 좌파적 대답이 바로 국가 사회주의state socialism이고 우파적 대답이 파시즘fascism이었다. 그런데 중요한 것은 개인주의적 자유주의의 극단의 형태인 '이기적 자유주의'이건, 이를 교정하려고 등장하였던 '국가 사회주의'이건 혹은 '파시즘'이건, 이 모두가 실은 서구적 이성주의적 사고의 산물이라는 사실이다. 다시 말해 '이분법적二分法的 사고'의 산물이고 '불이법적不二法的 관찰'의 결과가 아니라는 사실이다. 따라서 이들 사상은 모두 인간에 대한 올바른 이해에 기초하지 않았기 때문에 처음부터 성공하기 어려웠다. 아니, 지속 가능하지 않았다. 다시 강조하지만 이들은 '실재와 실상'에 기초한 사상이 아니고, '생각과 관념'에 기초한 사상이었기 때문이다.

앞에서 자세히 본 바와 같이 아我와 비아非我는 본래가 둘이 아니다. 비아와 분리된, 독립된 아는 시간적으로도 공간적으로도 실존 내지 실재할 수 없고 오직 생각과 관념 속에서만 존재한다. 개인은 역사와 사회를 떠나 존재할 수 없고, 역사와 사회는 개인의 공헌과 지지 없이 존재할 수 없다. 아와 비아, 그리고 개인과 역사, 그리고 개인과 사회는 서구의 이성주의적 사유의 논리에서는 상호 독립적이고 대립적인 둘(二)이 되지만, 사물을 있는 그대로 보려는 동양적 실재의 논리에선 결코 독립적이고 대립적인 둘이 될 수 없다. 서로 긴밀히 상호침투하고 상호작용하고 상호의존하며 상호매개하는 관계이다. 이와 같이 '이분법적 사고의 논리'에서가 아니라 '불이법적 실재의 논리'에서 아我와 비아非我 그리고 개인個人과 역사歷史 그리고 개인個人과 사회社會의 문제를 파악하는 입장이 바로 공동체적 자유주의이다.

• 진정한 개인의 가치(인간존엄성)

끝으로 한 가지 정리하고 넘어갈 문제가 있다. 인간이 이렇게 시간적으로 공간적으로 서로 중중무진으로 연결된 관계적 존재라면 그리하여 개인과 역사, 개인과 사회가 독립적으로 분리될 수 없는 불이의 관계라면 개인 한 사람 한 사람의 존재의 의미 내지 가치(존엄성)는 어떻게 정의될 수 있고 어떻게 이해되어야 하는가? 불이의 관계만을 강조한다면 개인의 개체적 가치 내지 개체적 존엄은 전혀 없다는 말인가? 만일 개체적 가치를 인정한다면 그 내용은 무엇인가?

우리는 개개인의 개체적 가치 내지 존엄을 다음과 같이 이해한다. 개개인의 개체적 가치는 개개인이 가지고 있는 시간적 공간적 관계의 총합이 개인마다 서로서로 다른 데서 찾아야 할 것이다. 그것이 개개인의 특이성uniqueness 내지 정체성identity의 근거라고 본다. 그리고 개개인은 무한한 시간적·공간적 관계의 나타남, 즉 일체wholeness의 총합이기 때문에 그만큼 가치가 있고 귀한 존재라고 볼 수 있다. 우리는 들판에 있는 이름 없는 꽃 한 송이를 피우기 위해서도 전 우주적 노력이 있어야 한다는 사실을 알고 있다. 꽃 한 송이를 피우려면 우선 35억 년 전에 지구 위에 생물이 생기기 시작한 후 오랜 기간을 진화하여 온 '씨앗'이 있어야 한다. 여기에 45억 년 전에 지구와 함께 등장한 '물'이 있어야 하고, 동시에 20억 년 전에 생긴 '산소'가 있어야 한다. 그리고 50억 년 전에 생긴 태양에서 나오는 '빛'이 1억 5,000만km를 달려와서 씨앗의 발아와 성장을 도와야 하다. 그래야 이름 없는 꽃 하나를 피울 수 있는 것이다. 그래서 우주적 노력이 있어야 비로소 꽃 한 송이가 피워진다는 이야기이다.

인간의 경우는 더욱더 많은 우주적 노력, 즉 시간적이고 공간적인 노력이 있어야 존재하게 되는 것이다. 수많은 선조들의 은혜(역사공동체)와 수많은 이웃들의 노력(사회공동체)으로, 그리고 자연의 빛과 공기, 물 등의 도움(자연공동체) 속에서 오늘 한 사람 한 사람이 이 땅 위에 존재하게 된 것이다. 한 인간의 존재는 실로 무한의 우주적 시간과 우주적 공간의 관계가 쌓이고 노력이 모여진 결과이고, 그러한 노력이 성공한 결과이다. 따라서 사실 개인 한 사람 속에 역사와 우주가 함께 들어 있다고, 즉 우주성宇宙性이 들어 있다고 볼 수 있다.[34]

그런데 더욱 중요한 것은 개개인 속에 들어 있는 우주성이 개인마다 다 다르다는 점이다. 시간적·공간적 관계의 집합의 내용이 다 다르기 때문이다. 선조도 다르고 후손도 다르고, 이웃과의 관계도 다 다르고, 살아온 자연환경도 다 다르다. 그 결과 한 사람 한 사람이 다 특이하다. 이 우주에서 유일무이唯一無二한 존재들이다. 따라서 그만큼 귀한 것이다. 그래서 우리는 인간을 타자(역사, 인간, 자연 등)와 무관계한 '독립적 존재'로는 보지 않지만, 타자와의 깊은 관계 속에서도 특이한 향기와 빛을 가지는, 이 우주에 유일무이한 '독존적獨尊的 존재'로 보는 것이다. 따라서 나와 남이 불이不二이고 개인과 공동체가 불이라고 하여도, 결코 개체 하나하나가 가지는 독존적 존재로서의 가치와 존엄성이 도전받거나 부정되는 것은 아니다.

나와 남이 둘이 아니면서도 나도 남도 하나하나가 한없이 '귀한 독존적 존재'이다. 왜 귀하다고 하는가? 우주적 노력, 즉 무한시간과 무한공간의 노력의 결과이기 때문이다. 왜 독존적이라고 하는가? 이 세상에 유일무이하기 때문이다. 같은 존재가 둘이 없기 때문이다. 이것이 공동체자유주의가 생각하는 개인의 존엄성이고 가치이다. 따라서 공동체자유주의는 개체의 존엄성과 가치를 부정하는 '전체주의totalitarianism' 내지 '집단주의collectivism'와는 같이 갈 수 없다. 전체주의나 집단주의는 개인의 존엄과 독존적 가치인 개체적 우주성을 부정하기 때문이다. 또한 공동체주의는 독립된 개체의 무한 자유, 무한 권리만을 주장하는 '이기적 개인주의egoistic individualism'과도 함께 갈 수 없다. 개인 속에 있는 우주적 공동체성을 부정하고 공동체에 대한 기여와 책임을 거부하기 때문이다.[35]

이상에서 우리는 자유(주의)가 왜 공동체를 필요로 하는가 하는 존재론적 이유를 살펴보았다.

4. 당위론적 이유

선善한 공동체(a good society)

다음은 자유(주의)가 왜 공동체를 필요로 하는가에 대한 당위론적 이유를 검토하여 보자. 크게 보아 두 가지 이유를 생각해볼 수 있다.

첫째는 자유(주의)의 성립과 지속을 위하여서이다. 자유주의가 성립(등장)하고 지속하려면 그 사회에 '최소한의 법치'와 '최소한의 도덕'이 있어야 가능하다.[36] 그런데 법치와 도덕은 공동체적 가치와 연대를 전제로 성립하고 작동한다. 공동체가 없다면 법치와 도덕은 존재할 수 없고 할 필요도 없다. 따라서 자유는 반드시 공동체와 함께 가야 성립할 수 있고 지속가능할 수 있다.

둘째는 자유(주의)의 완성을 위해서이다. 자유주의의 이상은 개개인의 인격완성과 자아실현에 있고 이를 통한 '좋은 삶 내지 선한 삶a good life'의 구현에 있다. 그런데 이러한 개개인의 좋은 삶 내지 선한 삶은 반드시 좋은 공동체 내지 좋은 사회a good society가 있을 때에만 실현될 수 있다.[37] 따라서 자유는 반드시 공동체와 함께 가야 비로소 발전할 수 있고 완성될 수 있다. 아래에서 위의 두 가지 경우를 각각 나누어 좀 더 자세히 설명하여 보자.

● **자유의 성립과 지속**(공동체 전제한 법·도덕이 자유 질 결정)

우선 자유의 성립과 지속이 가능하려면 왜 공동체가 필수불가결한가 하는 문제부터 살펴보자. 자유가 지속가능하려면 그 자유가 적어도 '파괴적 자유'여서는 아니 된다. 자유 그 자체가 아무리 바람직한 가치라고 하여도 그 자유가 무질서와 부도덕을 초래하는 자유라면, 타인의 권리와 자유를 침해하는 자유라면, 자유 본래의 가치와 의미를 상실하게 된다. 그리하여 사회적 무질서와 혼란, 그리고 비리와 패륜을 양산하는 파괴적 자유가 된다면 그러한 자유는 지속가능하지도 않고 바람직하지도 않다.[38]

따라서 '자유의 질quality'이 중요하다. 자유에도 질이 있다. 이

점을 명심하여야 하다. 그 동안 우리 사회는 권위주의 시대를 지내면서 '자유의 양'에만 관심을 가져왔다. 그러나 앞으로 '민주화 이후'의 시대에 사는 우리는 '자유의 질'에 대하여 관심을 갖기 시작하여야 한다. 그래야 우리는 지속가능한 자유, 발전하는 자유를 향유할 수 있다.

그러면 '자유의 질'은 어떻게 결정되는가? 두 가지 결정요인이 있다고 본다. 하나는 법이고 다른 하나는 도덕이다. '공정公正한 행위준칙'으로서의 법과 '선善한 행위준칙'으로서의 도덕이 그 사회의 자유의 질을 결정한다. 공정한 행위준칙으로서의 법이 그 내용과 집행에 있어 공정성을 잃으면 그 사회는 양질의 자유를 가질 수 없다. 불법과 비법非法이 판치면 그 사회에는 저질의 파괴적 자유가 나타나고, 결국 자유는 실패한다. 또한 비록 법이 인간행위를 규율하는 외적강제라 하여도 인간사회에 있을 수 있는 모든 행위를 다 법으로만 규율할 수는 없다. 결국 상당부분을 인간행위의 내적 동기를 규율하는 도덕에 의존할 수밖에 없다. 따라서 법 이전에 상당부분은 도덕에 의존하여 반사회적·반공동체적 행위를 자발적으로 자제시킬 수밖에 없다. 그래서 자유가 성립하고 유지되려면 '최소한의 법치'와 '최소한의 도덕'이 필수적이 된다. 그래야 자유가 자기파괴적 자유가 되지 않고 최소한 지속가능한 자유가 될 수 있다.

그런데 이 법치와 도덕은 모두가 공동체를 전제할 때에 비로소 성립한다. 모든 구성원들이 공유하는 공동체적 가치와 연대감(소속감)이 없으면 법치도, 도덕도 성립할 수 없다. 왜냐하면 법은 본래가 사회공동체의 산물이고 도덕은 본래가 역사공동체의 산물이기 때문이다.[39] 따라서 공동체를 전제하지 않는 법과 도덕은 없다. 깊은 산속에서 홀로 산다면 법도, 도덕도 필요 없을지 모른다. 그러나 사회공동체와 역사공동체 속에서 사는 이상 우리는 법과 도덕을 피할 수 없다.

따라서 자유주의는 자유의 성립과 지속이 가능하도록 만드는 '최소한의 법'과 '최소한의 도덕'을 생산해내는 공동체를 전제하고 이를 소중히 하여야 한다. 사회공동체와 역사공동체에 대한 배려, 기여, 책임을 소중히 하지 않으면 자유의 성립도 자유의 지속도 가능하지 않다. 그래서 자유주의는 당연히 공동체의 발전과 함께 가야 한다. 즉 공동체자유주의여야 한다.

• 자유의 완성(선한 공동체의 필요)

다음은 자유주의의 완성의 문제를 보도록 하자. 우리는 앞에서 자유주의의 성립과 지속뿐 아니라 자유주의의 완성을 위하여 공동체가 필요하다고 주장하였다. 그러면 자유주의의 완성이란 무엇인가? 그리고 왜 이를 위하여 반드시 공동체가 필요하다고 주장하는가 하는 문제를 보도록 하자.

자유주의의 완성이란 무엇일까? 자유주의의 완성이란 자유주의의 이상과 목표가 달성되는 것을 의미한다. 그러면 자유주의의 이상과 목표는 무엇인가? 자유주의의 이상과 목표는 인간 개개인에게 '좋은 삶' 내지 '선한 삶a good life'이 이루어지는 것이라고 생각한다. 그러면 좋은 삶 내지 선한 삶이란 무엇일까? 그것은 개개인의 인생의 목적이 실현되고 인생의 가치가 완성되어 가는 삶일 것이다. 여기서의 인생의 목적이란 개개인의 직업적 목적이 아니라 보편적 인간성에 걸맞는, 만인萬人에 공동되는 목적이 되어야 할 것이다. 이러한 의미에서의 개개인의 인생의 목적은 '인격완성'이라고 볼 수 있고 개개인의 인생가치의 완성은 '자아실현'이라고 볼 수 있다. 그래서 좋은 삶 내지 선한 삶이란 개개인의 인격이 완성되고 자아가 실현되는 삶이라고 정리할 수 있다. 이러한 의미의 개개인의 좋은 삶, 선한 삶이 실현되는 것을 우리는 자유주의의 완성이라고 볼 수 있다.

그런데 이러한 개인의 좋은 삶, 선善한 삶은 '선善한 공동체'a good society 속에서만 실현될 수 있다. '악惡한 공동체'an evil society 속에서는 개개인의 좋은 삶, 선한 삶은 실현될 수 없다. 인격완성과 자아실현이 어렵고, 따라서 자유주의의 완성이 가능하지 않다.

때문에 자유주의의 완성을 위해선 '선한 공동체', '좋은 공동체'가 필요하다. 그렇다면 '선한공동체', '좋은 공동체'란 과연 어떠한 공동체인가? 3가지 조건이 필요하다고 생각한다.

첫째, 공동체의 질서가 타율보다는 자율에 기초할수록 선한 공동체이다.

둘째, 공동체의 질서에 공과 사가 잘 조화될수록 선한 공동체이다.

셋째, 선조의 예지叡智(전통과 문화)와 공동체의 가치shared value(도덕과 윤리)가 세대 간 잘 전수되고 잘 계승 발전할수록 선한 공동체이다.

선한 공동체-예의염치禮義廉恥의 정신

선한 공동체, 좋은 사회의 첫 번째 조건인 질서가 타율적이 아니라 자율적인 사회란 어떠한 사회인가. 한마디로 타율적 질서로서의 '법의 역할'이 상대적으로 적고 자율적 질서로서의 '도덕의 역할'이 보다 활발한 사회이다. 법보다 도덕이 보다 많은 질서 형성적 기능을 하는 사회라고 볼 수 있다.

법은 본래가 인간의 외적 행위를 규율하는 외적강제이고 도덕은 특히 무형의 내적 동기를 규율하는 내적 자율이다. 법은 외적 강제를 수반하기 때문에 필요한 최소 수준일수록 좋고, 도덕은 자발적 선善이기 때문에 가능한 한 많을수록 좋다. 그래서 '최소한의 법과 최대한의 도덕'일수록 우리는 선한 공동체라고 할 수 있다. 이렇게 타율보다 자율에 기초한 선한 공동체를 가지려면 사회구성원 개개인이 보다 도덕적이 되어야 함은 물론이다.

그러면 여기서 도덕적이 된다는 것은 무엇을 의미하는가?[40] 여기서 도덕적이 된다는 것은 아래와 같은 4가지 정신적 기강이 바로 서는 것을 의미한다. 즉 예의염치禮義廉恥가 바로 그것이다.[41]

예禮란 시간적·공간적 구분에 따라 나와 남을 구별하고 그에 알맞은 언어와 행동을 하는 것을 의미한다. 시간적으로는 선후주

종先後主從이고 공간적으로는 상하좌우이다. 예컨대 연령, 학덕, 위계의 차이에 따라 나와 남을 구별하고 거기에 알맞게 상호존중의 행동과 언사를 사용하는 것을 의미한다. 노인과 어른을 대접하고 아이들과 여성을 보호하고 스승이나 상사를 존중하고 제자나 아랫사람을 사랑하는 것을 의미한다.

의義란 인간사회의 모두가 반드시 지켜야 할 원칙과 원리를 의미한다. 마치 하늘에는 천지운행의 도가 있듯이 인간사회에도 모두가 지켜야 할, 그리고 존중하여야 할 뚜렷한 가치기준이 있다. 이러한 모두가 지향하여야 할 공동의 가치, 공동의 선을 우리는 의라고 한다. 예가 나와 남을 조화시키는 기능을 한다면 의는 나와 남을 같은 방향으로 나아가도록 하는 기능을 한다.

염廉이란 밖으로 올곧고, 안으로 탁 트인 마음을 의미한다. 구체적으로는 물질이나 권세에 대하여 초연담백하여, 떳떳하지 못한 것은 아무리 좋은 것이라 하여도 구차하게 구하지 아니하는 의연함이다. 자기 것과 남의 것을 분명히 구별하여 자기분수를 지키는 안분과 자족의 자세이다. 하늘을 우러러 한 점의 부끄러움이 없는 투명함과 당당함의 자세이다. 그러하면서도 자신의 처신에 대하여 남에게 교만하지 않고, 마음이 항상 겸손하고 편안함을 의미한다.

치恥란 부끄러움을 아는 것이다. 인간은 누구나 잘못을 저지를 수 있다. 그러나 잘못 그 자체보다도 자기 잘못에 대하여 부끄러움을 아는 것이 더 중요하다. 부끄러움을 안다는 것은 양심이 살아 있다는 증거이다. 그리고 양심이 살아 있으면 반성과 교정이 가능하다. 그런데 양심 수행 여부에 따라 확충되기도 하고 위축되기도 한다. 따라서 부끄러움을 아는 수행을 보다 열심히 하여야 한다. 그래야 예가 아니고 의가 아닌 일을 행할 수 없게 된다.

관자管子는 이상의 4가지를 다음과 같이 설명 요약하고 있다. "예란 절도를 지키는 일이다. 의란 스스로를 자랑하지 않는 일이다. 염이란 자신의 잘못을 감추지 않는 일이다. 치란 남의 잘못을 따르지 않는 일이다. 이렇게 모두가 절도를 지키게 되면 사회의 질서는 안정될 것이다. 누구나 자기선전을 하지 않으면 거짓말이 없어질 것이다. 누구든지 자기 잘못을 숨기지 않는다면 행동이 온전하게 될 것이다. 남의 잘못된 행위에 이끌리지 않으면 사악한 일들이 일어날 리 없다."[42] 이상의 4가지가 즉 예의염치禮義廉恥가 바로 선한 공동체를 만들기 위하여 요구되는 도덕의 기본내용이다.

그런데 좀 더 깊이 생각해보면 위의 4유維는 인간의 본성 속에 있는 역지사지하는 마음과 그 능력에서 비롯된다. 내가 남의 입장에서, 또 남이 나의 입장에서, 그리고 개인이 공동체의 입장에서, 공동체가 개인의 입장에서, 서로서로 입장을 바꾸어놓고 생각할 수 있는 마음의 능력이 인간에게 있기 때문에 예의염치가 성립할 수 있다고 본다. 만일 입장을 바꾸어놓고 생각할 수 있는 마음의 성향 내지 능력이 없으면 인간은 예의를 지키고 염치를 느끼지 못할 것이다. 따라서 우리는 역지사지하는 마음에서 예의염치가 나온다고 생각한다. 그리고 이 역지사지하는 마음이 바로 애덤 스미스가 주장하는 동감sympathy의 원리이고,[43] 공자가 이야기하는 인仁의 원리이다.[44] 그런데 이 역지사지하는 마음의 능력은 모든 사람에게 있는 능력이지만 그 능력의 크기는 각자의 노력에 따라 개발될 수 있다. 남의 입장에서 생각하는 능력뿐 아니라 남의 입장에서 행동하는 능력도 개발될 수 있다. 즉 개인의 수양에 따라 보다 역지사지를 잘 해보고, 잘 행동하는 인격과 그렇지 못한 인격이 있을 수 있다는 것이다.

그런데 중요한 사실은 이 역지사지易地思之하는 능력은 자신의 존재와 타인의 존재가 서로 깊이 관련되어 있다는, 즉 상의상생相依相生의 관계에 있다는 공동체관共同體觀을 가지면 가질수록 더 커진다는 사실이다. 나와 남이 둘이 아니라는 불이적 실체관不二的 實體觀을 가지면 가질수록 역지사지하는 능력이 더 커진다. 그래서 이러한 공동체관과 실체관을 가정교육, 학교교육, 사회교육 등을 통하여 많이 교육하면 할수록 그 사회구성원들의 역시사지 능력은 높아지고, 예의염치의 도덕심은 향상하게 된다. 그리고 이러한 역지사지의 능력과 예의염치의 도덕심의 향상은 그만큼 그 공동체의 유지와 발전에 있어서 자율적 질서(도덕)의 역할을 높이고 타율적 질서(법)의 역할을 낮춘다. 즉 그만큼 보다 '선한 공동체'를 만들 수 있게 된다.

공사조화 공동체―자유와 질서가 조화된 사회

다음으로 선善한 공동체의 두 번째 조건으로서 '공사조화의 사회'란 어떠한 사회를 의미하는가? 이것은 개인의 자유요구와 공동체의 질서요구가 잘 조화된 사회를 의미한다. 즉 자유와 질서가 잘 조화된 사회를 의미한다. 그러면 자유와 질서가 잘 조화된 사회란 어떠한 사회인가? 자유와 질서가 잘 조화된 사회란 공동체가 다음과 같은 두 가지 구성 원리로 조직되어 있는 경우를 의미한다고 생각한다. 하나는 연대성의 원리principle of solidarity이고 다른 하나는 보충성의 원리principle of subsidiary이다.

연대성의 원리는 공동체의 횡적 질서를 구성하는 원리로서 한마디로 '자유와 평등'의 원리이다. 구성원 간에 상호 자유존중의 원칙, 권리의무 평등의 원칙, 동고동락의 원칙, 고통의 공평분담의 원칙 등이다. 그리고 보충성의 원리는 공동체의 종적질서를 구성하는 원리로서 한마디로 '자율과 자조'의 원리이다. 개인이 할 수 있는 것은 개인이 먼저 모든 책임을 지고 스스로 한다는 원칙이다. 그리고 개인이 할 수 없는 일, 해도 비효율적인 경우 혹은 불공정한 경우에만 공동체가 나서서 해결한다는 원칙이다. 그리고 공동체가 나서서 하는 경우에도, 우선 작은 공동체(예컨대 지방자치단체)가 먼저 해야 하다는 것이다. 그리고 작은 공동체가 할 수 없는 경우나, 해도 불공정하거나 비효율적인 경우에 비로소 큰 공동체(예컨대 중앙정부)가 나선다는 원칙이다.[45] 한마디로 '하늘은 스스로 돕는 자를 돕는다'는 원칙이다.

강조할 점은 보충성의 원리가 잘 지켜지지 않으면 개인의 자유에 대하여 상위공동체의 자의적 개입이 확대될 위험이 커진다는 점이다. 개인이 할 수 있는 경우에도 상위공동체가 자신들이 좀 더 잘할 수 있다고 간섭하거나 개입하기 시작하면, 그것이 비록 선의에 기초한 것이라도 결국 개인의 자유는 점차 위축되고 자유의 영역은 축소되지 않을 수 없다. 그렇게 되면 자유와 질서가 조화된 공동체가 아니라 질서의 이름으로 자유침해가 늘어나고 일상화되는 공동체, 그리하여 결국은 '자유실종의 공동체'가 될 위험이 크다. 과소자유, 과대질서는 결코 선한 공동체가 아니다. 이러한 과소자유, 과대질서가 등장할 가능성을 막는 원리가 바로 보충성의 원리이다.

이렇게 연대성과 보충성의 두 가지 원리가 잘 지켜지고 작동하는 공동체가 바로 질서와 자유가 조화된 공동체, 공동체로서의 연대를 확보하면서도 개인적 자유가 위축되지 않은 공동체가 된다. 그리고 이렇게 자유와 질서가 잘 조화된 공동체, 환언하면 공사조화의 공동체가 될 때 비로소 우리의 공동체가 선한 공동체가 될 수 있다.

역사존중 공동체

'선한 공동체'의 세 번째 조건은 선조의 예지(전통과 문화)와 공동체의 가치(도덕과 윤리)가 세대 간 올바로 전달, 계승, 발전하는 공동체이다. 앞의 두 가지 조건, 즉 자율과 공사조화라는 조건이 선한 공동체의 '공간적 모습'을 보인다면 이 세 번째 조건은 선한 공동체의 '시간적 모습'을 보이고 있다. 주지하듯이 공동체는 단순한 공간적 존재가 아니라, 시간적·역사적 존재이고 끊임없이 변화하고, 발전하고, 진화하는 존재이다. 그리고 공동체가 역사적 존재라는 데서 사실상 공동체의 정체성(전통과 문화)이 형성되고 공동체가 오랜 기간 공들여 만들어온, 그리하여 모든 구성원들이 공유하는 가치인 도덕과 윤리가 발생한다. 그리고 이렇게 형성된 도덕과 윤리를 개개인은 출생하면서부터, 가족과 학교와 사회라는 공동체를 통하여 배우고 익혀나간다. 그리하여 그 과정에서 공동체의 전통과 문화가 전수되고 발전되며 개인의 도덕과 윤리가 형성되고 성장되어 나간다.

따라서 이 공동체적 정체성과 가치, 즉 도덕과 윤리는 몇몇 사람들이 만드는 것이 아니다. 그 공동체가 처한 특정한 자연적·지리적 풍토, 역사적 풍토, 사회적 문화적 풍토 속에서 많은 사람들의 창조적 노력, 수많은 시행착오, 끊임없는 반성과 성찰을 통하여 만들어져 온 것이다. 선조들의 삶의 경험과 지혜가 오랜 기간 축적되어 온 것이고, 그 중요성과 가치가 장기에 걸쳐 검증되어 온 것이다. 따라서 대단히 귀한 것이다. 이 선조들의 예지, 전통과 문화, 도덕과 윤리는 올바르게 차세대에 전수되고 계승되어야 한다. 그래서 자신들이 속한 공동체의 역사에 대하여 구성원들이 자부심과 자긍심을 가질 수 있어야 한다.[46] 또한 그러한 공동체적 역사의 맥락 속에서 자신들이 속한 세대의 역사적 의미와 역사적 사명을 찾을 수 있어야 하고, 그 과정에서 개개인의 삶의 의미와 가치도 찾을 수 있어야 한다.

그럼으로써 공동체의 역사 문화 전통, 그리고 공동체적 도덕과 윤리 등은 반드시 다음 세대에 잘 전수되어야 하고, 다음 세대도 이것을 소중히 계승하고 발전시켜 나가야 한다. 이것을 잘하는 공동체, 즉 역사존중의 공동체가 바로 '좋은 공동체', '선한 공동체'이다. 반대로 선조들의 삶의 지혜를 무시하고, 자가 나라의 역사를 공격하고 폄하하는 '반역사적 공동체'는 '나쁜 공동체'이다. 공동체적 문화와 전통을 부정하고 공동체적 도덕과 윤리를 조롱하는 '반도덕적 공동체'도 '나쁜 공동체'이다. 그리고 이러한 '나쁜 공동체' 속에서는 개인의 자유가 비록 확대되어도 그 자유의 확대가 개인의 발전과 완성, 즉 자아실현과 인격완성으로 연결되지 못한다. 즉 '반역사-반도덕의 공동체' 속에서는 개개인의 완성된 삶, 즉 '좋은 삶', '선한 삶'은 불가능하게 된다.

이상에서 우리는 자유 성립과 지속의 조건과 자유완성의 조건들을 살펴보았다. 요약 정리하면, 자유의 성립과 지속을 위해서는 반드시 법치와 도덕이 필요하고 법치와 도덕은 공동체적 가치와 연대를 전제로 할 때만 가능하다. 따라서 자유의 성립과 지속을 위해서는 반드시 공동체가 필요하다. 더 나아가 자유의 완성을 위해서는, 즉 개개인의 인격완성과 자아실현이 이루어지는 단계까지 나아가려면, 단순히 공동체가 필요한 것만이 아니라 그 공동체가 반드시 '좋은 공동체'가 되어야 한다. 즉 공동체의 질서가 가능한 한 도덕에 많이 의존하는 자율적 질서여야 하고, 공동체의 질서와 개인의 자유가 잘 조화되어야 한다. 또한 공동체

의 전통, 문화, 도덕, 윤리 등이 세대 간으로 잘 전수되고 존경되
며, 계승되고 발전하는 공동체가 되어야 한다. 그리고 그러한 '좋
은 공동체'가 될 때 자유는 지속가능할 뿐 아니라 자유가 발전하
고 완성되어, 자유 속에서 개개인의 선한 삶들이 가능하게 된다.
즉 개개인의 자기목적(인격완성과 자아실현)이 실현될 수 있다. 한
마디로 '좋은 사람들이 사는 좋은 사회', '선한 사람들이 사는 선
한 사회'에 도달하게 된다. 그래서 우리는 자유주의의 실현을 위
한 노력에서는 반드시 '좋은 공동체'를 만드는 노력이 함께 가야
한다고 생각한다. 즉 공동체자유주의가 되어야 한다고 생각한다.

　지금까지 우리는 공동체자유주의가 왜 옳은 이념인가를 중심
으로 논의하여 왔다. 그러면 이 공동체자유주의의 이념을 현실
속에서 구체적으로 실천하려면 어떠한 노력이 필요할까? 이 문
제를 살펴보도록 하자.

3장
어떻게 공동체자유주의를 실천할 것인가?

우리 사회에 공동체자유주의를 실천하는 데는 '개인차원'에서의 노력이 있을 수 있고 '국가차원'에서의 노력이 있을 수 있다. 개인 차원에서의 노력은 개개인이 어떠한 인생을 살 것인가라는 문제와 긴밀히 관련되어 있다. 즉 우리 한 사람 한 사람이 어떠한 삶의 목표를 가지고 어떠한 모습의 삶을 사는 것이 공동체자유주의에 보다 부합하는 삶이 될 것인가 하는 문제와 관련된다. 이 문제는 대단히 중요한 문제이나, 그 논의는 별도의 기회로 미루도록 한다. 그리고 여기서는 국가차원에서 공동체자유주의를 실천한다면 어떠한 노력을 해야 하는가에 국한하여 논하도록 한다.

국가차원에서 공동체자유주의를 실천한다면 그것은 결국 국가전략 내지 국가정책차원에서의 공동체자유주의의 실천을 의미한다. 즉 국가가 보다 공동체자유주의적인 가치가 실현되는 국가전략 내지 정책을 선택하고, 그리고 그 국가정책을 보다 공동체자유주의적인 방식으로 추진함을 의미한다. 편의상 국가정책의 내용면과 국가정책의 수립집행과정을 나누어 각각의 경우 공동체자유주의가 어떻게 실천될 수 있는지를 살펴보도록 한다.

1. 국가정책의 내용과 방향

(1) 자유 확대와 투명성 제고

공동체자유주의를 국가정책 면에서 실천한다면 두 단계로 나누어 접근하는 것이 좋을 것 같다. 우선 첫 단계에서는 자유주의의 관점에서 문제를 접근하는 것이 좋다. 즉 정부의 모든 제도와 정책이 국민 개개인의 창의와 자유를 신장하는가, 아닌가, 개개인의 자유스러운 선택의 폭을 넓히고 선택의 질을 높이는가, 아닌가, 그리고 그 모든 과정이 투명한가, 아닌가를 가지고 기존의 국가정책을 평가하고 앞으로 국가정책이 나아갈 방향과 내용을 결정하는 것이 좋다고 생각한다. 즉 '자유의 신장'과 '선택의 확대' 그리고 '투명성의 제고'가 올바른 국가정책의 내용이고 방향이어야 한다는 것이다.

예컨대 정치제도를 보고 평가할 때는 우선 그 제도들이 국민의 정치적 '자유의 신장'을 결과하는가, 아닌가가 중요한 기준으로 되어야 한다. 이와 관련하여 집회결사의 자유, 언론출판의 자유 등의 정치적 자유의 신장은 기본적 요건이 될 것이다. 다음으로 중요한 것은 정치적 '선택의 확대'이다. 우리나라에선 기존 정당들이 이념과 정책지향성이 약하고 이익지향성이 강하여 지극히 폐쇄적이다. 거기에 지역구도의 문제 등이 있어서 국민들의 정치적 선택의 폭(입후보자의 폭)이 사실상 극히 제한되는 경우가 많다. 국민이 뽑고 싶은 유능한 후보자를 정당이 공천하지 않는 경우가 많을 수 있다. 그러면 비록 선택의 자유는 있다고 하여도 선택의 폭이 극히 제한되어 버린다. 이렇게 국민 다수가 원하는 내용의 선택을 할 수 없다면 그만큼 선거는, 다시 말해 정치적 자유는 형식화하고 만다. 끝으로 중요한 것은 정치과정의 '투명성의 제고'이다. 정당의 공직후보자의 선출과정은 물론이고 정당 내에서의 의사결정 과정, 아니 국회에서의 의사결정 과정 등등 모든 정치과정이 보다 투명해져야 한다. 그래야 부패의 가능성도 줄고 정치인들의 책무성도 높아진다. 투명성과 책무성이 없으면 정치적 자유는 사실상 허구화된다.

따라서 국민의 정치참여 확대를 위한 '정당제도의 개방화', '당운영의 민주화와 투명화', 공직후보자 선출과정에서의 '오픈 프라이머리의 도입', '비전과 정책정당'의 등장, 이를 통한 '지역구도의 타파' 등등으로 국민의 실질적 자유선택의 폭과 질을 높이는 노력은 올바른 자유주의적 정치개혁의 방향이다.

3권분립의 정착, 탈규제의 경제정책

정치적 자유의 확대와 보호를 위하여 또 중요한 것이 권력의

'3권분립'을 정착시키는 것이다. 특히 중요한 것이 '사법부의 독립'과 '공무원의 정치적 중립'이다. 사법부는 오로지 법관의 양심과 고도의 법적 전문성에 기초하여 판단을 내려야지, 조금이라도 정치성을 띠게 되면 정치적 자유는 위험하게 된다. 사법부에 의한 정치권력의 견제가 불가능하게 되기 때문이다. 또한 공무원들이 권력의 시녀가 되어 정치적 중립성을 지키지 못해도 마찬가지로 정치적 자유는 위험하게 된다. 따라서 3권분립의 정착, 사법부의 독립, 공무원(특히 검찰 세무 공무원 등)의 정치적 중립 등은 자유주의적 정치개혁의 기본방향의 하나이다.

다음은 경제 분야를 보자. 경제제도나 경제정책은 국민 개개인 '경제활동의 자유'를 확대하여, '경제 하려는 의지will to economize'가 마음껏 발휘될 수 있도록 해야 한다. 그것이 자유주의적 경제정책의 기본 방향이다. 따라서 경제규제는 뒤에서 논할 공동체적 관점에서 요구되는 부분을 제외하고는 없을수록 좋다. 즉 '탈脫규제deregulation'가 올바른 정책방향이다. 물론 경제자유의 확대와 탈규제는 국내에 한하지 않고 대외관계에서도 실현되어야 한다. 따라서 '대내개방화'와 '대외개방화', 그리고 '글로벌 스탠더드의 도입' 등이 올바른 자유주의적 정책방향이다.

우리나라에서는 경제적 자유주의에 반하는 정책과 관행이 많다. 한두 가지 예를 들면 우선 하나는 '국가정책의 불안정성'이다. 특히 대중 영합주의적 정책, 즉 포퓰리즘populism으로 인하여 경제정책이 일관성과 원칙 없이 가변적인 경우가 적지 않다. 선거철

이 되면 더욱 심하다. 그러나 경제적 자유주의는 정책의 불안정성과 불확실성을 가장 싫어한다. 따라서 '정책 포퓰리즘'을 줄이는 것은 경제적 자유주의 확대를 위한 필수적 과제의 하나이다.

다른 하나의 예는 기업과 개인의 사적재산권을 가볍게 생각하는 경향이다. 예컨대, 국가의 조세권은 헌법에 규정되어 있는 조세법률주의나 조세평등의 원칙 등을 지키며 신중하고 공정하게 행사되어야 한다. 그런데 국민의 사적재산에 직접 영향을 주는 조세권을 마치 행정재량권처럼 생각하는 잘못된 사고가 공무원과 정치지도자들의 언행에 많이 나타나고 있다. 국가의 토지수용권도 마찬가지이다. 헌법의 규정에 따라 반드시 필요한 경우 최소한의 수준에서 적정보상을 하면서 신중하게 하여야 하는데, 국민의 사적소유권을 제한하는 이러한 국가행위를 함부로 행사하는 경향이 많다. 이러한 잘못된 생각과 의식과 관행을 고치는 것도 경제적 자유의 확대를 해여 대단히 중요한 과제이다.

학생만 아니라 학교, 교사, 교육부서도 경쟁

다음은 교육 분야이다. 교육에서는 학생들의 '자유와 선택', 학교의 '자율과 책무'를 높이는 방향으로 바꾸는 것이 자유주의적 교육정책이 된다. 따라서 학생들의 학교나 교육프로그램의 자유선택이 불가능한 현행의 일률적인 평준화제도는 옳지 않다. 평준화를 택할 것인가 비평준화를 택할 것인가까지도 교육소비자인 학생과 학부모가 선택할 수 있도록 하는 것이 자유주의 원칙에 맞는다. 자유선택은 불가피하게 자유경쟁을 유발한다. 그러나 그것은 불가피하다. 경쟁 없이는 발전이 없기 때문이다. 문제는 학생들만 경쟁하도록 하여서는 안 된다는 것이다. 학교도 경쟁하고 교사도 경쟁하고 대한민국의 교육부도 다른 나라의 교육부와 경쟁시키는 방향으로 개혁하는 것이 자유주의적 교육정책의 기본방향이다.

학교와 교사의 경쟁을 위해선 정부의 교육규제를 최소화하여 교육의 자율성을 높일 뿐 아니라 교육의 투명성과 책무성도 함께 높여야 한다. 이를 위해 교장, 총장 등 교육조직의 장들이 보다 큰 권한을 가지고 현장에서 자율적 교육개혁을 하고, 그 결과에 대하여 투명하게 책임질 수 있는 방향으로 현재의 학교의 통치구조school governance의 대대적 개혁이 있어야 한다.

학교와 교사 간의 경쟁은 물론이고 교육부까지 경쟁하게 만드는 또 하나의 자유주의적 교육정책은 '교육의 개방화'이다. 해외유학을 보다 용이하게 하고, 외국학생의 국내유학이나 외국학교의 국내분교설치 등도 보다 쉽게 하는 교육개방이 필요하다. 그러면 어느 나라의 교육이 보다 국제 경쟁력이 있는가? 어느 나라 정부의 교육정책이 보다 성공적인가? 이러한 문제가 교육소비자인 학생들과 국민들의 선택의 결과로 저절로 명백해질 것이다.

국제관계-자강自强, 동맹, 균세均勢정책 강화

다음은 국제관계 분야이다. 국제관계 분야에서 자유주의의 입장은 두 가지 방향으로 나타날 것이다.

첫째는 국민의 자유와 생명을 지키기 위한 철저한 현실주의적 대책realism을 우선해야 한다. 즉 본래 무정부적 성격이 강한 국제관계 속에서 자국민의 자유(자유주의)를 확실하게 보호하기 위하여, 외부로부터의 어떠한 위협도 사전에 철저히 막는 조처가 최우선이어야 한다. 이를 위해선 자위적 방위력을 스스로 높이는 자강自强정책, 잠재적 공격자에 대한 공동대응을 위한 동맹同盟정책, 그리고 이웃나라 간의 세력균형을 목표로 하는 균세均勢정책 등을 모두 강화하여야 한다. 자유주의자들은 자국의 자유주의를 위협하는 어떠한 외부의 공격에 대하여도 항상 격퇴시킬 각오와 준비가 되어 있어야 한다. 자유는 비자유세력과의 일전을 각오할 때 비로소 지켜질 수 있는 것이다.

둘째는 전 세계의 자유주의세력과의 연대를 목표로 해야 한다. 좀 더 구체적으로 말하면 자유주의적 국제주의자liberal internationalists들과의 연대를 목표로 하여야 한다.

자유주의적 국제주의자란 웨스트팔리아Westphalia조약에서 인정한 개별국가들의 평등한 독립주권을 전제로, 세계의 평화와 발전의 문제를, 국제법과 국제기구 등을 통한 다자간 협의multilateralism를 통하여 해결해 나가자는 입장이다. 그리고 그 과정을 규범화하고 제도화하여 모두가 그 규범과 제도에 따라 국제문제를 풀어가자는 입장이다. 따라서 이들은 국제문제 해결에 있어서 강대국에 의한 어떠한 형태의 패권주의hegemony도 어떠한 형태의 일방주의unilateralism도 모두 반대한다. 절대평등의 주권국가들 간의 수평적인 대화와 합의를 제도화하면서 국제문제를 풀어가는 질서를 지지한다.

공동체자유주의는 국제문제의 해결에 있어 이러한 자유주의적 국제주의의 입장이 옳다고 본다. 따라서 이들 자유주의적 국제주의자들과 연대하고 가능한 자유주의적 국제주의를 지구촌 전체로 확산시켜 나가는 노력도 함께 하는 것이 바람직하다.

이 과정에서 자유주의 국가와의 연대뿐 아니라 특히 중요한 것은 자유주의 국가 내부에 있는 자유주의적 국제주의세력과의 연대를 돈독히 하는 것이 중요하다. 또한 비자유주의 국가 내부에 있는 자유주적 국제주의 세력과의 연대까지를 모색하는 것도 중요하다. 자유주의 국가이건 비자유주의 국가이건 비자유주의 세력, 환언하면 패권주의 내지 일방주의 세력은 항상 있다. 이들을 설득하고 제압하면서 전 세계의 자유주의적 국제주의 세력을 결집하여야 하고 이들을 중심으로 세계를 ‘자유주의 공동체’로 만드는 것이 국제관계 분야에서 우리의 세계전략이 되어야 한다.

(2) 공동체 연대

이상과 같은 방향으로 정치, 경제, 교육, 국제관계 등의 분야에서 자유주의적 정책의 기본골격을 정한 다음에는 각각의 분야에 공동체주의적 관점에서의 정책의 보완이 필요하다. 그래야 공동체 자유주의적 정책이 된다.

민주정치 교육, 정치지도자 교육 필요

정치의 경우부터 살펴보자. 정치의 경우에는 우선 두 가지 보완이 시급하다. 하나는 청소년은 물론이고 일반 국민을 대상으로 민주주의에 대한 교육이 꼭 필요하다. 구체적으로 '민주주의란 무엇인가' 등과 같은 민주주의 교육이나, '민주주의를 성공시키기 위하여 국민은 무엇을 해야 하는가' 등과 같은 민주시민교육의 확대가 필요하다. 민주주의는 국민들이 성숙한 민주정치의식과 민주시민의식을 가질 때 성공할 수 있다. 정치적 자유의 확대가 그 자체로 무조건 올바른 정치적 선택을 결과하는 것은 아니다. 정치적 자유의 확대는 분명 '다수의 지배' 시대를 열지만, 다수의 지배가 '양의 지배'로 끝나지 않고 '질의 지배'가 되려면, 무엇보다도 국민의 정치적 선택의 질이 높아야 한다. 그래야 훌륭한 정치지도자를 뽑고 감독 감시하며 훌륭한 정치를 생산해낼 수 있다.

그런데 국민의 정치적 선택의 질을 높이기 위해서는 무엇보다 국민에 대한 민주정치교육이 절실히 필요하다. 학교와 사회에서 민주주의교육과 민주시민교육이 체제적으로 있어야 하고, 이것이 있어야 올바른 민주주의가 정착할 수 있다. 이렇게 민주주의교육과 민주시민교육을 통하여 숙의熟議민주주의적 요소deliberative democracy를 높여야 한다. 단순히 참여參與민주주의적 요소만 커지면, 포퓰리즘적인 선동정치가 등장하여 중우정치衆愚政治로 몰고 갈 위험이 커진다. 따라서 우리는 자유주의를 통한 정치적 자유와 참여의 확대는 반드시 공동체주의 입장에서의 민주정치 교육이라는 보완이 필요하다고 본다.

다른 하나는 정치지도자 교육이 필요하다. 지도자는 아무나 될 수 있는 것이 아니고, 되어서도 안 된다. 따라서 지도자가 되려는 사람들에게는 '지도자학'을 가르쳐야 한다. 학교에서든 학교 밖에서든 지도자의 품성과 능력을 가르치는 제도와 절차가 있어야 한다. 과거 우리나라에서는 오랫동안 지도자학을 가르쳐왔다. 수기치인修己治人의 학문이 바로 지도자학이었다. 선공후사先公後私의 철저한 자기수양을 하고, 국가경영에 대한 충분히 공부를 한 후 수양과 공부가 넘칠 때 비로소 나라를 다스리는 지도자의 길로 나섰다. 요즘처럼 아무 준비도 없이 아무나 지도자가 되겠다고 나서는 일은 상상할 수도 없었다. 우리나라에는 이미 이율곡 선생의 『성학집요聖學輯要』나 정약용 선생의 『목민심서』 같은 훌륭한 지도자학의 교과서를 가지고 있다. 그런데 일제시대를 지내고 해방 이후의 혼란을 겪으면서 우리나라에서 지도자학이 없어졌다. 학교에서도 사회에서도 어디에서도 '지도자의 길'을 가르치지 않고 있다. 그러면 민주주의의 성공이 어렵게 된다. 민주주의가 단순이 수의 지배가 아니라 질의 지배가 되려면 반드시 훌륭한 민주적 지도자들이 많이 나와야 한다. 그리고 지도자는 길러지는 것이지 하늘에서 떨어지는 것은 아니다.

21세기 세계화시대의 지도자는 당연히 훌륭한 인격을 갖추어야 하지만 동시에 뛰어난 국가비전과 정책능력, 그리고 국제감각을 가지는 것이 대단히 중요하다. 국가비전과 국가정책의 방향을 제시하려면 자신의 지적 확신과 용기가 있어야 한다. 본인의 확신이 없는 상황에서 참모의 의견만 듣고 국가의 명운을 거는 중요한 결정을 내릴 순 없다. 따라서 지도자의 식견과 경륜이 대단히 중요하다. 미래의 지도자들에게 이러한 식견과 경륜을 주기 위하여 외국에서는 여러 가지 제도를 가지고 있다. 예컨대 미국에서는 국가정책대학원(하버드의 케네디 스쿨, 프린스턴의 윌슨 스쿨 등), 민간의 국가정책연구소(부르킹스 연구소, 해리티지 재단 등), 정당연구소(진보정책연구소 등) 등이 그러한 일들을 한다. 미래의 정치가와 미래의 국정운영담당자들에 필요한 국가비전과 국정연구의 장을 제공한다. 이론가와 실무가가 함께 공동강의를 함으로써 정책이론과 정책경험을 동시에 배울 수 있는 기회를 제공한다. 우리나라에도 지도자학의 부활과 더불어 이러한 제도들의 도입이 시급하다. 그래야 리더십과 교양과 정책능력을 갖춘 훌륭한 지도자, 이론과 실무를 동시에 갖춘, 문무文武를 겸한 훌륭한 지도자들이 나올 수 있고, 그래야 우리의 정치와 우리나라의 민주주의가 성공할 수 있다.

경제정책과 공동체자유주의

다음은 경제의 경우를 보자. 경제정책에도 몇 가지 공동체주의적 관점에서의 보완이 필요하다.

첫째는 경제적 자유의 확대가 공공의 이익에 봉사하려면 반드시 경쟁적인 자유여야 한다. 경제적 자유가 경쟁적 자유일 때만 그 자유가 보다 좋은 물건을 싸게 공급함으로써 소비자의 이익에 봉사하는 자유가 된다. 따라서 경제적 자유가 독점적 자유여서는 곤란하다. 그러므로 경제의 자유를 확대함과 동시에 시장질서를 자유·공정·투명한 경쟁질서로 만들려는 노력을 함께 하여야 한다. 즉 경제적 자유의 확대와 더불어 독과점규제정책과 경쟁촉진 정책의 강화가 반드시 따라야 한다. 독과점은 물론 막아야 한다. 그러나 부의 집중문제는 어떻게 보아야 할까? 적절한 세금을 내고 나서도 경쟁적 시장에서 성공한 결과로, 부의 축적이 일어나는 것은 사회적으로 높이 평가받아야 한다. 따라서 부의 집중 그 자체는 문제가 되지 않는다고 본다. 다만 경제적 부의 집중이 정치적 영향력의 증대로 나타나는 것은 확실하게 막아야 한다고 보는 것이 공동체자유주의의 입장이다. 왜냐하면 부의 권력화는, 정치적으로 책임지지 않으면서 사익을 위하여 국정에 개입하게 되어 결국 국민들의 자유와 권익의 침해를 결과하기 쉽기 때문이다.

둘째, 21세기형 산업정책을 추진하여야 한다. 중진국의 선두주자에 오른 우리 경제가 선진경제를 추격하여 선진화에 성공하려면 반드시 미래전략분야에 대한 산업정책이 필요하다. 다만 산업정책이 20세기형인 정부주도형이어서는 안 되고, 시장 친화적이어야 한다. 따라서 특정기업이나 산업을 무조건 지원하는 식보다는 미래전략부문에 민간연구개발(R&D) 투자확대의 유도, 정부의 R&D투자 지출의 확대 등 보다 유연하고 간접적인 방식이 바람직할 것이다. 그 구체적 입안과 추진 방식은 다른 장에서 논할 민관

협치형民官協治型이 되어야 할 것이다.

셋째, 21세기 세계화시대는 세계경쟁이 되면서 산업과 기업의 구조조정이 상시화되는 시대이다. 따라서 퇴출되는 기업, 실직하는 노동자들이 양산되는 시대이다. 따라서 이들에 대한 공동체적 입장에서의 보다 체계적인 보호와 지원이 필요하다. 기업의 경우는 새로운 산업분야로의 이동을 돕는 방법을 준비해야 한다. 노동자들의 경우도 새로운 분야의 취업을 위한 교육훈련과 그 기간 동안의 생계보장, 교육 후 취업알선 등을 준비해야 한다. 공동체자유주의는 경제적 자유 확대를 통한 '경제성장정책'과 더불어 사회안전망Social safety net의 질을 높이는 '사회통합정책'도 함께 준비해야 한다고 생각한다.

넷째, 경제적 자유가 사실상 아무런 의미를 가질 수 없는 사회구성원들이 있다. 즉 시장경쟁이 불가능한 경우이다. 노인, 병약자, 연소자 등의 경우 적절한 공적부조social aid의 확대는 공동체주의적 관점에서 필수적이다. 한마디로 경제적 자유가 대단히 중요하나 경제적 자유도 공정하고 정의로운 자유여야 하고, 동시에 이웃을 돌보고 아끼는 '유덕有德한 자유'여야 한다고 생각한다.

교육정책과 공동체자유주의

다음은 교육의 경우를 보자. 교육정책의 경우에도 공동체주의적 보완과 보충이 필요하다.

첫째, 교육기회에서의 공정과 자유경쟁이 불가능한 경우, 예컨대 학습부진아, 낙후지역 학생, 극빈층 자녀 등등에 대하여 별도의 특별교육정책이 반드시 있어야 한다. 또한 경제적 능력 때문에 양질의 교육을 받지 못하는 일반의 저소득층을 위해서는 교육바우처Voucher제도와 학비융자제도가 바람직할 것이다.

둘째, 개인의 자유선택에만 맡겨서는 공동체적 관점에서 필요한 교육이 제대로 이루어지지 않는 분야가 있다. 예컨대 인성 및 도덕교육, 역사교육, 철학교육, 문학교육, 기초과학기술교육 등등이 그것이다. 이들 분야에 대해서도 교육시장에만 맡기지 말고, 공동체적 관점에서 정부의 별도의 교육정책이 있어야 한다. 예컨대 인기가 많은 법대, 경영대, 의대 등은 사립대학에 맡기고 국공립대학이 앞장서서 이들 비인기 분야인 문사철文史哲(문학, 역사, 철학) 분야와 기초과학기술 분야에 집중적으로 교육투자를 확대하는 방향을 생각할 수 있다. 앞으로는 이것이 아마 국공립대학의 존재 이유의 하나가 될 것이기 때문이다.

국제정책과 공동체자유주의

다음으로 국제관계정책에서도 공동체주의적 보완이 필요하다.

첫째, 자유주의의 확대에만 노력할 것이 아니라 자유주의적 협력공동체를 만들어 나가는 데도 앞장서야 한다. 오늘날 전 세계는 지역별로 경제적·군사적·문화적 공동체 조직의 움직임이 활발하다. 우리도 이러한 지역통합의 움직임에 앞장서야 한다. 예컨대 동북아 공동체이건 동아시아공동체이건 우리도 지역공동체 형성에 적극적 나서야 한다. 둘째, 지구촌을 세계공동체로 만들어나가는 데도 앞장서야 한다. 이를 위하여 세계 다른 나라의 국민들의 어려움에 대한 국민적 관심과 국가적 지원을 확대하여야 한다. 지구촌의 과제인 인권, 빈곤, 평화, 핵, 테러, 환경, 에너지 등의 문제해결에도 우리가 보다 적극적으로 나서야 한다. 그리고 선진국과 후진국의 중간에 위치한 우리가 이들 두 블록을 하나의 공동체로 묶고 통합시키고 발전시켜 나가는 데 보다 적극적·주도적 역할을 해야 한다. 그리하여 우리나라를 이웃나라들이 존경하고 신뢰하는 덕 있는 나라로 만들어야 한다. 공자께서도 덕은 결코 외롭지 않다고 하셨다. 북극성과 같이 천하의 마음이 모인다고 하셨다. 우리나라가 그러한 유덕有德국가가 되는 것이 공동체자유주의자들의 꿈이라고 할 수 있다. 이상에서 우리는 공동체자유주의를 몇몇 분야별 국가정책에 적용하면 국가정책이 어떠한 내용과 방향이 될 수 있는가를 간단히 살펴보았다. 다음은 만일 국가정책의 입안과 집행과정에 공동체자유주의의 철학을 실천한다면 국가정책의 입안과 집행이 어떻게 될 것인가를 살펴보도록 하자.

2. 국가정책의 입안과 집행

(1) 현장주의와 당사자주의

정책의 내용과 방향에서뿐 아니라 정책의 수립과 집행과정에도 공동체자유주의의 이념과 가치를 실천하려 한다면 어떻게 될까? 여기서도 편의상 자유주의원리와 공동체주의원리를 나누어 생각하는 것이 좋을 것이다.

우선 자유주의원리를 국가정책의 입안과 집행과정에 실천한다면 어떻게 될까? 자유주의는 개인의 의견과 판단과 선택을 존중하는 입장이다. 그것은 개인에게 자신의 문제에 대하여 올바른 판단과 선택을 할 정보가 가장 많다는 것을 전제하고 있다. 개인의 문제는 개인이 가장 잘 알고 가장 잘 판단한다는 것을 전제하고 있다. 따라서 자유주의원리를 정책입안과 집행과정에 반영하면 '현장주의'와 '당사자주의'가 나온다.

'현장주의'란 정책의 수립과 집행에 있어 현장의 상황과 문제의식, 그리고 현장의 정보를 대단히 중요하게 생각하는 태도이다. 따라서 정책의 입안·집행·평가과정에서 현장의 일선 공무원의 의견을 크게 중요시한다. 그리고 정책의 수립도 현장을 떠나 책상 앞에서 구상하는 것이 아니라 현장 속에서 국민들과 대화하면서 입안하고, 또한 정책의 효과도 현장에서 국민들이 피부로 느낄 수 있는 것이어야 한다고 생각한다. 그래야 진정한 정책의 성공이라고 본다.

'당사자주의'란 결국 일선에서의 정책 집행자(일선 공무원 등), 그리고 정책에 직간접으로 영향을 받는 이해관계자(현장 주민 등)들의 의견이 가장 많이 감안된 정책입안이고 추진이고 평가여야 한다는 주장이다. 이러한 현장주의와 당사자주의와는 정반대의 원리가 우리나라에서 과거 국가주도의 산업화시대를 지배하였었다. 그 극단적인 경우가 탁상행정이고 각종의 관官주도 내지 관官우위의 행정이었다. 자유주의는 탁상행정에서 현장행정으로, 관우위에서 민民 존중으로 바뀌어야 함을 요구하고 있다.

(2) 역사존중과 협치協治의 원리

다음은 공동체주의의 원리에서의 보완이 필요하다. 공동체적 관점에서 본다면 국가정책의 수립과 집행과정에 어떠한 보완이 요구되는가? 두 가지 보완이 필요하다고 생각한다. 하나는 '역사존중'이고 다른 하나는 '협치協治의 원리'이다. 역사존중 혹은 '역사주의'란 정책수립과 집행을 할 때 반드시 과거의 유사한 정책의 성공과 실패의 경험에서 배우라는 입장이다. 외국의 정책경험도 좋고 국내의 정책경험도 좋지만 반드시 역사에서 교훈을 배우라는 것이다. 가장 중요한 것은 물론 국내의 정책경험에서 배우는 것이다. 그런데 그 동안 우리는 역사공동체에서 배우는 것을 많이 소홀히 해왔다. 새로운 정권이 등장하여 새로운 정책을 구상하고 실천할 때 특히 그러했다. 과거정부의 정책과의 차별화에 급급하여, 과거 정책 성공의 경험과 실패의 경험에서 전혀 배우려 하지 않는다. 그래서 어느 정권이건 정권초기에는 유사한 정책실패를 반복하는 어리석음을 우리는 본다. 역사에서 배우려는 겸손함이 없었기 때문이다.

그러나 국가정책은 허공 속에서 추진되는 것이 아니다. 정책은 반드시 역사와 문화의 맥락과 대중의 의식과 기존 제도의 틀 등 구체적 정책환경 속에서 추진되고 효과가 나타난다. 따라서 이러한 정책환경(인문적, 제도적, 환경적 제약)을 제대로 이해해야 정책이 올바로 추진되고 성공할 수 있다. 그리고 이러한 정책환경을 제대로 이해하려면, 우리는 반드시 과거 정책의 성공과 실패의 역사 속에서 배워야 한다. 역사 속에는 항상 이러한 정책환경이 녹아 있기 때문이다.

국가정책의 수립과 집행과정에 요구되는 또 하나의 공동체적 보완은 '협치協治의 원리'이다. 앞에서 보았듯이 자유주의는 정책 입안과 추진과정에서 현장의 정보와 당사자의 의견을 중시한다. 그래서 탁상행정과 관주도의 행정에 반대한다. 그런데 공동체주의적 보완은 모든 당사자들의 협치協治를 요구한다. 즉 정부의 정책입안자와 이해단체(기업단체 노동조합 등)와의 협치, 일선행정 담당자와 지역주민과의 협치, 그리고 관련 부처 간의 협치, 더 나아가 당과 정부의 협치 등을 강조한다. 협치協治란 정책 관련 당사자들이 모여 정기적으로 정책정보를 교환하고, 정책지식을 공유하며, 정책 환경에 대한 공감대와 정책목표와 필요에 대한 공감대를 확대해 나가는 것이다. 그리고 더 나아가 정책수단을 공동으로 모색하고 함께 집행하면서 그 과정에서 서로 분업하고 협업하는 것이다. 그리고 사후의 정책평가 과정에서도 서로가 협력과 협조를 아끼지 않는 것을 의미한다. 한 마디로 협치란 관官과 관官, 관官과 정政이, 그리고 관官과 민民이 정책과제를 공동 숙의하고,

공동집행하고, 공동평가하는 길을 모색하는 것이다.

이상을 요약하면 공동체자유주의는 국가정책의 수립과 집행과정에서 (가) 현장을 중시할 것 (나) 당사자의 의견을 존중할 것, 그리고 (다) 역사적 경험에서 배울 것, 더 나아가 (라) 민과 관이 그리고 관과 관이 서로 협치할 것 등을 강조한다. 이와는 대조적으로 지금까지의 국가정책 수립과 집행과정은 (가) 현장의 의견보다는 중앙에서의 결정이 더욱 중요하고, (나) 역사의 경험보다는 새로운 집권세력의 코드가 더 중요한 것처럼 보인다. 그리고 (다) 민과 관의 협치보다는 아직도 관에 의한 일방적 통치가, 그리고 (라) 관과 관의 협치보다는 관과 관 사이의 관할 영역 싸움이 보다 지배적인 현상으로 보인다.

4장

인류 보편의 가치규범

지난 200~300년간 인류는 과거 수천 년의 역사와는 비교가 되지 않을 정도의 급속하고 획기적인 물질적 풍요와 정치·경제적 발전을 이루어냈다. 특히 과학과 기술의 발전은 기하급수적이었다. 무엇이 이러한 변화와 발전을 가져왔는가? 한마디로 인간의 자유, 한 사람 한 사람의 개인적 자유의 확대였다. 정치적 자유는 정치의 발전을, 경제적 자유는 경제의 발전을 가져왔다. 그리고 과학자의 자유는 과학의 발전을, 기술자의 자유는 기술의 발전을 가져왔다. 그런데 지난 200~300년의 인류의 자유발전 역사를 돌이켜보면, 자유의 역사에는 '성공한 자유의 역사'도 있었고 '실패한 자유의 역사'도 있었다.

'성공한 자유의 역사'에는 몇 가지 공통점이 나타난다. 성공한 자유는 항상 법치와 함께하였다. 자유국가는 항상 법치가 성공할 때 성공하였다. 성공한 자유국가는 항상 성공한 '법치국가'였다. 또한 자유는 도덕적일 때 더욱 그 가치가 빛이 났다. 도덕적이지 못한 자유는 오래 지속 가능하지 못하였다. 그래서 성공한 자유국가는 항상 '도덕국가'였다. 또한 성공하는 자유는 항상 역사를 소중히 하였다. 전통과 문화 그리고 선조들의 예지 등 '역사공동체'의 유산을 소중히 하였다. 또한 성공하는 자유는 항상 가족과 학교, 그리고 이웃의 '사회공동체'를 소중히 하였다. 또한 환경과 생태라는 '자연공동체'를 소중히 하였다. 그런데 법, 도덕, 역사, 가족, 이웃, 자연, 생태, 이 모두가 다 공동체와 깊은 관련이 있다. 법과 도덕은 공동체의 산물이고 역사, 이웃, 자연은 그 자체가 모두 공동체이다. 따라서 우리는 알 수 있다. 자유가 공동체와 같이 갈 때, 즉 공동체를 소중히 하는 공동체자유주의일 때 비로소 성공하는 자유, 지속가능한 자유, 더 나아가 품격이 높은 '선한 자유', '좋은 자유'가 될 수 있다는 사실을 알 수 있다. 이것이 지난 200~300여 년간의 인류의 역사적 경험이 우리에게 가르쳐준 교훈이고 지혜이다.

공동체자유주의의 기본원리는 크게 변화하지 않지만 그 형식과 표현은 끊임없이 진화하고 발전해 왔다. 지역에 따라, 시대에 따라 다른 모습으로 나타난다. 이름도 강조점도 다르게 나타날 수 있다. 예컨대, 19세기 말 20세기 초 미국과 유럽에서 있었던 소위 신자유주의new liberalism 운동 혹은 민주적 자유주의democratic liberalism 운동도 기본적으로는 공동체 자유주의적 운동이라고 볼 수 있다.[47] 그리고 제2차 세계대전 후 독일의 '사회적 시장경제social market economy' 체제도 기본적으로 공동체 자유주의적 발상이다. 전후 일본을 부흥시킨 '일본적 자본주의'도, 오늘날 유럽에서 논의되고 있는 영국의 '제3의 길the third way'도 기본적으로 공동체 자유주의적 운동으로 볼 수 있다.[48] 또한 오늘날 미국에서 일어나고 있는 중도파들의 '공동체운동'communitarian movement은 물론이고, 보수들의 '따뜻한 보수주의compassionate conservatism', 그리고 진보들의 '신진보운동new democrats' 등도 모두 크게 보면, 공동체 자유주의적 발상으로 볼 수 있다.

따라서 중요한 것은 창의적이고 자기주도적으로 이념과 가치를 발전시키는 것이다. 또한 창의적이고 자기주도적으로 그 이념과 가치를 구체적 현실 속에 성공적으로 정착시키는 것이 중요하다. 나라마다 역사발전의 단계가 다르고 전통과 문화와 의식이 다르기 때문에, 나라마다 시대마다 공동체자유주의의 구체적 내용과 형식은 조금씩 달라질 수 있다. 강조점이 다를 수 있고 또한 표현 형식이 다를 수 있다. 그러나 그 기본정신과 지향하는 기본가치는 다를 수 없다. 앞으로 공동체자유주의가 지향하는 가치와 정신과 이념을 창의적이고 자기주도적으로 발전시키고 적용하는 공동체는 발전할 것이고 그러하지 못하는 공동체는 후퇴할 것이다. 대한민국도 우리나라에 맞는 공동체자유주의를 자기주도적으로 창조해내야 하고, 이를 대한민국의 역사와 정책 속에 창조적으로 구체화하여야 한다. 그래야 우리는 이 시대 대한민국의 국가과제인 선진화를 성공적으로 이루어낼 수 있을 것이다. 이렇게 공동체자유주의를 각 나라마다, 각 시민사회마다 자신들의 조건에 맞게 창조적으로 구체화하려는 노력들이 21세기 성공하는 국가와 시민사회의 모습일 것이다.

왜 그럴까? 실재하는 인간의 존재원리에 맞는 제도, 정책, 조직은 발전할 것이고 인간의 존재원리에 맞지 않는 제도, 정책, 조직은 지속가능하지 않을 것이기 때문이다. 그래서 결국은 쇠락할 것이기 때문이다. 왜냐하면 인간의 본성, 환언하면 인간적 자연human nature 자체가 불이적不二的 존재, 관계적 존재, 공동체 자유주의적 존재이기 때문이다. 그래서 공동체 자유주의적 제도, 정책, 조직은 발전할 것이고 그렇지 못한 제도, 정책, 조직은 쇠퇴할 것이다. 왜냐하면 공동체자유주의적인 인간의 본성은 20세기에도 21세기에도 변함이 없을 것이기 때문이다.

그래서 우리는 공동체자유주의를 주장한다. 우리는 공동체자유주의야말로 '21세기 선진화'를 향한 대한민국의 '국민통합과 국가발전'을 위한 기본이념이 되어야 한다고 생각한다. 더 나아가 21세기 세계화 · 정보화시대의 인류 보편의 정치적 가치규범으로 발전시켜 나가야 한다고 생각한다.

주석

1) 여기서 구舊좌파(old left)는 시장에 대한 불신과 정부에 대한 과신에 기초하고 있는 주장으로 두 가지 유형이 있다. 하나는 시장에 대한 완전불신에 기초하여 시장을 없애고 모든 것을 정부계획에 맡겨야 한다는 레닌 식의 국가사회주의(state nationalism)가 있고, 다른 하나는 시장에 대한 부분불신에 기초하여 기본적으로 시장을 유지는 하되 정부가 상당부분 개입하여야 한다는 케인즈 식의 복지국가론 내지 20세기형 사회민주주의가 있다. 그리고 여기서 구舊우파란 18세기 시작된 고전적 자유주의(classical liberalism) 가 19세기에 들어오면서, 최소정부를 예찬하며 모든 것을 시장에 맡길 것을 주장하는 자유방임적(laissez- faire) 자유주의로 변화해간다. 이 자유방임론자들이 구우파이다. 주의할 것은 애덤 스미스의 경우는 비록 고전적 자유주의자이지만 그의 저술을 자세히 살펴보면 자유방임적 시장주의 내지 자유방임적 자유주의를 주장한 학자는 아니라는 사실이다.(일반적으로 애덤 스미스를 자유방임론자 라고 하는 주장이 많으나 이는 강학적 편의에 의한 분류일 뿐 사실은 잘못이다.) 따라서 애덤 스미스는 여기서 이야기하는 구우파라고 볼 수 없다. 오히려 신고전파 경제학자(neo-classical)들의 주장 속에 구우파적 입장이 많이 보인다.

2) 이 글에서는 공동체를 상호관계성(reciprocal relatedness)으로 이해한다. 그리고 3가지 공동체를 주장한다. ‘사회공동체’, ‘역사공동체’, 그리고 ‘자연공동체’ 가 그것이다. ‘사회공동체’ 의 기본단위는 심리적 공동체(psychological community)인 가족에서 출발한다. 가족에서 출발하여 지역연고에 기초한 공동체(communities of place)로, 즉 고향동네, 작은 이웃마을 등과 같이 지역적 근접성 내지 지역연고를 기초로 하여 확대된다. 그런데 여기에 사회적 분업의 크기(시장의 크기)가 커지면서 지역을 넘어서 국가, 더 나아가 지구촌으로 사회공동체가 점차 확산되는 경향도 보인다. ‘역사공동체’ 는 기본적으로 시간적 기억 공동체(communities of memory)이다. 기억에 기초한 상상想像상의 공동체이다. 가족의 역사, 종족과 민족의 역사, 그리고 지방과 국가의 역사 등이 모두 여기에 속한다. 마지막으로 ‘자연공동체’ 는 생태적 공동체(ecological community)를 의미한다. 생물로서의 인간의 생존자체를 가능케 하는 우주적 자연환경을 의미한다. 이렇게 공동체는 엄밀하게 말하면 심리공동체(가족), 지역공동체(이웃, 학교, 사회), 기억공동체(역사), 생태공동체(자연), 즉 4가지로 나눌 수 있다. 그러나 이 글에서는 3가지로 나누어 심리와 지역공동체를 사회공동체로 묶고 기억공동체를 역사공동체로, 그리고 생태공동체를 자연공동체라고 부르기로 한다.

3) 우리는 사회와 국가를 구별하여야 한다. 사회(society)는 특정목적을 전제로 하지 않고 저

절로 형성된 '자생적 질서'이고 국가(정부: state or government)는 특정 목적을 가지고 만들어낸 '작위적 질서'이다. 따라서 국가(정부)는 공학적으로 재설계가 가능하나 사회는 공학적 재설계가 본래 불가능하다. 이 점을 가장 명확하게 지적한 학자는 F. A. Hayek이다.(Hayek, F.A. Law, Legislation and Liberty, Routledge and Kegan Paul[1982])

4) 우리가 자유주의를 주장하는 이유 중의 하나는 절대 진리가 무엇인지, 정답이 무엇인지 잘 모르겠다는 겸손함과 정직함이 들어 있다. 만일 누군가 절대 진리를 알고 세상에 대한 정답을 가지고 있다면, 우리는 모든 사람들에게 자유를 인정해줄 필요가 없을지 모른다. 모두가 그 진리를 아는 사람을, 정답을 가지고 있는 사람을 따라만 가면 좋은 결과가 나올 것이기 때문이다. 이것이 바로 좌파적 사고의 밑바닥에 흐르는 핵심사상이다. 그러나 우리는 절대 진리나 세상에 대한 정답이 무엇인지 잘 모르기 때문에, 또한 누구 한 사람이 그것을 독점적으로 알고 있다고 보지 않기 때문에 우리는 개개인의 자유와 선택을 소중히 하는 것이다. 그래서 자유주의를 주장하는 것이다.

5) 여기서는 사회공동체를 중심으로 논의하고 있으나, 역사공동체나 자연공동체에 대하여서도 유덕성有德性을 논할 수 있다. 예컨대 현재의 세대가 과거의 세대의 역사를 존중하고 아끼며, 그 들이 남긴 좋은 교훈과 전통을 배우고 실천하면서 그것을 다음 세대에 올바로 전수하려고 노력하는 것은 분명 '유덕한 역사공동체'를 만드는 길이 된다. 그리고 자연과 생태의 보호에 노력하는 것도 마찬가지로 '유덕한 자연공동체'를 만드는 길이 된다.

6) 전체적 개체(holistic individualism)는 C. Taylor의 표현이고 연고적 자아(encumbered selves), 혹은 형성적 자아(constituted selves)는 M. Sandel의 표현이다.(Taylor C., Sources of Self, Cambridge University Press[1990], Sandel M., Liberalism and the Limits of Justice, Cambridge University Press[1982])

7) 철학적 자유주의와 철학적 공동체주의와의 논쟁은 Stephen Mulhall and Adam Swift, edited, Liberals and Communitarians, Blackwell Publisher(1992)에 가장 잘 정리되어 있다. 특히 철학적 공동체 자유주의자인 M.Sandel, A. MacIntyre, C. Taylor, M. Walzer 등의 철학적 자유주의에 대한 비판과 이에 대한 J. Ralws의 반론 등이 잘 정리되어 있다. 그 외에도 Shlomo Avineri and Avner De-Shalit edited, Communitariansim and Individualism, Oxford University Press(1992), Ellen Frankel Paul, Fred D. Miller, Jr., and Jeffrey Paul, edited The Communitarian Challenge to Liberalism, Cambridge University Press(1996) 등이 좋은 참고가 될 것이다.

8) 정치적 자유주의자가 반드시 철학적 자유주의자일 필요는 없다. 반드시 철학적 자유주의자의 주장을 모두 다 받아들여야 정치적 자유주의자가 될 수 있는 것은 아니다. 마찬가지로 정치적 공동체주의자도 반드시 철학적 공동체주의자일 필요는 없다.

9) Gerald F. Gaus, Justificatory Liberalism: An Essay on Epistemology and Political Theory, Oxford University Press(1996) pp. 162~166.

10) 대표적 주자는 Amitai Etzioni이다. 그 외에도 Mary Ann Glendon, William Galston, Benjamin

Barber, Robert Bellah, Robert Putnam 등도 정치적 공동체주의자라고 볼 수 있다. 중도적 성격이 강한 이들 '정치적 공동체주의자' 들의 정책적 입장을 보려면 http://www.gwu.edu/~ccps/rcplatform.html을 참조하라.

11) 구舊좌파는 정부 주도의 복지정책에 과도하게 의존하여 개인의 노력과 자발성의 약화, 사회적 의존성의 증대, 국가권력의 강화, 사실상 개인의 자기책임의 위축 등을 결과하였다. 개인들(혹은 이익집단들)이 공동체에 대한 책임과 기여는 하지 않으면서 공동체에 대한 이들의 요구와 권리만 증대시켜 나가면, 결국은 이들 개인들(혹은 이익집단들)이 국가라는 공동체의 부와 자원을 한없이 착취해버리는 상황에 이르게 된다. 결국 복지국가의 파산이 온다. 반면에 구舊우파는 공동체가 자신의 책임을 회피하고 모든 것을 시장만능주의에 미루다 보면 무한욕망의 추구, 약자에 대한 무관심, 빈부격차, 개인의 파편화와 인간소외, 가족 파탄의 증가, 사회적 갈등과 정치적 혼란의 증대 등등의 문제에 당면하게 된다. 결국 자유사회는 장기적으로 지속 가능하지 못하게 된다. 이러한 구좌파와 구우파의 문제를 '공동체 가치의 복원' 과 '책임을 수반하는 자유' 를 결합하여 풀어보려고 하는 노력이 '정치적 공동체운동' 이라고 볼 수 있다.

12) 이들은 예컨대 개인이나 이익집단들이 공동체에 대하여 더 이상의 이익이나 권리를 요구하는 것을 중지할 것을 주장한다. 그리고 모두가 사고의 방향을 바꾸어 우리 시민들이 공동체의 발전에 무엇을 기여할 수 있는가, 무엇을 기여하여야 하는가 하는 공동체에 대한 시민들의 책임 측면을 보다 많이 생각할 것을 강조한다. 요컨대 '자유와 책임' 의 균형, '권리와 의무' 의 균형을 요구한다. 오늘날 공동체에 대한 권리 요구는 과다한데 책임과 기여는 과소하다고 본다. 그것이 공동체를 피폐하게 할 뿐 아니라, 개인의 자주적 발전에도 큰 장애가 되고 있고, 따라서 여러 정치적 사회적 문제를 야기하고 있다고 본다. 여기서 이야기하는 공동체는 물론 가족, 학교, 이웃 등 사회공동체이다.

13) 동양의 사상은 대부분이 인간에 대한 이해가 관계적이고 공동체적이다. 이 글에서는 특히 유교와 불교의 주장을 중심으로 동양사상의 인간관과 세계관을 논하도록 한다.

14) 서양의 자유주의에서도 개인의 자유를 어떻게 이해할 것인가, 왜 인정해야 하고 어디까지 보호해야 할 것인가에 대한 견해가 갈린다. 자유의 내용을 묻지 않고 개인의 선호를 절대적으로 존중하는 입장, 즉 어떠한 내용이든 개인의 선택은 존중되어야 한다는 입장과 자유는 개인의 이성적 판단에 기초한 것이어야 한다. 그래야 자유보호의 가치가 있다는 주장이 대립하고 있다. 뒤에 본문에서 상세히 재론되겠으나 여기서는 서양의 자유주의에도 이러한 두 가지 입장이 있다는 사실과 후자의 경우가 동양의 공동체주의와 쉽게 결합될 수 있다는 점만을 밝힌다.

15) '가치상대주의(value relativism)', '도덕상대주의(moral relativism)' 는 가치와 도덕에는 절대적, 객관적 기준이 없다고 보고 가치와 도덕의 문제를 오로지 개인적 선택과 선호의 문제로 본다. 이기주의적, 개인주의적 자유주의의 입장을 극단적으로 끌고 가면 가치상대주의, 도덕상대주의에 빠지게 된다. 동양사상에는 서구적 의미의 가치상대주의, 도덕상대주의는 없다. 유가儒家에서는 절대적이고 객관적인 가치기준과 도덕기준을 찾아가

는 끝임없는 노력이 있을 뿐이고 불가佛家에서는 상대주의와 절대주의라는 이분법 자체
를 부정한다.

16) 액턴(J. D. Acton)의 주장을 밀(J. S. Mill)의 주장과 대비하면서 유럽의 자유주의의 두 가
지 전통을 잘 정리한 책으로는 Samuel Gregg, On Ordered Liberty: A Treatise on the Free
Society. Lexington Book(2003)을 참조하라.

17) John Stuart Mill, On liberty, Consideration on Representative Government, ed. R.B.
cCallum, Oxford University Press(1946) p. 118.

18) John Dalberg-Acton, "The History of Freedom in Antiquity," in Selected Writings of Lord
Acton, vol.1, Essays in the History of Liberty, ed. J.R. Fears (Indianapolis: Liberty
Classics, 1986.), p. 7.

19) John Dalberg-Acton, Selected Writings of Lord Acton, vol.3, Essay in Religion, Politics,
and Morality, ed. J.R. Fears (Indianapolis: Liberty Classics, 1988.) p. 613.

20) 이러한 '이성적 자유'를 향유하려면 우선 자기 스스로가 자신의 의무감이 지시하는 대로
행동할 수 있을 정도의 인격적, 도덕적 자율성을 가져야 하다. 즉흥적 감정, 지배적 관
습, 단기적 시각 등이 행동에 많은 영향을 주면 줄수록 그만큼 이성적 자유를 향유할 수
없다. 그러한 의미에서 소위, 적극적 자유(positive liberty)는, 여기서 이야기하는 이성적
자유의 한 전제(조건)가 된다고 볼 수 있다. 적극적 자유는 소극적 자유(negative liberty)
와 달리 자유를 단순히 외적 강제(타율)의 부재로만 보지 않고 내적 유혹(감정적, 혹은
감각적 정서)의 극복까지 있어야 진정한 자유라고 주장한다. 즉, 자신의 욕망이나 즉흥
적 욕구를 이기지 못하면 자유가 아니라는 것이다. 이러한 의미의 적극적 자유는 칸트,
루소, 헤겔, 그린(Tomas Hill Green) 등의 주장에서 나타나는 견해이다. 주지하듯이 루
소는 인간은 자신의 진정한 의지(일반의지)에 의하여 행동할 때 비로소 자유롭다고 했
다. 그리고 그린은 인간은 진정으로 자기주도적(self-directed)이고 자율적(autonomous)
일 때 자유롭다. 자신의 욕망이나 욕구를 제어할 수 없을 때 인간은 부자유가 된다고 주
장하고 있다.

21) 물론 그 방법이 결코 강제적이거나 타율적이어서는 안 된다. 교육과 토론과 설득 등을 통
하여 자발적이고 자율적이어야 한다. 주지하듯이 영국의 경험론적 자유는 외부강제의 부
재로서의 자유, 즉 외적 자유를 강조하지만 독일의 관념론적 자유는 자율(autonomy), 자
기억제 내지 자기주인(self-mastery)으로서의 자유를 많이 강조한다. 역사적으로 보면 시
작은 영국적 자유로 시작하지만, 결국은 독일적 자유를 보다 많이 가져야 성숙한 자유를
향유할 수 있다고 볼 수 있다. 영국적 자유를 기본으로 하지만, 독일적 자유의 요소를 교

육과 설득과 인격수양을 통해 증대시켜 나가는 것이 바로 공동체 자유주의라고 이해해도 될 것이다.

22) 프로테스탄트적인 금욕의 윤리가 없는 비유럽국가에서 서구적 자유주의가 도입되면 여러 가지 자유의 타락현상을 경험하기 쉽다. 이러한 관점에서 일본의 경우 근대적 자유주의의 도입이 성공하려면 반드시 합리적이며, 정직하고, 근면하고, 성실한 '근대적 인간유형'이 등장해야 한다는 점을 강조하고 이를 위한 교육 등을 강조한 학자는 유명한 오오츠카 히사오 씨이다. 오오츠카 히사오 著 '근대화의 인간적 기초' 치구마총서(1968).

23) 토크빌(Tocqueville)은 우선 이기주의와 개인주의를 구별한다. 이기주의는 공동체보다 자기를 우선하는 '자기에 대한 열정적이고 과장된 사랑(a passionate and exaggerated love of self)'이라고 해석한다. 반면에 개인주의는 자기와 공동체와의 관계를 명백하게 구별하는 '성숙하고 조용한 감정(a mature and calm feeling)'으로 본다. 그러면서 그는 중산층 이상이 되면 자신의 삶이 이웃과 아무 관계없이 가능하다고 생각하는 경향이 생겨 개인주의에 빠져 공동체의 문제에 대해 아애 무관심해질 위험이 커진다고 걱정한다. 그러나 각 지역에 있는 각종의 자발적 시민조직과 지역신문의 활동이 개인과 공동체와의 관계에 대한 시민들의 이해와 관심을 끊임없이 높여주어 시민들이 개인주의의 늪에서 벗어날 수 있게 만든다고 낙관한다. 1831~32년 미국의 민주주의를 관찰하고 난 후의 그의 주장이다.(Alexis De Tocqueville, Democracy in America[J.&H.G.Langley, 1840])

24) 우리는 인간의 삶의 목적이 인격완성과 자아실현에 있다고 본다. 따라서 인격완성과 자아실현이 많이 될수록 좋은 삶, 성숙한 삶이라고 생각한다. 인격완성과 자아실현의 의미에 대하여서는 『대한민국 선진화 전략』(박세일, 2006, 21세기북스) pp. 128~131에서 논의한 바가 있다. 간단히 요점만 정리하면 인격완성은 인간의 자아관自我觀이 점차 자기중심의 소아관小我觀에서 사회, 국가, 인류 등 대아관大我觀으로 나아가는 것을 의미하고, 자아실현이란 인간의 활동이 낮은 단계의 욕구(생물적, 물질적) 충족에서 점차 높은 단계의 욕구(정신적, 영적)추구로 업그레이드해 나가는 것을 의미한다.

25) Nomos란 개념은 하이에크가 선호하는 개념이다. 공정한 행위준칙(rules of just conduct)으로서의 법치의 의미와 이러한 의미의 '법치와 자유와의 관계'를 잘 정리한 책은 역시 F.A. Hayek, Law, Legislation, and Liberty(Routedge & Kegan Paul, 1982)라고 생각한다.

26) 여기서 이야기하는 법치는 법치주의, 즉 법의 지배(rule of law)를 의미한다. 혼동해서는 안 될 것은 법치주의(rule of law)와 법률주의(rule of legislation)의 차이이다. 법률주의란 국회를 통과한 모든 법률의 지배를 의미하나, 법치주의는 국회를 통과한 모든 법률의 재배를 의미하는 것이 아니다. 법률의 내용이 반드시 개인의 존엄과 자유를 극대화하기 위한 것이어야 한다. 환언하면 개인의 자유 확대와 보호를 위해 국가의 권한을 제한하는 내용을 담아야 한다. 그러한 내용의 법의 지배가 진정한 법의 지배이다. 따라서 법치에서의 법은 개인의 자유를 극대화하는 내용을 담은 자유의 법(law of liberty)에 국한한다. 즉 법치주의에서의 법은 자유주의와 양립하는 법, 자유주의를 가능케 하고 자유주의를 지키는 법이다. 히틀러 치하에서는 법률의 지배는, 즉 법률주의는 있었으나 법의 지배, 즉 법치

주의는 없었다는 사실을 명심해야 한다.

27) 법은 개인의 행위에 대한 외적 강제이고 공동체유지를 위한 최소한의 조건이다. 그러나 법만으로는 좋은 공동체를 만들 수 없다. 법과 더불어 도덕이 나와야 한다. 도덕은 가치의 내면화를 통해 자기행위에 가하는 일종의 내적 강제이고, 공동체를 보다 좋은 공동체로 만들기 위한 기초조건이다. 법만으로 공동체는 유지될 수 있으나 좋은 공동체가 될 수는 없다. 반드시 도덕이 나와야 보다 좋은 공동체가 될 수 있다. 그런데 법과 도덕은 상호 트레이드 오프(trade-off)의 관계가 될 수 있음에도 주목할 필요가 있다. 도덕이 뛰어난 사회에서는 법이 간소하여도 사회유지와 발전이 가능하다. 그러나 도덕이 낙후된 사회에서는 법이 많고 정교해야 비로소 사회유지와 발전이 가능하다. 동양사상 중 특히 유가사상이 이 점을 강조한다. 그래서 사회유지와 발전을 위하여 법보다는 도덕보다 구체적으로는 예의, 염치에 의존할 것을 강조한다. 본문의 뒤에서 상론하도록 한다.

28) 더 나아가 데카르트는 인간을 육체(body)와 마음(mind)으로 나눈다. 그래서 육체를 지배하는 법칙과 마음을 지배하는 법칙을 엄격히 나누어 이해한다. 둘은 결코 상용(reconcile)할 수 없는, 서로 다른 두 개의 실재(two realities)라고 주장한다. 즉, 육체와 마음의 형이상학적 이원론(metaphysical dualism)을 주장한다. 데카르트의 주장을 간단히 잘 요약 정리한 책으로서는 T. Z. Lavine, From Socrates to Sartre: The Philosophic Quest, Bantam Books(1984)를 참조하라.

29) 데카르트는 몸과 마음이 서로 별도의 독자적, 완결적 존재로 존재한다고 보지만 현실적으로 우리는 그렇지 않음을 경험하고 있는 것과 마찬가지이다. 경험적으로 몸과 마음이 서로 작용하고 깊은 상호관계를 가지고 있듯이(마음이 괴로우면 몸이 아프다) 나와 남과의 관계, 개체와 공동체의 관계도 마찬가지라고 볼 수 있다.(이웃이 고통을 받으면 나도 괴롭다.) 각각 완전히 독립적으로 자기 완결적으로 존재한다고 볼 수 없다. 서로 작용하고 서로 의지한다고 보아야 실재의 모습, 실상의 모습에 가깝다고 할 수 있다.

30) 동양에선 둘이 하나에서 나왔다고 본다. 둘 자체는 상대적인 것이고, 이 하나가 절대적인 것인데 이를 주역周易에서는 태극太極, 도교에서는 태허太虛, 그리고 불교에서는 일심一心이라고 표현하고 있다. 일심이라는 표현을 선호한 사람은 원효이다. 사실 원효의 일심사상은 유교나 도교의 주장보다 한 단계 더 들어가 있다고 생각한다. 그가 주장하는 일심은 여기서 이야기하는 상대적인 입장(선악, 음양)과 절대적인 입장(태극, 태허)까지를 모두 하나로 아울러 포용하는 개념이다. 그가 일심(大眞理)을 진여문眞如門(진리의 세계)과 차별문差別門(세간의 세계)으로 나누는 것이 바로 이를 모여주고 있다. 진여문은 여기서 말하는 불이법(不二法), 즉 태극과 태허이고 차별문은 이분법(二分法), 즉 선과 악, 그리고 음과 양이다. 따라서 원효의 사상에서 보면 우리가 논하고 있는 자유주의와 공동체주의를 대립시키지 않고 하나로 포용(공동체 자유주의)해낼 뿐 아니라, 더 나아가 '이기적 개인적 자유주의'와 '공동체 자유주의'의 두 가지의 대립까지도 서로 대립시키지 않고 하나로 포용해내는 것이 올바른 불교적 일심이 된다. 원리적으로는 원효의 주장이 맞는다고 본다. 그러나 이 글에서는 원효의 주장보다 한 단계 전에 머물러 우리의 논리를 전

개하고자 한다. 그것이 이분법에 익숙한 우리들의 사고 혼란을 줄인다고 보기 때문이다.
즉 우리는 이기적 자유주의의 병폐를 지적하고 공동체 자유주의를 주장하는 데 그치고자
한다. 더 나아가 이기적인 것과 공동체적인 것이 사실은 서로 융합할 수 있다는, 또 서로
본질적으로 다르지 않다는 주장까지는 이 글에서는 하지 않기로 한다. 일심(一心)과 이문
(二門)의 관계에 대한 원효사상의 압축적 소개는 고익진, 『원효의 '起信論疏. 별기'를 통
하여 본 眞俗圓融无涯觀과 그 성립 이론」, 고영섭 편저, 원효 예문동양사상연구원총서 1:
예문서원(2002), pp. 60~111 참조.

39) 도덕은 단순한 이성의 산물 내지 이성적 선택의 산물이 아니다. 도덕은 법, 언어, 화폐 등
과 같이 관습(conventions)의 축척에 의하여 공동체 속에서 상속되듯이 많은 시간을 지나
면서 세대를 통해 만들어져 오는 제도이다. 일정한 시점의 이성적 결정의 결과로 만들어
지는 것이 아니다. 따라서 도덕은 기본적으로 역사와 공동체를 떠나 성립할 수도, 이해할
수도 없다. 그러한 의미에서 본 논문은 흄의 도덕 철학과 같은 입장이다.

40) 여기서 논하는 것은 도덕 일반이 아니다. 사회질서가 유지되기 위해 반드시 개개인에게
요구되는 최소한의 도덕이다. 즉 사회기강을 위해 요구되는 인간의 내면적 질서로서의
도덕을 의미한다.

41) 관자管子는 이 4가지를 사유四維라 하였다. 즉 4가지 기강紀綱이라고 하였다. 그리고 이
4가지를 한 국가나 사회의 존망의 원인으로 보았다. 그는 다음과 같이 이야기하고 있다.
'나라에는 四維가 있는데 그중 한 줄(벼리)이 끊어지면 기울고, 두 줄이 끊어지면 위태롭
고, 세 줄이 끊어지면 엎어지고, 네 줄이 모두 끊어지면 멸망한다.' 라고 하고 있다.(『신역
관자』, 이상옥 역해, 명문당[2002], p. 76)

42) 『신역 관자』, 이상옥 역해, 명문당[2002], p. 77.

43) 애덤 스미스는 자유사회가 어느 정도 자생적 질서를 가질 수 있는 이유로서 인간의 본성
에 내재하는 동감(sympathy)의 원리, 즉 상상想像상으로 입장을 바꾸어 생각(imaginary
change of situation)할 수 있는 능력 내지 성향에 있음을 주장하고 있다. 이 성향 내지 능
력 때문에 자신의 이기심을 타인이 용인하는 수준으로 억제하려는 자발적 노력이 나오게
된다고 주장한다. 그래서 이 동감의 원리가 모든 도덕 감정의 기초라고 주장한다.(박세
일 · 민병국 공역, 『애덤 스미스의 도덕 감정론(The Theory of Moral Sentiments)』, 비봉출
판사[1996])

44) 증자曾子는 인仁으로 일관되어 있는 공자의 도를 충서忠恕로 해석한다. 여기서 忠이란
마음의 중심에서 우러나오는 성실을 의미하고, 恕는 남의 마음을 내 마음처럼, 남의 몸을
내 몸처럼, 입장을 바꾸어놓고 생각하는 것을 의미한다.(夫子之道는 忠恕而已矣니라.
『논어』里仁편 15)

45) 공동체(자유공동체)의 구성과 운영원리에 대한 개략적 소개는 『대한민국 선진화전략』
(박세일, 2006, 21세기북스) pp. 160~167를 참조하기 바란다. 이와 관련하여 공동체의
수직적 구성원리를 좀더 자세히 상론하면 다음과 같은 3가지 원칙을 제시할 수 있다고
본다. 첫째는 보충성補充性의 원리(solidarity principle)이다. 즉 하부단위에서 해결(결정)

할 수 있는 일은 하부단위에서 한다는 원칙이다. 하부단위에서 할 수 없거나, 해도 바람 직한 결과가 안 나오는 경우(비효율적이거나 불공정한 경우)에는 상부단위가 나선다는 원칙이다. 그러면 다음 문제는 그 문제를 하부가 해결할 것인가 상부가 해결할 것인가를 누가 정할 것인가 하는 문제가 남는다. 그래서 나온 것이 두 번째 원리이다. 즉 연방성聯 邦性의 원리(federalist principle)이다. 즉 하부가 위임한 것만 상부에서 해결한다는 원리 이다. 하부가 위임하지 않은 것은 상부가 나설 수 없다는 원리이다. 그러면 다음은 하부 단위의 이러한 위임 여부의 결정은 어떻게 정하는 것이 바람직한가 하는 문제가 남는다. 그래서 세 번째 원리인 민주성民主性의 원리(democracy principle)가 나온다. 즉 하부단 위에 속하는 사람들이 모여서 충분히 숙의한 후 민주적 절차(자유투표) 에 의하여 결정 한다는 원칙이다. 이상과 같이 자유공동체의 수직질서는 3가지 원리, 즉 보충성의 원리, 연방성의 원리, 그리고 민주성의 원리에 의하여 구성, 운영되는 것이 바람직하다고 볼 수 있다.

46) 공동체의 품격을 결정하는 것은 그 공동체 구성원들이 공동체의 역사에 대해 가지는 자 부심과 자긍심이라는 주장이 있다. 동감한다. 새뮤얼 스마일스는 다음과 같이 이야기하 고 있다. "개인과 마찬가지로 국가도 자신이 우수한 민족의 후손이며 고국의 위대함을 물 려받았고 그러한 영광을 지켜나가야 한다는 자각으로부터 힘과 용기를 얻는다. 국가는 돌아볼 수 있는 훌륭한 과거가 있어야 한다. 훌륭한 과거는 옛 사람들의 훌륭한 행동, 고 결한 희생, 대담한 업적을 추억함으로써 현재의 삶을 견실하게 하며 고양하고 유지시키 며 밝게 비추고 향상시킨다."(정준희 번역, 『새뮤얼 스마일즈의 인격론』, 21세기북스 [2005], p. 53.)

• 4장 •

47) 18세기 말부터 시작된 고전적 자유주의(classical liberalism)가 19세기 들어오면서 시장만 능주의적(market fundamentalism) 자유방임형으로 발전하는 경향을 가지게 된다. 이에 대한 비판으로 19세기 말과 20세기 초에 등장한 것이 소위 新자유주의(new liberalism)이 다. 이것을 스타(Paul Starr) 교수는 민주적 자유주의(democratic liberalism)라고 부르고 있 다. 이들은 고전적 자유주의 내지 입헌적 자유주의(constitutional liberalism)의 기본 원칙 인 삼권분립과 법치주의, 의회주의 등의 자유주의의 기본원칙을 지지하면서도 정부가 독 과점의 폐해나 빈부격차, 그리고 실업을 막기 위하여 좀더 적극적 역할을 할 것을 요구하 고 있다. 자세한 것은 Paul Starr, 『Freedom's Power: The True force of Liberalism』(Basic Book, 2007)와 Avital Simhony, David Weinstein ed. 『The New Liberalism』(Cambridge University Press, 2001)를 참조하라.

48) 제3의 길은 유럽의 20세기적 사회민주주의가 세계화시대를 맞이하여 21세기적 사회민주 주의로 변신하려는 노력이다. 이는 시장에 대한 불신에서 국가의 개입을 많이 주장하던

20세기적 사민社民주의가 21세기 세계화시대를 맞이하여 시장의 역할을 상당부분 인정할 수밖에 없는 현실을 수용하면서도 가능한 한 좌파적 가치(사회정의, 평등주의, 反차별, 참여 등)를 유지 관철시켜 보려는 사상적 정책적 노력으로 볼 수 있다. 한마디로 21세기에 지속 가능한 사민주의를 만들려는 노력이 바로 제3의 길이다.